UNTERWEGS

Europas schönste Küsten

Unterwegs
Europas schönste Küsten

Von Mullion Cove auf der Lizard-Halbinsel im englischen Cornwall reicht der Blick weit über das Meer.

Die deutsche Nordseeküste begeistert mit fein-sandigen Stränden und einem weiten Blick über das Wattenmeer.

Küstenträume

Nicht ans Meer zu fahren ist auch keine Lösung. Und es muss noch nicht mal der sonnige Strand sein. Nichts öffnet die Sinne mehr, macht die Herzen weiter und das Gemüt ruhiger als die Weite des Ozeans, der Schlag der Wellen ans Ufer, die Magie der Gezeiten.

Hafen
Der Hamburger Hafen ist einer der größten Europas, doch wenn die Queen Mary 2 anlegt, verschwindet sogar das Cruise Center Terminal fast vollständig.

*Lebe in der Sonne, schwimme im Meer,
trinke die wilde Luft.*

Ralph Waldo Emerson

Sand

Dünen, feinster Sand und der Blick auf die Weite des Meers – all das kann man finden am Dueodde-Strand auf der Insel Bornholm in der Ostsee.

Wucht

Bizarre Formen hat das Meer an der Küste Nordspaniens geschaffen. Kleine Buchten mit Sandstränden verstecken sich zwischen Felsentoren wie hier an der Costa Verde.

Inhalt

112

Raue Küsten – Europas Norden und Westen

Sonne satt – Rund ums europäische Mittelmeer

Ab auf die Insel – Europas Inselküsten 222

Don't worry – Beach Happy

Anonym

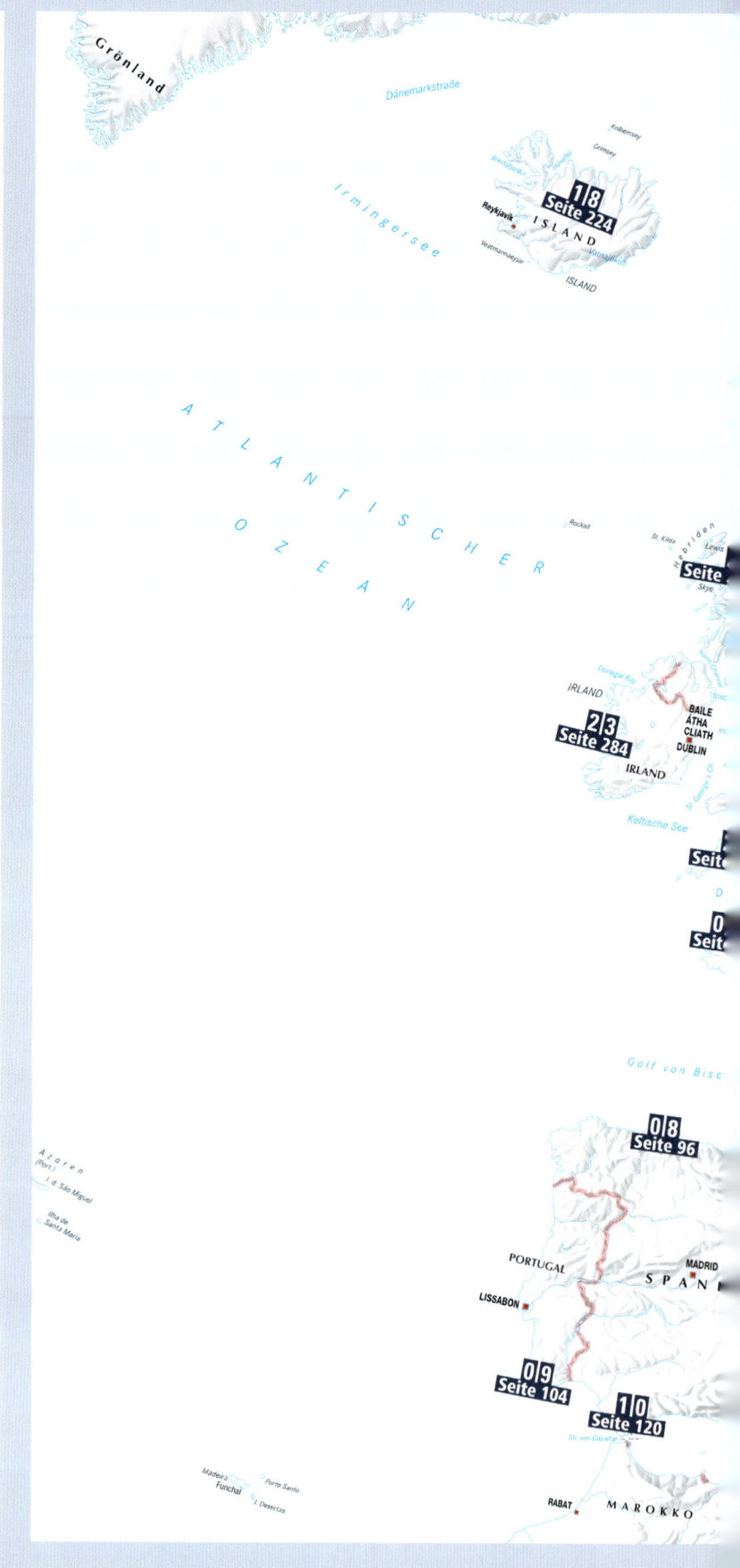

01 Seite 16

03 Seite 40

19 Seite 240

04 Seite 48

02 Seite 28

20 Seite 252

06 Seite 74

05 Seite 60

13 Seite 162

26 Seite 320

16 Seite 200

12 Seite 144

24 Seite 300

15 Seite 184

14 Seite 174

1te 132

25 Seite 306

17 Seite 214

27 Seite 332

Raue Küsten –
Europas Norden und Westen

Europas Atlantikküsten haben es in sich. Der ungezähmte Ozean erschafft wilde Landschaften aus Fels und Wasser von atemberaubender Schönheit, sei es an der französischen Westküste, an Norwegens Fjorden oder im Norden Spaniens. Sanft präsentieren sich dagegen die Küsten der Ostsee – in den Schärenwelten Finnlands und Schwedens ebenso wie an den Traumstränden Polens. Mit viel Strand warten auch Jütland und Friesland auf, und eine Synthese aus allem bieten die Klippen- und Sandlandschaften der Algarve. Bild: Die bretonische Atlantikküste ist geprägt vom unaufhörlichen Wechsel von Ebbe und Flut.

Malerisch spiegelt sich der Himmel im Wasser des Sognefjords, des längsten und tiefsten Fjords Europas.

Route 1 | Norwegens tiefe Fjorde

Der stark zerklüftete Westen Norwegens ist das Land der Fjorde – eine wildromantische Küstenregion, die im Wechsel der Jahreszeiten immer wieder ihr Gesicht verändert.

Im Fjordland Norwegens geht ein Meeresarm in den nächsten über, und die Wasserfälle kann man kaum zählen. Auch der längste und tiefste Fjord, nicht nur von Norwegen, sondern von ganz Europa befindet sich hier: der Sognefjord. In östlicher Richtung fließt der sehr schmale Geirangerfjord. Auch die in Serpentinen um die Berge gewundenen Zufahrtsstraßen sind eng. Der Lohn Mühen sind grandiose Ausblicke von beeindruckend konstruierten Aussichtsplattformen. Nach dem Zwischenziel Ålesund wird immer mehr spürbar, dass man sich auf der Tour in nördlichere Gefilde begibt. Die Landschaft wird schroffer und ist von steilen Felswänden geprägt.

Nordöstlich von Molde erwartet die Reisenden eine der eindrucksvollsten Straßen weltweit: Die Landschaftsroute Atlanterhavsveien bahnt sich als Reichsstraße 64 zwischen Vevang und Kårvåg ihren Weg durch den Atlantik. Über moosbewachsenen oder vom Wasser glatt geschliffenen Felsen verlaufen acht Brücken. Schwungvoll führen sie auf und ab zwischen Inseln und Schären hindurch. Ein Spektakel – besonders im Frühling und Herbst, wenn die Stürme das Meer peitschen und die Gischt über die Straße sprüht. Die 1989 fertiggestellte Atlantikstraße ist so besonders, dass sie zum norwegischen Bauwerk des Jahrhunderts gekürt wurde. Kurz vor Kristiansund taucht man 250 Meter unters Meer, in den 5,8 Kilometer langen Atlanterhavs-Tunnel.

Wer es ein wenig gemäßigter mag, der kann sich für die »Krifast«, einen Teil der Europastraße 39, entscheiden. Sie führt fast parallel durch landwirtschaftliche Ebenen zu den Inseln vor Kristiansund. Neben einigen alten Fischerdörfern liegen recht moderne Orte auf der Route. Besonders im Hinblick auf Architektur und Kultur, aber auch mit sehr vielfältiger Gastronomie überraschen zum Beispiel Molde und Kristiansund den Besucher. Im weiteren Verlauf wird der Halsafjord per Fähre überquert, dann führt die E 39 meist am Wasser entlang zur »weißen Stadt« Kyrksæterøra und schließlich nach Trondheim, Norwegens drittgrößte Stadt.

INFO ✳

ROUTE 1
Routenlänge:
865 Kilometer
Zeitbedarf:
2–3 Wochen
Start/Ziel:
Bergen – Trondheim
Routenverlauf:
Bergen, Sognefjord, Førde, Florø, Måløy, Ålesund, Åndalsnes, Molde, Storseisundbrua, Kristiansund, Kyrksæterøra, Trondheim

Die farbenfrohen historischen Häuser in Bergens Stadtteil Bryggen sind UNESCO-Welterbe.

❶ Bergen

Los geht es in der geschichtsträchtigen Stadt Bergen. Ihr altes Handelsviertel Bryggen mit den bunt angestrichenen Holzhäusern wurde 1979 von der UNESCO zum Weltkulturerbe erklärt. Mittlerweile haben sich viele Künstler im Viertel niedergelassen. Die steinerne Marienkirche mitten in Bryggen wurde im 12. Jahrhundert gebaut. Der Fischmarkt auf dem Marktplatz Torget ist ein Muss für jeden Besucher. Neben Fisch direkt vom Kutter gibt es hier auch frisches Obst und Gemüse sowie viel Kunsthandwerk aus der Region. Unweit des Marktplatzes ragt der mächtige Turm der Domkirche St. Olav in den Himmel. Das Langschiff des Gotteshauses wurde Ende des 12. Jahrhunderts im romanischen Stil erbaut. Der gotische Chor und der untere Teil des Turms stammen aus dem 13. Jahrhundert. Als Kulturmetropole beherbergt Bergen zahlreiche interessante Museen. Allein am Lille Lungegårdsvann, dem Stadtsee, befinden sich mehrere sehenswerte Gemäldegalerien. Das in einem imposanten Jugendstilbau spielende Nationaltheater Den Nationale Scenen zählt zu Bergens Wahrzeichen. Für einen ganz besonderen Ausblick über die Stadt lohnt eine Fahrt mit der Standseilbahn auf den 399 Meter hohen Fløyen, einer der sieben Berge, die die Stadt umgeben.

❷ Sognefjord

Tief in die Landschaft schneidet sich der Sognefjord ein: Tatsächlich ist er mit einer Tiefe von bis zu 1308 Metern nicht nur der tiefste Fjord der Erde, sondern, nach dem Kangertittivaq in Ostgrönland, auch der zweitlängste. Ganze 204 Kilometer misst der Meeresarm. Spektakulär sind vor allem die bis zu 1800 Meter hohen Felswände, die das UNESCO-Weltnaturerbe flankieren. Doch nicht nur schroff und steil ist seine Umgebung, an manchen Stellen fassen ihn auch sanfte Hügel und geschützte Täler ein, in denen sogar Obstanbau möglich ist. Der Sognefjord bildet eine natürliche Klimaschwelle: Eine Felsenbarriere vor der Nordsee lässt nur das warme Wasser hinein, kaltes bleibt im Ozean. Hübsche Wasserfälle, ein Wildlachszentrum und schöne Wanderwege runden den Besuch hier ab. Und wer

sich ein wenig mehr Zeit nimmt, der sollte unbedingt eine Bootstour in die schmalen Seitenarme machen, in die sich der Fjord verästelt. Ein unvergessliches Erlebnis!

❸ Førde

Die Europastraße 39, die an Norwegens Westküste Kristiansand via Bergen mit Trondheim verbindet, macht in Førde einen Schwenk nach Osten und führt am Rand des Jostedalsbreen-Nationalparks vorbei in das Urlaubsgebiet rund um den Nordfjord. Auf der anderen Seite führt der Reiksvei 5 in westliche Richtung nach Florø an der norwegischen Atlantikküste. Førde, die größte Stadt der Provinz Sogn og Fjordane, ist als Einkaufsstadt auch bei Touristen beliebt.

Der Sognefjord mit seinen Seitenarmen zählt zu Westnorwegens Highlights.

Vor Måløy liegt die Insel Vågsøy mit ihren vier Leuchttürmen.

Das Fischereimuseum von Ålesund ist in einem Haus von 1861 untergebracht.

Ein Hurtigruten-Schiff fährt unter der Måløy-Brücke hindurch.

❹ Florø

Florø, der erste Hurtigruten-Anleger nördlich von Bergen, ist Norwegens westlichste Stadt und lohnt einen Besuch. Der zwischen den Ausmündungen von Sogne- und Nordfjord gelegene 9 000-Seelen-Ort wurde im Jahr 1860 wegen seiner reichen Heringsfanggründe gegründet und führt das »Silber des Meeres« daher auch in seinem Wappen. Rund um den Hafen finden sich viele schöne historische Holzbauten, die sorgfältig restauriert wurden und nun Lokale beherbergen. Lange Zeit lebten die meisten Einwohner der Stadt vom Fischfang; heute ist die norwegische Erdölindustrie die Haupteinnahmequelle der Bevölke-

In Ålesund stehen die Häuser teils so unmittelbar am Wasser, dass man direkt ins Meer springen könnte.

rung. Im Hafen sind deshalb immer auch die Versorgungsschiffe, die zu den Förderplattformen vor der Küste fahren, zu sehen. Florøs Küstenmuseum (Hauptanlage und ein Freilichtmuseum) informiert auf spannende Weise über die Kultur und Geschichte der Region und sollte auf jeden Fall besucht werden.

❺ Måløy

Måløy liegt in der Inselgemeinde Vågsøy an der Mündung des Nordfjords und ist ein Hurtigruten-Hafen. Wie in Florø sind die meisten Einwohner im Fischfang tätig oder auf der Werft beschäftigt. Måløy zählt neben Ålesund und Tromsø zu den größten

Fischereigemeinden Norwegens. Sehenswert ist das hiesige Fischereimuseum. Eine Besonderheit des Ortes ist die 1224 Meter lange Måløy-Brücke über den Ulvesund, die siebtlängste des Landes. Bei bestimmten Windstärken erklingt dort ein »hohes C«. Måløy ist der westliche Endpunkt der Reichsstraße 15 am Nordufer des Nordfjords und längs des Hornindalsvatn, des mit bis zu 514 Metern tiefsten Binnensees Europas.

❻ Ålesund

Ihr vom Jugendstil geprägtes Bild macht diese Kleinstadt sehr attraktiv. Doch das ist es nicht allein: Ålesund erstreckt sich über mehrere Inseln, die

über Brücken miteinander verbunden sind. Besonders rund um Mittsommer ist der Blick auf die zerklüftete Inselstadt einfach ein Traum. Dass Ålesund heute ein relativ modernes Gesicht zeigt, liegt an einem großen Feuer, dem 1904 fast die komplette Innenstadt zum Opfer fiel. Der Norwegen sehr wohlgesonnene deutsche Kaiser Wilhelm II. ordnete Katastrophenhilfe an – und die Kleinstadt erstrahlte bald schöner denn je. Allerdings durften die Häuser von da an nur noch aus Stein erbaut werden. Die Verleihung der Stadtrechte erfolgte im Jahr 1848, als sich die Einwohnerzahl aufgrund des Ausbaus zum größten Fischereihafen Norwegens rasch erhöhte.

Juwel der Fjorde: der Geirangerfjord

Der Geirangerfjord steht als eine der schönsten Landschaften der Erde seit dem Jahr 2005 als Weltnaturerbe unter dem Schutz der UNESCO. Er ist der innerste Zweig des 120 Kilometer langen Storfjords, den alljährlich mehr als 150 Kreuzfahrtschiffe aus aller Welt passieren. Vom Schiff aus zu sehen sind unter anderem die drei berühmten Wasserfälle »Sieben Schwestern«, »Freier« und »Brautschleier«. Auch die Hurtigruten-Schiffe legen im Sommer in dem 250-Seelen-Dorf Geiranger am Ende des Fjords an. Die Passstraße Ørneveien, »Adlerstraße«, die vom Geirangerfjord zum nördlich gelegenen Norddalsfjord führt, ist mit den vielen Serpentinen und Aussichtspunkten eine der atemberaubendsten Bergstraßen von ganz Skandinavien. Nur zu Fuß erreichbar ist der spektakulärste Aussichtspunkt: das Flydalshornet in 1112 Meter Höhe senkrecht über dem Fjord.

❼ Åndalsnes

Das Romsdalen und die Romsdalsalpen bilden eine der spektakulärsten Küsten- und Gebirgslandschaften Norwegens. Der das Tal durchströmende Fluss Rauma entspringt im Dovrefjell und mündet in der Hafenstadt Åndalsnes in den weit verästelten Romsdalsfjord, in dem sich das Romsdalen als ertrunkenes Tal unter Wasser fortsetzt. Das restvergletscherte Hochgebirge beiderseits des Tals erreicht Höhen von rund 1800 Meter; bekannte Landmarken sind die Gipfelgruppe Trolltindane, deren Zacken die Talsohle um mehr als 1700 Meter überragen, und die 1000 Meter hohe Felswand Trollveggen. Verkehrsmäßig erschlossen ist das Tal durch die Europastraße 136 und eine der landschaftlich schönsten Eisenbahnlinien des Königreichs: Die 114 Kilometer lange Fahrt der Raumabahnen führt von Dombås nach Åndalsnes in eine atemberaubend schöne Bergwelt. Die Höhepunkte der Fahrt sind die Kylling-Brücke und der Trollveggen.

❽ Molde

Rosen, Jazzmusik und das »Vardenpanorama« kennzeichnen die Hafenstadt Molde am Moldefjord. Die dornigen Blumen gedeihen hier im hohen Norden aufgrund des ungewöhnlich milden Kleinklimas der Stadt. Daher wird Molde auch Stadt der Rosen genannt. Moldes Ruhm als »Nizza des Nordens« wurde unter anderem vom deutschen Kaiser Kaiser Wilhelm II. begründet, der von 1889 bis 1913 alljährlich in der damaligen 2000-Einwohner-Holzhausstadt »Frieden und Freiheit« auf dem Varden genoss. Im Zweiten Weltkrieg wurde die Stadt jedoch von der deutschen Luftwaffe fast vollständig zerstört, weshalb es kaum historische Sehenswürdigkeiten gibt. In Sachen Kultur und Natur hat die Stadt dafür um einiges mehr zu bieten. Moldejazz ist das älteste (seit 1961) und am besten besuchte Jazzfestival Norwegens. Jährlich Ende Juli lauschen Zehntausende Besucher der Musik in der Wasser- und Bergkulisse am Fjord.

❾ Storseisundbrua

Die mächtige Storseisund-Brücke ist das unangefochtene und weithin sichtbare Wahrzeichen des Atlanterhavsveien, der berühmten Atlantikstraße, die zu den Traumstraßen der Erde zählt. Im Jahr 2006 kürte die englische Zeitung »The Guardian« den Atlanterhavsveien sogar zur schönsten Autostrecke der Welt. Elegant überspannt die Brücke den Storseisund und bildet die Grenze zwischen den Gemeinden Hustadvika und Averøy. Mit einer Länge von 260 Metern und einer maximalen Höhe von 23 Metern ist die dreibogige Auslegerbrücke ein architektonisches Kleinod und die größte der acht Brücken der Atlantikstraße. Die Bauzeit zog sich allerdings über sechs Jahre hin, weil die Arbeiten immer wieder wegen widriger Wetterlagen und starker Stürme unterbrochen werden mussten. Doch im Juli 1989 war es dann soweit: Die Storseisundbrua wurde für den Verkehr freigegeben. Heute kann man mautfrei über die Brücke fahren und die beeindruckende Schärenlandschaft auf sich wirken lassen, ob mit dem Auto oder mit dem Fahrrad. Und wer möchte, der kann hier auch seine Angel auspacken, denn das Gebiet gilt als recht fischreich.

❿ Kristiansund

Die Hafenstadt liegt auf drei Inseln, umgeben von Fjorden, Sunden, kleineren Eilanden und dem Atlantik. Nordlandet ist die größte der Stadtinseln. Im 17. Jahrhundert fungierte der Ort als Zollstation für den Handel mit Holz. 1742 erhielt er, trotz der Proteste aus Trondheim und Bergen, die Stadtrechte – und den Namen Kristiansund nach König Christian VI. von Dänemark-Norwegen. Die Stadt entwickelte sich rasch zu einem Exporthafen und einem Zentrum der Stockfischverarbeitung. Trockenfisch wurde unter dem Namen »Bacalhau« zum portugiesischen Nationalgericht. An diese Tradition erinnert ein Stockfisch-Museum; die Open-Air-Veranstaltung »Donna Bacalhau« zählt zu den Höhepunkten im Sommer. Die Dorsch- und Heringsfischerei wurde als wichtigster Wirtschaftszweig aber längst abgelöst: Heute sind dies Offshoretechnik und Ölförderung.

Moldejazz

Jedes Jahr im Juli wird Molde zum Mekka für Jazzfreunde. Mehrere Hundert Solisten und Bands treten beim größten und für viele Insider auch schönsten Jazzfestival in Norwegen auf – ob in der Konzerthalle, im Club, im Zelt, in der Kirche oder auf der Straße. Die Veranstalter des bereits seit dem Jahr 1961 stattfindenden Spektakels sind stolz, schon Weltstars wie Miles Davis, Oscar Peterson, Herbie Hancock, Dizzy Gillespie, Chick Corea oder Pat Metheny hier gehabt zu haben. Parallel zum Jazzfestival gibt es vor Ort aber auch Konzerte von Größen der Sparten Blues, Rock und Pop. So kamen Molde-Besucher bereits in den Genuss, zwischen Jazzkonzerten auch legendäre Bluesmusiker sowie Rocker live zu erleben.

⓫ Kyrksæterøra

Der Ort an der Landstraße 680 und am Ende des Hemnfjords hatte einst eine Besonderheit: Er wurde als »weiße Stadt« bezeichnet, da ausnahmslos alle Häuser des Ortes weiß waren. Dazu passt heute noch die achteckige St.-Margarethen-Kirche aus getünchtem Holz, die Platz für 450 Besucher bietet. Kyrksæterøra ist mit dem Fjord in nordöstlicher Richtung und dem See Rovatnet im Südwesten wunderschön gelegen.

⓬ Trondheim

Die Geburtsstunde Trondheims schlug im Jahr 997, als König Olav I. Tryggvason hier sein Langboot festmachte und an dem gelegentlichen Handelsplatz eine Stadt gründete – mit dem Namen »Niðaróss«, nach der Lage an der Mündung der Nidelva. Auf einer Halbinsel gelegen, ließ sich der Ort gut verteidigen, wuchs rasch zum florierenden Handelsplatz und war als Königssitz lange die Hauptstadt Norwegens. Nach einem verheerenden Brand 1681 wurde die Stadt am Meer schnell wiederaufgebaut, mit neuen, breiten Straßen rund um den Markt, den »Torget«. Das historische Viertel von Trondheim liegt auf der Halbinsel Øra und ist mit dem Festland durch eine sehr sehenswerte Holzbrücke, die Gamle Bybro (»Alte Stadtbrücke«), verbunden. Am alten Hafen fallen besonders die farbenfrohen, auf Pfählen errichteten Speicherhäuser ins Auge. Ein weiteres Highlight ist Trondheims Dom, die größte gotische Kathedrale Skandinaviens und traditionell die Krönungskirche der Könige von Norwegen. Errichtet wurde das Gotteshaus ab 1152 über der Olavsquelle und dem Grab König Olavs des Heiligen, der Norwegen zum Christentum bekehrt hatte. 1186 folgte der gotische Langchor, im Jahr 1248 die Westfassade mit einer bunten Fensterrosette. 1320 war das reich ausgestattete Bauwerk vollendet. Durch Berichte von Wunderheilungen wurde es zu einem der bedeutendsten Wallfahrtsziele Nordeuropas. Nach Reformationsbeginn verfiel der gewaltige Bau. Erst während der norwegischen Nationalromantik begann 1869 die Rekonstruktion als »Nationalheiligtum«.

Entlang des Fjords in Romsdal reihen sich die Bootshäuser aneinander.

Schwungvoll verläuft die Straße über die Storseisund-Brücke hinweg.

Die Alte Stadtbrücke (»Gamle Bybro«) von Trondheim ist unverkennbar.

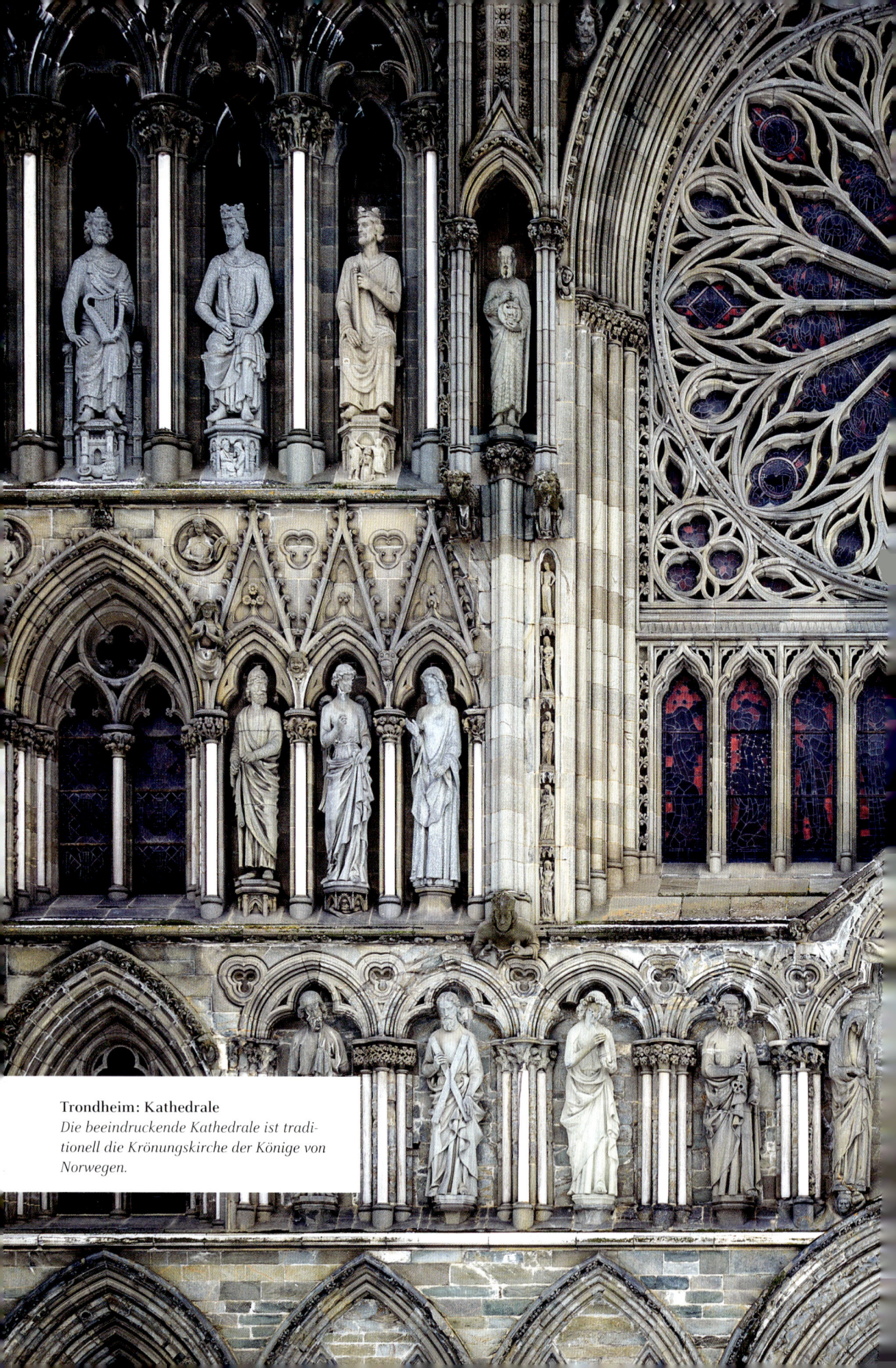

Trondheim: Kathedrale
Die beeindruckende Kathedrale ist traditionell die Krönungskirche der Könige von Norwegen.

Die 59 Steine von Ale, auf Schwedisch Ales Stenar, bilden die Form eines Schiffes und markieren wikingerzeitliche Gräber.

Route 2 | Perlen der schwedischen Südküste

Sanfte Hügel, weite Sandstrände, Wiesen und Wälder erwarten die Reisenden auf der Strecke zwischen Malmö und Kalmar, dazu bezaubernde Dörfer und prächtge Schlösser sowie über 1000 Jahre alte Grabstätten.

Irgendwie ist es dann doch immer Pippi Langstrumpf. Schweden mag mit klaren Seen, putzigen Dörfern mit bunten Holzhäuschen werben, am

INFO ✱

ROUTE 2
Routenlänge:
380 Kilometer
Zeitbedarf:
1–2 Wochen
Start/Ziel:
Malmö – Kalmar
Routenverlauf:
Malmö, Falsterbo, Trelleborg, Ystad, Sandhammaren, Österlen, Simrishamn, Kivik, Åhus, Kristianstad, Listerlandet, Karlshamn, Ronneby, Karlskrona, Brömsebro, Kalmar

Ende ist das erste Bild, das wohl fast jedem bei der Erwähnung des Landes in den Kopf schießt, das eines kleinen taffen Mädchens mit zwei roten, waagrecht vom Kopf abstehenden Zöpfen. »Ich lebe im schönsten Land der Welt«, verkündete einst Pippi-Langstrumpf-Erfinderin Astrid Lindgren, die 1907 in Vimmerby in der Provinz Småland geboren wurde. Recht hat sie, betrachtet man den Süden Schwedens mit seinen sanften Hügeln, kristallklaren Seen, feinen Sandstränden und geheimnisvollen Mooren. Grüne Wiesen und Wälder, pittoreske Dörfer und Schlösser sind nur einige der Postkartenmotive der Region. Auch deshalb führt diese Tour von Malmö in der Provinz Skåne über Blekinge direkt nach Småland, der Bilderbuchansicht Schwedens. Skåne bildet die südlichste Provinz des Landes, und die Stadt Malmö steht für moderne Urbanität. Die Künstler- und Kneipendich-

te ist groß, die Lebenslust und der Freizeitwert ebenso. Wer sich ein wenig selbst verwirklichen möchte – so heißt es in Schweden –, der muss nach Malmö ziehen. Dort beginnt unsere knapp 400 Kilometer lange Route, die selbstredend auch an einem Tag gefahren werden könnte – doch wer will das schon? Es gibt viel zu viel zu entdecken auf dieser Fahrt entlang der Küste, und immer wieder bieten sich Möglichkeiten, am Meer Pausen einzulegen. Allerdings tragen einige der Straßen direkt am Ufer mitunter die Bezeichnung »Sträßchen« zu Recht. Bei Gegenverkehr ist Vorsicht geboten. Erhebungen von mehr als 180 Metern gibt es in der Provinz Blekinge nicht. Sie neigt sich von der Geografie her langsam dem Meer zu, viele Buchen prägen die Landschaft und so manche Sümpfe. Längst in Småland, endet diese Tour in der lebhaften Stadt Kalmar.

Südschweden lädt ein mit leuchtend roten Holzhäuschen auf sonnigen Schäreninseln.

Malmös Hafen mit seinem markanten rot-weißen Leuchtturm.

Øresundsbron

Von Kopenhagen nach Malmö: eigentlich ein Katzensprung, aber dazwischen liegt der Öresund. Seit Beginn des 20. Jahrhunderts hatte man sich über eine Verbindung zwischen den Städten Gedanken gemacht. Fertiggestellt wurde sie im Jahr 2000. Seitdem verbindet die knapp acht Kilometer lange, spektakuläre Brücke mit dem dänisch-schwedischen Namen Øresundsbron die Nationen miteinander.

❶ Malmö

Ende des 20. Jahrhunderts sah es in der drittgrößten Stadt Schwedens nicht gut aus: Die alten Werften und Industrieanlagen wurden nicht mehr genutzt und verfielen, viele Bewohner zogen aus der Stadt weg. Doch Malmö schaffte schließlich doch noch den Sprung in die Moderne: Mit einem Zentrum für Wissenschaft und Forschung putzten sich verlassene Gebäude wieder heraus, die im Juli 2000 eröffnete Öresundbrücke (Øresundsbron) sorgte für Aufschwung. Heute leben rund 300 000 Menschen in der Stadt; hier treffen so viele Nationalitäten zusammen wie sonst nirgends in Schweden. Historische Fachwerkhäuser stehen neben modernen Gebäuden, und gerade das macht Malmö so interessant. Vom Rathausplatz Stortorget aus kann man die alten Prachtbauten in der Altstadt bewundern, im Südwesten sticht der Lilla Torg ins Auge. Der Platz diente im 16. Jahrhundert Händlern als Markt, heute finden sich ringsum nette kleine Lokale, die ihn zur Ausgehmeile werden ließen.

❷ Falsterbo

Die Halbinsel Falsterbo, die den südwestlichsten Zipfel Schwedens bildet, ist ein echtes Urlaubsparadies. Der

Malmös Lilla Torg ist vor allem im Sommer ein beliebter Treffpunkt.

Am Strand von Skanör med Falsterbo stehen solch hübsche Strandhütten.

gleichnamige Hauptort Falsterbo ist mit dem Nachbarstädtchen Skanör zusammengewachsen. Beide zählen zu den ältesten Städten des Landes und stellten schon im 12. Jahrhundert einen wichtigen Handelsplatz für die Heringsfischerei dar. Obwohl die Landzunge mit ihren drei Küsten bestens auf Tourismus eingestellt ist, braucht man dort keine Angst vor Urlaubermassen zu haben. Die Besucher verteilen sich gut, entspannen beim Wandern oder Baden, gehen segeln oder spielen Golf. Voll wird es nur Anfang Juli: Dann zieht es Pferdeliebhaber und Reitsportler zur jährlichen Falsterbo Horse Show, auf der Tausen-

de Reiter ihr Können zeigen. Die Prominenz der Szene fehlt dabei ebenso wenig wie vorzügliches Essen.

❸ Trelleborg

In der rund 40 Kilometer südöstlich von Malmö gelegenen Hafenstadt legen Fähren aus Rostock, Swinemünde und Sassnitz an. Für die meisten Besucher bildet sie eine Durchgangsstation auf dem Weg nach Malmö. Trelleborg liegt an der Europastraße 22 Richtung Stockholm und ist gleichzeitig Ausgangspunkt der Europastraße 6, die über Malmö, Göteborg und Oslo bis nach Kirkenes im hohen Norden Norwegens führt. Obwohl die Stadt auf

eine mehr als tausendjährige Geschichte zurückblicken kann, finden sich kaum historische Sehenswürdigkeiten. Eine 1991 ausgegrabene und teilweise rekonstruierte Wikingerburg ist fast das einzige Relikt aus der Vergangenheit. Sie wurde vermutlich um 980 errichtet und ist die bis heute einzige bekannte ihrer Art im ganzen Land. Oberhalb der Höllvik, 15 Kilometer nordwestlich von Trelleborg, wurde ein Wikingerdorf rekonstruiert, das mit Living-History-Veranstaltungen den Alltags der Nordmänner veranschaulicht. Foteviken, so der Name der Siedlung, wird oft als bestes Freilichtmuseum Südschwedens gerühmt.

Die mittelalterliche Burg Glimmingehus nahe Simrishamn.

Die Region Österlen wird auch als die »Toskana Schwedens« bezeichnet.

❹ Ystad

Die Hafenstadt im äußersten Süden Schwedens hat als Heimat der von Henning Mankell geschaffenen Romanfigur des Kommissars Kurt Wallander Weltberühmtheit erlangt. Viele Tausende seiner Fans pilgern alljährlich begeistert zu den Orten, an denen Wallander auf Verbrecherjagd ging, die Touristeninformation bietet mittlerweile sogar geführte »Wallander-Krimi«-Touren an. Denn die in den Büchern genannten Straßen und Restaurants existieren wirklich und können im Rahmen dieser besonderen Stadtführungen besichtigt werden. Auch die Filmstudios der Wallanderkrimis lohnen einen Besuch. Ein Bummel durch Ystad ist aber natürlich nicht nur für Krimileser ein Vergnügen. Dank eines in sich geschlossenen Ensembles von 300 historischen Fachwerkhäusern aus dem 17. und 18. Jahrhundert zählt der nette Ort mit seinen etwa 30 000 Einwohnern zu den schönsten Städten Schwedens.

❺ Sandhammaren

Wer hier nicht ins Schwärmen gerät, dem ist nicht mehr zu helfen! Der sich über mehrere Kilometer erstreckende Strand von Sandhammaren liegt zwar, wenn man so will, am »letzten Eck« der Küste Schwedens, genau genommen am südöstlichsten Punkt, doch mit seinem feinen weißen Sand ist er ganz einfach ein Traum. Deshalb ist es auch gar nicht erstaunlich, dass er zu einem der beliebtesten Strände des Landes zählt. Das allerdings war nicht immer so, denn die gefährlichen Strömungen und die Sandbänke rund um den Küstenstreifen ließen so manchen Seemann an seinen Navigationskünsten zweifeln. Das Meer vor Sandhammaren ist der größte Schiffsfriedhof Schwedens, gut 1000 Wracks liegen vor den Ufern dieses Strandes für alle Zeiten am Meeresgrund.

❻ Österlen

Ganz im Osten der Provinz Schonen liegt die Region Österlen. Sie reicht von Ystad im Westen über Löderup

An vielen der bunt gestrichenen Häuserfassaden in Ystad ranken farbenfrohe Pflanzen.

mit seinem prächtigen feinsandigen Strand bis hinauf nach Sandhammaren, Borrby Strand, Kivik und Brösarp im Norden. Die Schweden sagen, in Österlen trifft der Himmel auf das Meer. Sie verbringen hier gern ihren Urlaub und treffen sich mit der ganzen Familie. Im Frühsommer leuchten weite Rapsfelder knallgelb, und wer den Süden Schwedens vollkommen flach erwartet, dürfte von dem 97 Meter hohen Stenshuvud begeistert sein. Das »Steinerne Haupt«, wie er übersetzt heißt, erhebt sich direkt über der Ostsee. In Österlen finden vom Frühjahr bis in den Herbst verschiedene Jazz- und Gourmetfestivals statt, nicht zu vergessen verschiedene Kunstveranstaltungen wie etwa die »Konstrundan« zu Ostern, bei der Künstler ihre Ateliers und Werkstätten für Besucher öffnen.

❼ Simrishamn

Der idyllische kleine Ort an der schwedischen Südostküste ist dank eines vergleichsweise milden Klimas, kilometerlanger Strände und einer reizvollen, wald- wie seenreichen Umgebung ein beliebtes Urlaubsziel. Simrishamn hat sich um die dem Schutzpatron der Seefahrer geweihte und bereits im 12. Jahrhundert erwähnte St.-Nikolai-kyrka entwickelt. Die hübschen kleinen, in verschiedenen Pastelltönen gestrichenen Häuser, die das Ortsbild prägen, stammen allerdings zumeist aus dem 19. Jahrhundert. In der Nähe von Simrishamn liegt – nur wenige Kilometer landeinwärts – Glimmingehus, eine der besterhaltenen mittelalterlichen Burgen Skandinaviens. Sie wurde Ende des 15. Jahrhunderts errichtet und überstand die Kriege zwischen Dänemark und Schweden um die Vorherrschaft über Schonen unversehrt. In der ehemaligen Küche von Glimmingehus ist ein kleines Museum untergebracht, das auf dem Gelände von Archäologen ausgegrabene Gegenstände zeigt. Auch der nördlich von Simrishamn gelegene Stenshuvud-Nationalpark ist ein sehr beliebtes Ausflugsziel.

Das Geheimnis von Ales Stenar

Heute ist der mythische Ort ein beliebtes Ziel für Touristen. Ales Stenar, das »schwedische Stonehenge«, ist eine aus 59 Steinen bestehende Kultstätte und liegt auf einem etwa 37 Meter hohen Hügel an der Ostseeküste beim Ort Kåseberga im Süden Schonens. Die gewaltigen Granit- und Sandsteine stehen aufgerichtet und zeichnen die Silhouette eines Schiffes nach. Schon der Aufstieg auf die Anhöhe überrascht: Die größten Steine sind mehr als drei Meter hoch, beinahe jeder von ihnen wiegt knapp zwei Tonnen. 67 Meter lang und 19 Meter breit ist die Schiffssetzung und rund 1000 Jahre alt. Ales Stenar ist die größte erhaltene Schiffssetzung in Schweden und eine der populärsten Sehenswürdigkeiten von Skåne. Legenden ranken sich um das Plateau über dem Meer. Vermutet wird eine Verbindung zum Sonnenkalender, da die Sonne zu Mittsommer an der nordwestlichen Spitze des »Schiffes« untergeht und zur Wintersonnenwende gegenüber wieder auftaucht; eine weitere Interpretation besagt, es handle sich um das Grab eines Wikingerhäuptlings. Doch ringsum wurden keine Grabstätten gefunden. Aber was hat der geheimnisvolle Ring, den diese 59 Felsen bilden, sonst zu bedeuten?

Die Fußgängerzone in der historischen Altstadt von Kristianstad.

Höhepunkt des Apfelmarkts in Kivik: ein riesiges Bild aus Äpfeln.

❽ Kivik

Kivik grenzt an den nördlichen Rand des Stenhuvud-Nationalparks. Der Ort, für Radfahrer übrigens bestens über den Radwanderweg Sydostlden zu erreichen, ist Schwedens Apfelmetropole. Beim jedes Jahr Ende September stattfindenden Apfelmarkt kann man das Obst in allen erdenklichen Formen verkosten. Noch bekannter ist der im Sommer stattfindende »Kiviks marknad«, einer der größten Jahrmärkte Schwedens. Wer sich für Geschichte interessiert, besucht das Königsgrab aus der Nordischen Bronzezeit (ca. 1000 v. Chr.). Zwar darf bezweifelt werden, inwieweit die Rekonstruktion der Realität

entspricht, beeindruckend ist die im Durchmesser 75 Meter große Anlage mit ihren Grabkammern und Felszeichnungen aber allemal. Prominenter Gast Kiviks war übrigens Kurt Tucholsky. Der deutsche Schriftsteller hielt sich während seiner Sommerfrische im Jahr 1928 in dem Örtchen auf.

❾ Åhus

Åhus hat so ziemlich alles, was man sich von einem Ferienort erhofft: zwei Badestrände, ein Freibad, einen alten Stadtkern aus dem Mittelalter und – für Sportfans – eines der größten Beachhandballturniere der Welt. Gut 1000 Mannschaften treten gegeneinander an. Der Name Åhus geht auf

eine ältere Form, »Aos« (Flussmündung), zurück, da hier einst der Helge å ins Meer floss. Heute besitzt er längst einen anderen Mündungsbereich. Bereits in der Wikingerzeit siedelten die ersten Menschen in Åhus, das heute vom Tourismus geprägt ist: Im Sommer sind auf den Straßen und den Stränden dreimal so viele Urlauber wie Einheimische zu finden. Berühmt ist der Ort auch für den Absolut Vodka, der in der Stadt aus Winterweizen hergestellt wird.

❿ Kristianstad

Der im Nordosten von Schonen gelegene und rund 35 000 Einwohner zählende Ort gilt als die dänischste Stadt

Das Renaissanceschloss Maltesholm bei Kristianstad ist von einem der schönsten Parkanlagen Schonens umgeben.

Schwedens. Kristianstad wurde zu Beginn des 17. Jahrhunderts von Christian IV. von Dänemark als Festungsstadt errichtet und sollte das damals zu Dänemark gehörende Schonen vor den Angriffen schwedischer Truppen schützen. Obwohl die Stadt bereits 1658 mit dem Frieden von Roskilde an Schweden fiel, ist die Erinnerung an den Dänenkönig immer noch präsent. Sein Wappen ziert das Stadtemblem, den Giebel des im Jahr 1891 errichteten Rathauses schmückt eine Statue des Monarchen, die die Bürger Kristianstads grüßt. Kristianstad wurde als renaissancezeitliche Idealstadt angelegt. Der alte Kern ist von einem Netz rechtwinkelig aufeinander zulaufen-

der Straßen durchzogen. Große Teile der Bebauung stammen allerdings aus dem 19. Jahrhundert.

⑪ Listerlandet

Nicht zuletzt dank einiger schöner Badestrände hat sich die Halbinsel im Westen von Blekinge zu einem populären Feriengebiet entwickelt. Besonders Familien mit Kindern machen hier gern Urlaub. In den Küstengewässern um Listerland finden Segler ideale Bedingungen vor. In der Marina von Hällevik herrscht den Sommer über Hochbetrieb. Sölvesborg, der an der Grenze zu Schonen gelegene Hauptort der Region, präsentiert sich als charmantes kleines Landstädtchen.

Hier lohnt besonders die mittelalterliche Backsteinkirche St. Nicolai, die mit Kalkmalereien des 15. Jahrhunderts aufwarten kann, eine Besichtigung. Nördlich von Listerland mündet, in der Nähe des gleichnamigen Ortes, die Mörrum, einer der lachsreichsten Flüsse der Welt, in die Ostsee. Zwischen Mai und Juni, wenn die Fische zu ihren Laichgründen flussaufwärts ziehen, kann man zahlreichen Sportanglern beim Fischen zusehen und beobachten, wie sie riesige Exemplare des Blanklachses aus dem Wasser ziehen. Angelscheine können online gebucht werden. Das Laxens Hus in Mörrum informiert über die Lebensweise des Edelfischs.

Ronneby ist die älteste Stadt der schwedischen Provinz Blekinge.

⑫ Karlshamn

Der knapp 20 000 Einwohner zählende Ort an der Europastraße 22 ist durch seinen Hafen, von dem aus im 19. Jahrhundert Hunderttausende von Schweden nach Nordamerika emigrierten, bekannt geworden. Ein aus einer Folge von vier Romanen bestehendes Epos von Vilhelm Moberg befasst sich mit dem Schicksal der Auswanderer in der Neuen Welt. In Karlshamn erinnert das Utvandrar-Monument, eine von Axel Olsson geschaffene Skulptur, die die beiden Hauptfiguren des Epos darstellt, an die Auswanderungswelle. Die Anfänge von Karlskrona gehen auf einen Marinestützpunkt zurück, den Karl X. Gustav hier 1658 errichten ließ. Das auf einer vorgelagerten Insel errichtete Kastell stammt aus dieser Zeit. Nachdem der Sitz der königlichen Flotte 1679 nach Karlskrona verlegt worden war, entwickelte sich Karlshamn zu einem wichtigen Seehandelshafen. Heute ist die Stadt der Endpunkt wichtiger Fährverbindungen nach Litauen und Lettland. Obwohl Karlshamn über keine besonderen Sehenswürdigkeiten verfügt, lohnt sich ein Besuch. Die überaus charmante Altstadt wartet mit zahlreichen historischen Fachwerkbauten des 18. Jahrhunderts auf. Das in einer ehemaligen Branntweindestillerie untergebrachte Punschmuseum ist weltweit einzigartig und gibt Einblick in die Spirituosenproduktion. Zwischen Karlshamn und Ronneby lockt unweit der Europastraße 22 das Eriksbergs Viltreservat, ein riesiges Schutzgebiet, in dem man freilaufende Wisente, Elche und andere Wildtiere vom Auto aus beobachten kann.

⑬ Ronneby

Der einige Kilometer landeinwärts am Ronnebyån gelegene, rund 12 000 Einwohner zählende Ort ist in Schweden als Stadt der Töpfe und Pfannen bekannt. Im 19. Jahrhundert siedelten hier einige bedeutende Betriebe der Eisen verarbeitenden Industrie. Werkstätten, die Geschirr aus Eisen produzieren, spielen bis heute eine nicht unbedeutende Rolle in Ronnebys Wirtschaftsleben. Auch als Spurenelement hat das Metall der Stadt Glück gebracht. Denn dank der eisenhaltigen Quellen, die bereits im 18. Jahrhundert entdeckt wurden, entwickelte sich Ronneby zu einem über die Grenzen Schwedens hinaus bekannten Kurort. Zwar sind diese Zeiten längst vorbei, Ronnebys Brunnspark ist aber nach wie vor eine Touristenattraktion. Die zauberhaften Themengärten, die hier angelegt wurden, laden zu Spaziergängen ein. Die sehr sehenswerten Kuranlagen auf dem Gelände stehen unter Denkmalschutz.

⓮ Karlskrona

Blekinges Hauptstadt liegt auf einer Insel im Inneren des der Küste im Osten der Provinz vorgelagerten Schärengartens. Sie wurde ab 1680 unter Karl XI. als Marinestützpunkt angelegt und in den Jahrhunderten danach immer wieder ausgebaut. Das historische Karlskrona gilt als herausragendes Beispiel eines planvoll angelegten Marinestützpunkts des 17. Jahrhunderts. Große Teile der Bebauung wie die Hafenanlagen, Werften, die Versorgungseinrichtungen und Unterkünfte sowie das Kungsholm Fort stehen deshalb seit 1998 auf der UNESCO-Welterbeliste. Karlskronas Straßen und Plätze bestechen durch ihre Weitläufigkeit. Sie verleihen dem heute rund 35 000 Einwohner zählenden Ort eine großstädtische Aura. Der Stortorget, ein riesiger Platz im Zentrum der Stadt, wird von Meisterwerken schwedischer Barockarchitektur gesäumt.

⓯ Brömsebro

Das Dörfchen Brömsebro ist das beste Beispiel dafür, dass selbst ein unscheinbarer Ort den Hauch der Geschichte atmen kann. Davon zeugt noch heute der sogenannte Friedensstein von Brömsebro. Er wurde im Jahr 1915 an der Stelle der Vertragsunterzeichnung aufgestellt und ist für die 200 Einwohner ein wichtiges Mahnmal gegen Kriege. Das Dorf lag im Brennpunkt zweier Mächte, genau an der Grenze zwischen Dänemark und Schweden. Während im Jahr 1541 hier noch ein Bündnis zwischen den beiden Staaten gegen die Hanse unterzeichnet wurde, endete durch den sogenannten Frieden von Brömsebro der Torstenssonkrieg. Im Jahr 1643 waren die Schweden in Dänemark eingefallen, zwei Jahre später wurden die Kampfhandlungen mit dem Friedensabkommen beendet.

⓰ Kalmar

Der etwa 36 000 Einwohner zählende Ort an der småländischen Küste gegenüber der Insel Öland präsentiert sich als bezauberndes Kleinstadtidyll. Der Stortorget mit Dom und Rathaus bildet den Mittelpunkt des historischen Zentrums, das nach einem Großbrand im Jahr 1648 auf der Insel Kvarnholmen neu angelegt und mit mächtigen Festungsmauern umgeben wurde. Das Netz rechtwinklig aufeinander zulaufender Straßen, das das Viertel heute noch durchzieht, stammt ebenfalls aus dieser Zeit. Das in einer historischen Dampfmühle untergebrachte Kalmar Länsmuseum wartet mit den Überresten eines 1676 vor Öland gesunkenen Segelschiffs der königlichen Marine auf. Der »Schatz« wurde erst 1980 entdeckt und von Archäologen geborgen. Zu sehen sind nicht nur Kanonen, Steuerruder und Navigationsgeräte des Schiffs, sondern auch eine wertvolle Sammlung von Goldmünzen, die in dem Wrack gefunden wurde. Die einstige Festungs- und Verteidigungsstadt Kalmar wird heute oft zur Sommerstadt Schwedens gekürt. In den wärmeren Monaten lässt es sich hier wunderbar durch die hübschen Straßen schlendern und in einem der zahlreichen Cafés typisch schwedische Süßigkeiten kosten.

Der Dom von Kalmar wurde nach Plänen des Architekten Nicodemus Tessin d. Ä. erbaut.

Im Herbst scheinen die Bäume das leuchtende Rot der Häuschen auf dem Turku-Archipel nachzuahmen.

Route 3 | Finnlands Königsstraße

Die »Kuninkaantie«, Königsstraße oder Königsweg, ging im 14. Jahrhundert noch von Norwegen aus und ist eine der ältesten Handels- und Poststraßen Nordeuropas. Zahlreiche Höfe etablierten sich damals am Wegesrand, um die Reisenden zu versorgen.

Ein guter Ausgangspunkt für die an der Südküste Finnlands verlaufende Route ist Finnlands frühere Hauptstadt Turku. Von der lebendigen Universitätsstadt mit ihren vielen Sehenswürdigkeiten lohnt sich zunächst ein Abstecher in den Badeort Naantali, dann geht es in östlicher Richtung nach Salo. Auf dem Weg passiert man einen der schönsten Höfe, den Herrenhof Pukkila im Dörfchen Piikiö. Salo lebt in erster Linie von der Produktion von Kommunikationstechnik. Ein großer Teil der Gemeinde besteht allerdings aus ländlicher Fläche. In südlicher Richtung führt die Route auf die Landzunge von Hanko. Vor der Küste breiten sich die südlichsten Schäreninseln Finnlands aus. Mitten im spektakulären Schärengarten-Nationalpark liegt Tammisaari, bekannt auch unter seinem schwedischen Namen Ekenäs. Im Sommer empfiehlt sich eine Fahrt auf dem Dampfschiff M/S Sunnan II. In nordöstlicher Richtung führt die Fernstraße 25 westlich nach Helsinki, Finnlands Hauptstadt seit 1812 und das bedeutendste wirtschaftliche und kulturelle Zentrum des Landes. Ungefähr jeder vierte Finne lebt in Helsinki und Umgebung – kein Wunder, angesichts der herrlichen Lage inmitten von Schären und der schönen Architektur der Innenstadt! Weiter geht es nordöstlich nach Porvoo. Dort locken die schöne Altstadt und die rot gestrichenen Salzspeicher am Ufer des Porvoonjoki. Hinter Porvoo in östlicher Richtung, parallel zur E 18, bietet sich ein Stopp im Dorf Pernaja mit der eindrucksvollen Michaelskirche aus dem 14. Jahrhundert an. Auch die bunten Häuschen im charmanten Loviisa lohnen einen Halt, bevor es weiter in die Hafenstadt Kotka geht. Das dortige Maretarium zeigt in mehreren Tanks und Becken die gesamte Flora und Fauna finnischer Gewässer. Zum krönenden Abschluss führt die Route dicht an die russische Grenze nach Hamina – dank des zentralen Platzes, auf den alle Straßen zulaufen, ein besonders gestalteter Ort, der jedem Besucher in Erinnerung bleiben wird.

INFO ✳

ROUTE 3
Routenlänge:
460 Kilometer
Zeitbedarf:
1–2 Wochen
Start/Ziel:
Turku – Hamina
Routenverlauf:
Turku, Naantali, Hanko, Ekenäs (Tammisaari), Helsinki, Porvoo, Kotka, Hamina

Die Uspenski-Kathedrale und das Riesenrad am Hafen gehören zu den Wahrzeichen von Helsinki.

Der Dom von Turku gilt als finnisches Nationalheiligtum.

Die mittelalterliche Steinkirche der »Sonnenstadt« Naantali.

❶ Turku

Bereits 1229 wurde Turku zum ersten Bischofssitz Finnlands, drei Jahrhunderte bevor die Siedlung die Stadtrechte erhielt. Danach war sie über viele Jahrhunderte die wichtigste Stadt des damals schwedischen Finnlands. Bis 1812 war Turku vor dem bis dahin unbedeutenden Helsinki sogar die Hauptstadt. Hier gab es Tabak- und Zuckerfabriken, Baumwollspinnereien und den Hafen an der Mündung des Aurajoki, der ein wichtiger Standort für den Schiffsbau war. 1827 zerstörte ein Feuer große Teile der Stadt. Gerettete Bauten sind im Freilichtmuseum Luostarinmäki zu bewundern. Außerdem sehenswert: die Burg, der Botanische Garten, das Seefahrermuseum sowie die Markthalle. Ein schönes Wandergebiet ist die Halbinsel Ruissalo. Und toll sind die vielen Festivals im Sommer – von Tango bis Design. Durch die geografische Nähe zu Schweden ist Turku Anlaufstelle der Fähren aus Stockholm. Am einfachsten lässt sich die Stadt erkunden, wenn man dem Flussverlauf des Aurajoki folgt.

❷ Naantali

In der ersten Hälfte des 19. Jahrhunderts war Naantali bereits ein beliebter Badeort, dessen Wasser man heilende Kräfte nachsagte. Dieser Tatsache hat der quirlige Ort seinen eleganten Seebad-Charakter zu verdanken. Naantali ist eines der beliebtesten Touristenziele Südfinnlands, das sich gern als »Sonnenstadt Finnlands« betitelt. Traditionell macht hier auch der finnische Staatspräsident Urlaub, der dann in der außerhalb gelegenen Villa Kultaranta residiert. Die schöne Innenstadt steht nahezu komplett unter Denkmalschutz. Dort, wo einst Handwerksbetriebe waren, befinden sich heute allerdings Cafés und Restaurants. Der Bootshafen ist ein idealer Ort, um zu flanieren oder Fischgerichte zu probieren. Hat man das Glück, dass gerade der Dampfer Ukkopekka ausläuft, dürfte der Tag perfekt sein! Einen Blick in Naantalis Vergangenheit lässt sich im Stadtmuseum werfen. Der Hof Hiilola bildet zusammen mit einigen Blockhäusern und einer Windmühle ein sehenswertes Ensemble der Vergangenheit.

❸ Hanko

Die Landzunge von Hanko, schwedisch Hangö, ist der Ausläufer des Salpausselkä-Höhenrückens und größtenteils dicht bewaldet. Finnlands südlichster Festlandspunkt ist das Segel-, Bade- und Angelparadies der Finnen, die inmitten des Schärengartens oder an den Sandstränden Erholung suchen. Hanko, dessen Wahrzeichen sein Wasserturm ist, blickt auf keine lange Geschichte zurück: Ende des 19. Jahrhunderts wurde der heutige 10 000-Einwohner-Ort gegründet. Um die Jahrhundertwende wurden die Jugendstilvillen im Kurpark, heute eine Touristenattraktion, von einer gut betuchten russischen Oberschicht erbaut. In Hankos Restaurants lässt es sich gut speisen. Im Sommer findet in ihnen, in Galerien und an anderen Orten ein Musikfestival statt. Beliebter Treffpunkt ist die Sportboot-Marina, Sehenswürdigkeiten sind die orthodoxe Kirche sowie das Festungsmuseum im Osthafen.

❹ Ekenäs (Tammisaari)

Etwa 90 Kilometer westlich von Helsinki liegt die »Stadt der Eichen«, was die Übersetzung des schwedischen Namend Ekenäs ist. Sie ist vor allem für den 52 Quadratkilometer großen Schären-Nationalpark bekannt, der sich vor ihrer Küstenlinie erstreckt. In der historischen Altstadt stehen denkmalgeschützte Holzhäuser aus vergangenen Jahrhunderten – ein Beispiel moderner Architektur ist dagegen Alvar Aaltos Sparkassenbau. Auf dem Friedhof von Ekenäs gibt es einige Gräber aus der Zarenzeit, die man sich einmal angesehen haben sollte. Kurios ist auch die außerhalb der Stadt gelegene Burg Raasepori: Zum Zeitpunkt ihrer Erbauung im 14. Jahrhundert war sie nur per Schiff erreichbar. Heute aber befindet sie sich, in rekonstruiertem Zustand, im Landesinneren. Ein Wahrzeichen von Ekenäs erreicht man über die »Strand Alleen«: die Seebrücke Knipan vom Anfang des 19. Jahrhunderts.

❺ Helsinki

Gut 660 000 Menschen leben heute in Helsinki, Finnlands überschaubarer Hauptstadt, die der Schwedenkönig Gustav I. Wasa im Jahr 1550 gründen ließ. Dass Helsinki reich an weltbekannten Beispielen moderner Architektur ist, liegt an den verheerenden Feuersbrünsten, die die einst mit Holz erbaute Stadt immer wieder verwüsteten: Im Jahr 1812 – nach Helsinkis Erhebung zur Hauptstadt – beauftragte daher Zar Alexander I. den Berliner Architekten Carl Ludwig Engel mit der Errichtung steinerner und vor allem feuerfester Repräsentationsbauten im klassizistischen Stil wie den Dom und die Universität am Senatsplatz. Anfang des 20. Jahrhunderts entwickelte sich eine »Nationalromantik« genannte finnische Variante der Jugendstilarchitektur (zu sehen an den Bauten des Nationalmuseums oder des Hauptbahnhofs), aus der in den 1920er-Jahren der rationale (z. B. das Parlamentsgebäude) und ab den 1930er-Jahren der ästhetisch-funktionale Architekturstil von Hugo Alvar Henrik Aalto (1898–1976) hervorging. Seine Finlandia-Halle (1970) und Bauten in aller Welt haben ganze Architektengenerationen beeinflusst, darunter die Brüder Suomalainen (Felsenkirche, 1969). Aaltos Prinzip des »organischen« Bauens – die reiche Verwendung natürlicher Stoffe und Formen – prägt die finnische Architektur bis heute. 20 der oben erwähnten, zwischen 1820 und 1850 errichteten Monumentalgebäude sind noch erhalten und verleihen der Metropole am Finnischen Meerbusen – gemeinsam mit weltbekannten Bauten vom Jugendstil bis zur Moderne – ein besonderes Stadtbild. Zu den weiteren architektonischen Highlights zählt der Hauptbahnhof mit seinem 48 Meter hohen Uhrenturm. Der Senatsplatz mit dem Dom, dem Regierungspalais, dem Universitätshauptgebäude und der Universitätsbibliothek gilt als einer der schönsten Plätze der Welt. In der Mitte steht die Statue Zar Alexanders II. Sehenswert sind darüber hinaus der Marktplatz und die historischen Markthallen am Südhafen; die Fähranleger der Schiffe nach Suomenlinna, eine alte schwedische Inselfestung und UNESCO-Weltkulturerbe,

Pellinge-Inseln

Die auf Finnisch Pellikki genannte Gruppe aus rund 200 Inseln gehört zu Porvoo und liegt nur 30 Kilometer vor der Küste. Auf den schwedischsprachigen Eilanden leben knapp 300 Menschen. Im Sommer vervielfacht sich diese Zahl um scharenweise Gäste, die die Natur und das Meer genießen, Kormorane beobachten oder den ehemaligen Sommersitz der Autorin Tove Jansson besuchen möchten. Zu jeder Jahreszeit finden Märkte statt, es gibt Restaurants und Cafés.

Aus der Vogelperspektive blickt man über die Kirche von Hanko hinweg bis auf die glitzernde Meeresfläche.

Die Felsenkirche in Helsinki ist ein herausragendes Beispiel der finnischen Architektur der 1960er-Jahre.

Als »Sommerstadt« bezeichnet sich Porvoo.

und zu den Schäreninseln; die Halbinsel Katajanokka, wo es den besten Panoramablick auf Helsinki gibt; die schöne orthodoxe Uspenski-Kathedrale (1868) mit ihrer reichen Innenausstattung; Luotsikatu, eine der prachtvollsten Straßen Helsinkis mit zahlreichen Jugendstilbauten; die Esplanade, eine parkgesäumte Flaniermeile; und das Kaufhaus Stockmann, das größte seiner Art in Skandinavien. Lohnende Museen sind zum Beispiel das Ateneum (finnische Kunst), das Kiasma (moderne Kunst) oder das Sinebrychoff-Kunstmuseum (ausländische Kunst). Tipp: Einen fantastischen Blick über die gesamte Stadt bietet der Turm des Olympiastadions.

⑥ Porvoo

Porvoo ist eine äußerst reizvolle Stadt und nach Turku Finnlands zweitälteste. Sie besitzt zwei historische Viertel: eine kopfsteingepflasterte Altstadt mit einem gotischen Backsteindom und eine »jüngere« mit klassizistischen Steinbauten. Für den Dom aus dem 14. Jahrhundert, der auf dem Altstadthügel liegt, sollte man sich ein wenig Zeit nehmen. Seine Rokokokanzel aus dem 18. Jahrhundert ist von erlesener Schönheit, die Malereien des 15. Jahrhunderts im Gewölbe verdienen ebenfalls Beachtung. Historisch ist dies ein bedeutender Ort, denn hier nahm Zar Alexander I. den finnischen Adeligen einen Treueschwur ab. Daran erinnert eine Skulptur von Walter Runeberg, dem Sohn des Dichters des Textes der finnischen Nationalhymne, der in Porvoo geboren wurde. Ein regelrechtes Postkartenmotiv sind die roten Salzspeicher aus dem 18. und 19. Jahrhundert am Ufer des Porvoonjoki, der mitten durch die Stadt fließt.

⑦ Kotka

Kotka zählt mit seinen rund 52 000 Einwohnern zu den größeren Städten Finnlands. Sie liegt auf der Insel Kotkansaari und ist der weitläufigste Exporthafen des Landes. Zu den Hauptsehenswürdigkeiten der ansonsten wenig malerischen Stadt zählt die außen schlichte, innen jedoch mit einer aufwendigen Ikonenwand ausgestaltete orthodoxe Nikolaikirche von 1795. Ebenfalls imposant sind die zum Teil monumentalen Bauten aus dem letzten Jahrhundert, unter anderem das Gewerkschaftshaus, das Rathaus und die Sparkasse. Die Reste früherer Festungen erinnern daran, dass Kotka einmal eine russische Stellung war. Im sehr geschäftigen Hafen liegt der älteste erhaltene Eisbrecher der Welt, die »Tarmo«, was Tatkraft bedeutet. Der beste Überblick über die Stadt, die Industrieanlagen, den Hafen und das Umland bietet sich vom Aussichtsturm Haukkavuori in der Keskuskatu.

⑧ Hamina

Hamina ist eine der schönsten Städte des Südens und die letzte vor der rus-

Das Maretarium in Kotka bietet einen tiefen Einblick in Finnlands Wasserwelten.

Das Sibelius-Denkmal ist eines der meistfotografierten Motive in Helsinki.

sischen Grenze. Ihre Straßen laufen sternenförmig auf den achteckigen Marktplatz zu, der ein städtebauliches Kleinod ist. Keine andere Stadt in Finnland ist in dieser Form angelegt. In der Mitte des Platzes befindet sich das 1789 erbaute leuchtend gelbe Rathaus. In unmittelbarer Nachbarschaft stehen die orthodoxe Kirche St. Peter und Paul sowie die lutherische Stadtkirche, die ohne Turm auskommen muss. Am Platz steht außerdem das Gerichtshaus aus dem Jahr 1984, das sich trotz seines jungen Alters harmonisch neben den anderen Bauwerken einreiht, sowie der Stadtpalast einer russischen Adelsfamilie. Darüber hinaus verfügt die alte Garnisonsstadt über mehrere militärische Gebäude, zum Beispiel die Reserveoffiziersschule, lockt aber vor allem mit einer schönen Altstadt. Vom Passagierhafen, an dem auch zwei Museumsschiffe liegen, kann man Ausflüge zu den Schären machen.

Die orthodoxe St.-Peter-und-Paul-Kirche in Hamina.

Gammel Skagen an der Nordspitze Jütlands wartet mit einer verträumten Dünenlandschaft an der Nordsee auf.

Route 4 | Strände und Schlösser in Jütlands Norden

Wind, Wasser und Sand haben den Norden Jütlands geformt. Weite Dünenlandschaften, die sich ständig verändern, Gebäude, die vom Sand geschluckt worden sind und irgendwann wieder freigegeben werden, sind hier oben vielerorts zu finden.

Jütland ist äußerst vielfältig. Im Osten liegen wohlhabende Städte, Fischerdörfer prägen dagegen den Westen. Landschaftlich gesehen ist Ostjütland sanfter als das an der rauen Nordsee gelegene Westjütland und deshalb besonders für Radfahrer und Familien interessant. Nord- und Mitteljütland sind die kulturellen Hochburgen des Landes, in denen Schlösser, Klöster, Kirchen sowie historische Siedlungen besichtigt werden können. Dazu kommen wunderbare Badeorte, einsame Strände und coole Surfreviere. Um einen schönen Strand für den Familienurlaub zu finden, muss man in Jütland nicht weit fahren. Doch um den ganzen Charme dieser Landzunge zwischen den zwei Meeren zu erleben, muss man bis an die Nordspitze fahren. Die Natur ist hier noch intensiver, die Dünen sind höher, die Strände weiter, die Klippen steiler. Dazu sorgen Wetter und Licht, Himmel und Wolken für ständig wechselnde Stimmungen. Kleine Galerien zeugen davon, wie viele Künstler schon davon verzaubert wurden. Um ganz an die Spitze zu kommen, gilt es zunächst, den Limfjord zu überqueren, der von einer Küste zur anderen das Land teilt. Alles, was nördlich davon liegt, bildet die Insel Vendsyssel-Thy, die wie eine Mütze – mit dem Skagerrak als frechem Zipfel – auf der jütischen Halbinsel sitzt. Diese Tour führt über die Halbinsel Salling und die schöne Insel Morsø und ist landschaftlich besonders abwechslungsreich. Ein Muss für alle Naturfreunde ist der Nationalpark Thy mit seiner einzigartigen Dünenlandschaft. Aufgrund der starken Winde sind die Dünenkämme vegetationsfrei und immer in Bewegung, während sich in geschützten Lagen artenreiche Heiden und lichte Waldbestände bilden. Nicht minder faszinierend präsentieren sich die Jammerbucht um Rubjerg Knude und das Skagerrak, während im zweiten Teil der Tour, die am Kattegatt nach Süden führt, all die auf ihre Kosten kommen, die auch alte Städte, herrschaftliche Schlösser, Parks und Museen lieben.

INFO

ROUTE 4
Routenlänge:
ca. 700 Kilometer
Zeitbedarf:
2 Wochen
Start/Ziel:
Ringkøbing – Aarhus
Routenverlauf:
Ringkøbing, Vest Stadil Fjord und Stadil Fjord, Nissum Fjord, Holstebro, Morsø, Nationalpark Thy, Jammerbugt, Hjørring, Hirtshals, Skagen, Frederikshavn, Sæby, Aalborg, Hobro, Randers, Djursland, Aarhus

Die Oddesundbroen im Limfjord verbindet die Insel Vendsyssel-Thy mit dem jütländischen Festland.

Der Fischerhafen Tyskerhavnen am Ringkøbing Fjord.

Haus am Fjordhafen bei Nymindegab am Südende des Ringkøbing Fjord.

❶ Ringkøbing

In der einzigartigen Dünen- und Heidelandschaft um den Ringkøbing Fjord findet sich viel unberührte Natur. Die Stadt, der das Haff seinen Namen verdankt, verfügt über eine sehenswerte Altstadt mit Bauten aus dem 17., 18. und 19. Jahrhundert. Das Ringkøbing-Skjern Museum unterhält rund um das Haff mehr als zehn Außenstellen, die über die verschiedenen Epochen der regionalen Geschichte von der Eisen- bis in die Zeit der deutschen Besatzung Dänemarks informieren. Das Bork Vikingehavn etwa lädt zu einer Reise in die Wikingerzeit ein, auf der die Gäste auf einem Wikingerschiff segeln oder auf einem Wikingermarkt einkaufen können.

❷ Vest Stadil Fjord und Stadil Fjord

Um die Jahrtausendwende wurden große Abschnitte am Ufer der beiden kleinen Süßwasserseen renaturiert. Heute nisten hier wieder seltene Vogelarten. Das Seengebiet ist touristisch viel weniger entwickelt als rund um den Ringkøbing Fjord. Auch an der Nehrung Husky Klit finden sich nur wenige Ferienhäuser. Die Dünenlandschaft lädt zu Spaziergängen ein. Im Städtchen Søndervig formen Künstler alljährlich ab Mai gigantische Skulpturen aus Sand, die einige Monate lang zu bewundern sind. Jedes Jahr wird ein neues Thema vorgegeben, etwa »Roboter« oder die »Geschichte des Mittelalters«.

Mit seiner signalroten Farbe ist der Bovbjerg-Leuchtturm am Nissum Fjord weithin sichtbar.

❸ Nissum Fjord

Das rund 20 Kilometer nördlich von Ringkøbing gelegene Haff wird durch eine schmale, nur an wenigen Stellen mehr als 1000 Meter breite Nehrung, die Bøvling Klit, von der offenen Nordsee abgeschirmt. Viele Autofahrer, die auf der Küstenstraße in den hohen Norden Dänemarks unterwegs sind, machen in Thorsminde halt und nutzen die Gelegenheit zu einem Spaziergang in der Dünenlandschaft des Bøvling Klit oder besuchen das Museum »St. George«, in dem die Wracks zweier englischer Kriegsschiffe ausgestellt sind. Die seichten Gewässer des Nissum Fjord stehen unter Naturschutz, weil viele Vogelarten hier nisten. Nur wenige Kilometer nördlich des Fjords ragt auf einer Steilklippe in der Nähe von Ferring der leuchtend rote Leuchtturm von Bovbjerg in die Höhe. Er kann bestiegen werden und erlaubt einen fantastischen Blick über die Küste.

❹ Holstebro

Der Ort im Hinterland des Nissum Fjord präsentiert sich als junges und dynamisches urbanes Zentrum der Region, das mit einigen Meisterwerken moderner Baukunst wie der 1969 eingeweihten Nørrelandskirke der Architekten Johannes und Inger Exner glänzt. An zahlreichen Stellen in der Innenstadt bilden überdies moderne Plastiken wie die vor dem Rathaus aufgestellte »Frau auf der Karre« des Bildhauers Alberto Giacometti einen Blickfang. Der Komplex am Museumsvej beherbergt das historische Museum sowie das Holstebro Kunstmuseet, dessen Sammlung nicht nur Werke von zeitgenössischen dänischen Künstlern und Pionieren der klassischen Moderne, sondern auch Kunst aus Afrika und Asien umfasst.

❺ Morsø

Die mit einer Fläche von gut 360 Quadratkilometern siebtgrößte Insel Dänemarks liegt im westlichen Teil des Limfjords. Hier findet sich die ganze Vielfalt jütländischer Naturlandschaften auf kleinstem Raum. Die buchtenreiche Küste wird im Süden von hellen Sandstränden gesäumt. Im Inselinnern wechseln sich lichte Wälder mit saftig grünen Wiesen und Feldern ab. Das flache Land geht erst im Norden in eine Hügellandschaft mit Steilklippen über. Die einzige größere Ortschaft, das heute 9000 Einwohner zählende Nykøbing, liegt malerisch am Klosterfjord, einer kleinen Ausbuchtung des Limfjords. Rund um den Hafen finden sich viele Geschäfte. Südlich von Nykøbing wurde mit dem Jesperhus Blomsterpark ein riesiger botanischer Garten angelegt. Das Højriis Slot, ein altehrwürdiger Herrensitz Dänemarks, wurde in ein Living-History-Museum verwandelt, das mit schaurig-schönen Inszenierungen der Schlossgeschichte für Aufsehen sorgt. Morsø wird zudem von zahl-

Seine moderne Seite zeigt Holstebro auch am Gebäude des Musiktheaters.

losen markierten Rad- und Wanderwegen durchzogen.

❾ Nationalpark Thy

Der westliche Teil von Vendsyssel-Thy
gilt als eine der ursprünglichsten Ge-
genden von Dänemark. Seit 2008 ist
die gesamte Nordseeküste von der
Landzunge Agger Tange am Ausgang
des Limfjords bis nach Hanstholm im
Norden als Nationalpark ausgewiesen.
Die hellen Strände sind breit und ziehen sich endlos die Küste entlang. Das
Fischerdorf Klitmøller hat sich als
»Cold Hawaii« einen Namen gemacht.
Der raue Nordseewind und die hohe
Brandung locken die besten Wellen-
reiter und Windsurfer der Welt an.
Thisted, der größte Ort von Thy, liegt
an der dem ruhigen Limfjord zugewandten Seite der Halbinsel. Hier lohnen besonders das Thisted Museum
mit seiner Sammlung bronzezeit-
licher Funde, darunter die Goldboote
von Thorshøj, einen Besuch.

Der Nationalpark Thy lockt mit Ruhe und langen Stränden.

Eine Welt aus Dünen: Nationalpark Thy

Der 2007 gegründete, 244 Quadratkilometer große Nationalpark Thy erstreckt sich auf einer Breite von zwölf Kilometern entlang der Nordseeküste der großen nordjütischen Insel Vendsyssel-Thy, die seit der verheerenden Februarflut des Jahres 1825 durch den Limfjord vom Festland getrennt ist. Dieser Küstenabschnitt ist von einer einzigartigen Dünenlandschaft geprägt. Aufgrund der häugig wehenden starken Winde sind die Dünenkämme vegetationsfrei und immer in Bewegung. In geschützteren Lagen entwickeln sich artenreiche Heiden sowie lichte Waldbestände. Dadurch werden die starken Sandverwehungen, die ganz besonders den westlichen Teil des Nationalparks geprägt hatten, etwas gemindert. In Hanstholm befindet sich ein Wildreservat mit einigen Seen, in dem über 25 verschiedene Vogelarten brüten.

Der Strand von Saltum, einer der 13 Strände der Jammerbugt, ist ein von Dünen gesäumtes Naturidyll.

In der Dünenlandschaft südwestlich von Skagen erhebt sich der Turm der »versandeten Kirche«.

❼ Jammerbugt

Dieser sich auf einer Länge von rund 80 Kilometern zwischen dem Vogelfelsen Bulbjerg mit seiner spektakulären Aussicht und der Stadt Hirtshals hinziehende Abschnitt der dänischen Nordseeküste verdankt seinen Namen den vielen Schiffskatastrophen, die sich in der hier oft stürmischen See einst ereigneten. Heute ist er ein Ferienparadies. Orte wie Blokhus, Løkken und Lønstrup verfügen über eine hoch entwickelte touristische Infrastruktur. Ihre besondere Attraktivität als Urlaubsregion verdankt die Jammerbugt dem ungewöhnlich hellen, breiten Sandstrand, der sich die gesamte Küste entlangzieht, sowie der hohen Steilküste zwischen den Orten Nørre Lyngby und Løkken. Im Hinterland finden sich einige historische Sehenswürdigkeiten wie die wikingerzeitliche Aggersborg am Nordufer des Limfjords oder das 1220 gegründete Børglum-Kloster bei Løkken.

❽ Hjørring

Strände hat es nicht, dafür aber sehr viel Kultur. Das Vendsyssel Hystoriske Museum zeigt eindrucksvoll die Geschichte der nördlichsten Region Jütlands. Überall in der Stadt stehen Skulpturen, und das 2017 eröffnete Vendsyssel Theater ist im ganzen Land bekannt. Hjørring ist modern und zieht auch junge Leute an. Das Einkaufszentrum der Stadt, das Metropol, durfte sich über die Auszeichnung als bestes Shoppingcenter Dänemarks freuen.

❾ Hirtshals

Der Fischerort in der Kommune Hjørring ist für die meisten Touristen nur ein Durchgangsort. Wer allerdings Spaziergänge in den Dünen schätzt und gern Fisch isst, den hält es auch etwas länger. Den Reiz des Ortes machen der Fischerei- und der Fährhafen aus, durch die das Städtchen sehr lebhaft und authentisch ist. Hirtshals ist der zweitgrößte Fischereihafen Dänemarks. Fähren fahren von hier aus nach Norwegen, Island und zu den Färöern. Eine Attraktion ist das Nordsøn Oceanarium, Nordeuropas größtes Aquarium mit Robben und Seehunden, meterhohen Schaubecken, in denen Fischschwärme vor den Augen der Besucher ihren schillernden Tanz vollführen, und einem riesigen Mondfisch, dem größten Knochenfisch der Welt. Daneben präsentiert ein Museum das Leben von Fischerfamilien, wie es einst war; der Købmandsgård dreht sich um den Handel im 19. Jahrhundert; das Bunkermuseum erinnert an die Kriege. Und der 35 Meter hohe Leuchtturm bietet einen großartigen Blick über die Häfen.

⑩ Skagen

Die Hafenstadt Skagen an der Nordspitze Jütlands ist Dänemarks nördlichste Stadt und ein Traumziel am Übergang von Nord- und Ostsee: Die schmale Dünenlandzunge Grenen erstreckt sich zwischen der Skagerrakküste der Nordsee und dem zur Ostsee gerechneten Kattegat vier Kilometer weit ins Meer hinaus. Ab 1880 entstand in Skagen eine Kolonie impressionistischer Künstler. Ihre stimmungsvollen Werke sind im Skagens Museum ausgestellt. In der gleich hinter dem Hafen beginnenden pittoresken Altstadt und mehr noch in Gamel Skagen an der Skagerrakküste finden sich viele edle Restaurants und Geschäfte. Auch das Skagen Odde Naturcenter ist ein Muss für jeden Gast der Stadt. Es wurde von Jørn Utzon, der Erbauer der Sydney Opera, entworfen und in die weite Dünenlandschaft nordwestlich von Skagen hineingebaut. In den Dünen südlich von Skagen liegt die »versandete Kirche«. Sie wurde im 18. Jahrhundert so sehr mit Flugsand bedeckt, dass man nicht mehr gegen den Willen der Natur ankam und die Kirche schloss. Der Turm lässt sich besteigen und bietet einen wunderbaren Blick auf den Naturpark. Noch weiter südlich lässt sich auf Dänemarks größter und bis zu 40 Meter hoher Wanderdüne Råbjerg Mile, die sich alljährlich zwischen zehn und 20 Meter nach Westen bewegt, spazieren gehen.

⑪ Frederikshavn

Der Ort ist als wichtiger Fährhafen, der Dänemark mit Schweden und

Rubjerg Knude

Die Wanderdüne Rubjerg Knude am Lønstrup Klint bietet ein spektakuläres Naturschauspiel. Das fast zwei Kilometer lange und zum Meer hin steil abfallende Sandgebirge wurde in den letzten 100 Jahren durch die Kräfte der Erosion aufgebaut und hat seitdem nicht nur große Teile der Steilküste unter sich begraben, sondern überdies dem Lønstrup Fyr, dem Leuchtturm, der 1900 in Betrieb genommen wurde, den Garaus gemacht. 2019 wurde der Leuchtturm in einer spektakulären Aktion 70 Meter versetzt.

Norwegen verbindet, und als Shoppingparadies bekannt. Eines der wenigen Relikte der mehr als 500-jährigen Geschichte ist der Krudtårnet (Pulverturm). Er ist Teil einer im 19. Jahrhundert zerstörten Zitadelle und beherbergt heute ein militärhistorisches Museum. Sehenswert sind außerdem ein in einem Wehrmachtsbunker untergebrachtes Museum, das über die Zeit der deutschen Besatzung informiert, sowie das in einem alten Herrensitz residierende Bangsbomuseum, das mit seiner Sammlung von Exponaten zur Geschichte des dänischen Widerstands, aber auch mit einem Wikingerschiff aus dem 12. Jahrhundert beeindruckt. Nördlich von Frederikshavn beginnen die schönen Sandstrände der Albæk-Bucht. Auch die nur 28 Kilometer vor der Küste gelegene Insel Læsø lohnt einen Besuch.

⑫ Sæby

Das malerische Hafenstädtchen ist umgeben von dichten Wäldern. Wanderwege führen durch Schluchten oder in das Naturschutzgebiet Jyske Ås, in dem sich Überreste eines Urwaldes befinden und sich viele Tiere beobachten lassen. Der Sandstrand bietet alles für den perfekten Bade-

und Wassersporturlaub. Die Wasserqualität ist exzellent, und das Meer ist durch Steinwälle in Strandnähe beruhigt. Im Zentrum der »Seestadt«, wie der Ortsname übersetzt heißt, mit ihren gelben Skagen-Häuschen gibt es Boutiquen, gemütliche Cafés, Bars und Fischlokale.

⑬ Aalborg

Die Seehafen- und Universitätsstadt am Limfjord ist die Hauptstadt von Nordjütland. Sie präsentiert sich als urbane Metropole, in der ansehnliche Bürgerhäuser, die Domkirche und das Schloss von der stolzen Vergangenheit künden. Die Jomfru Ane Gade im Zentrum der Altstadt ist als »Dänemarks längste Theke« bekannt. In Aalborgs Fußgängerzone locken Kunsthandwerksläden. Das Museum für moderne Kunst residiert seit 1972 in einem Bau des finnischen Stararchitekten Alvar Aalto; 2008 wurde ein von Jørn Utzon entworfenes Kulturzentrum eingeweiht. Ebenfalls einen Besuch wert sind der Aalborg Zoo, der mehr Arten als jeder andere Zoo Dänemarks beherbergt, und Lindholm Høje, ein beeindruckendes Gräberfeld aus der Wikingerzeit, dem ein Museum angeschlossenen ist.

Landschaft an der Treå Møllebugt, an der Nordküste von Djursland.

⑭ Hobro

Die Wikingerstadt schlechthin liegt am Ende des Mariagerfjords. Dort kann man paddeln oder auf der Panorama-Route zwischen den Bramslev-Hügeln durch Wälder spazieren. Ganz in der Nähe der Stadt liegt die Wikingerburg Fyrkat, deren Originalfunde in einem Museum in der Innenstadt ausgestellt sind. Große Teile der Bebauung wurden rekonstruiert. Sehenswert ist auch das Brauhaus von 1857, der Bies Hof. Seit 1980 steht er unter Denkmalschutz; heute befindet sich auf den vier restaurierten Etagen eine Kunstausstellung, weshalb er den Namen Kunstetagen trägt. Eine besondere Stimmung herrscht im Hafen, wo sich in den historischen Gebäuden Galerien und Cafés angesiedelt haben.

⑮ Randers

Im Zentrum von Randers finden sich sehenswerte historische Bauten wie das barocke Rathaus von 1778, die um 1490 errichtete St.-Mortens-Kirche oder das Helligåndshuset, der noch er-

haltene Teil eines mittelalterlichen Klosters. Auch das Kulturhuset, in dem eine Bibliothek, das Stadtmuseum sowie eine ausgezeichnete Kunstsammlung untergebracht sind, lohnt einen Besuch. Das hiesige Elvis Presley Museum ist das Einzige seiner Art außerhalb der USA. Im Håndværksmuseet Kejsergaarden wird einmal mehr das dänische Faible für die lebensnahe Geschichte deutlich: In dem Haus wurden 25 traditionelle Handwerksbetriebe aufgebaut. Die Hauptattraktion der Stadt ist der 1996 gegründete Indoorzoo Regnskov. Hier wurden unter drei riesigen Glaskuppeln Regenwaldgebiete geschaffen, in denen exotische Tiere leben. Südöstlich von Randers liegt Schloss Clausholm, eines der besterhaltenen Barockschlösser Dänemarks.

⑯ Djursland

Die in das Kattegat hineinragende Halbinsel lockt mit langen Stränden und im Süden mit Mols Bjerge, einer der schönsten Wald- und Heideland-

schaften ganz Dänemarks. Das 5000 Jahre alte Dolmengrab Poskær Stenhus, das Renaissanceschloss Rosenholm und die verfallene Burg Kalø, auf der Gustav I. Wasa 1518 vom Dänenkönig eingekerkert wurde, sind bedeutende Zeugen der dänischen Geschichte. Die Hauptattraktion von Djursland ist das malerische Landstädtchen Ebeltoft an der Südküste. Der Ort präsentiert sich als geschlossenes Ensemble typisch dänischer Fachwerkhäuser. Im Hafen liegt die Fregatte Jylland, eines der größten Motorsegelschiffe, vor Anker. Ebenfalls sehenswert: Der Herrensitz Gammel Estrup, in dem zwei Museen beherbergt sind, eines zur dänischen Landwirtschaft, das andere zeigt Stil und Prunk des Adel; ferner Schloss Meilgaard inmitten einer der schönsten Landschaften auf Djursland mit einem Schlosspark, in dem regelmäßig öffentliche Konzerte stattfinden, sowie die Thorsager Kirche, eine von nur sieben mittelalterlichen Rundkirchen in Dänemark.

In Randers steht eine Nachbildung des Geburtshauses von Elvis Presley.

In Gammel Estrup ist u. a. ein Landwirtschaftsmuseum untergebracht.

⑰ Aarhus

Dänemarks zweitgrößte Stadt bietet Natur, Kultur und kulinarische Höhepunkte. Ihre Sehenswürdigkeiten liegen so nah beieinander, dass man sie mit dem Fahrrad oder auf einem Spaziergang erreichen kann. Die vielen internationalen Studenten an Dänemarks größter Universität sorgen für eine weltoffene, lebendige Atmosphäre. Das Zentrum ist von alter und neuer Architektur geprägt und wird von den schlanken Türmen der Domkirche überragt. Dort, wo in den 1960er-Jahren Überreste einer Wikingersiedlung freigelegt wurden, steht heute das Wikingermuseum. Zusammen mit anderen Einrichtungen ist hier ein regelrechtes Museumszentrum entstanden. Sehenswert sind ebenfalls der St.-Clemens-Dom, das ARoS Århus Kunstmuseum, das Marselisborg Slot mit Gedenkpark und Rosengarten, das Latinerkvarteret mit Trödelläden, Antiquariaten, Boutiquen und Restaurants, die Universität und das Freilichtmuseum Den Gamle By.

Die Promenade Åboulevarden im Zentrum von Aarhus.

In der Landschaft des Wattenmeers steckt die ganze Poesie des Nordens.

Route 5 | Friesischer Nordseezauber

Fans von Meer, Strand und Dünenlandschaften kommen auf dieser Route voll auf ihre Kosten. Das Land ist flach wie ein Pfannkuchen, nur die rot-weiß geringelten Leuchttürme ragen in den Himmel empor.

Von der deutsch-dänischen Grenze führt diese Route die Küsten Schleswig-Holsteins und Niedersachsens entlang bis zur niederländischen Grenze. Ein Abstecher führt die Elbe entlang nach Hamburg, ansonsten prägen Strände, Dünen und die unendlich vielfältige Landschaft des Wattenmeers die Tour. Mal strahlt die Landschaft große Ruhe aus, dann wieder wird sie von den tobenden Elementen regelrecht durchgepeitscht. Während eben noch die endlos scheinende Weite beeindruckte, fasziniert oft schon wenig später das unmittelbare Erleben von Wind und Wetter. An der gesamten deutschen Nordseeküste ist das Wattenmeer als UNESCO-Biosphärenreservat ausgewiesen, zum größten Teil auch als Nationalpark. Nach dem tropischen Regenwald ist es das produktivste Ökosystem der Welt. Es lohnt sich, öfter anzuhalten und die Vogelwelt zu beobachten oder eine Wattwanderung zu machen.

Von Niebüll geht es per Autoverladung zunächst nach Sylt, dann auf gut ausgebauten Straßen durch Nordfriesland und Dithmarschen durch schier endlose Weideflächen und fruchtbares Marschland. Nur der steife Wind mag gelegentlich unangenehm werden, wenn er Sturmstärke erreicht. Die vielen Hafenstädte auf dieser Route waren oder sind noch heute Stützpunkte für die Fischereiwirtschaft. In malerischen Häfen wie Büsum oder Greetsiel mit ihren Fischkuttern lässt sich maritimes Flair ebenso erleben wie im Hamburger Hafen mit seinen großen Pötten. Sehenswert sind die großen Museen in Hamburg, erlebnisreich eine Hafenrundfahrt. Weiter geht es nach Ostfriesland, und auch zwischen Weser und Ems bestimmt das Meer mit seinen Gezeiten seit jeher das Leben in den weiten Küstenebenen. Die Region hat viele Seefahrer und Walfänger hervorgebracht, die zur Blüte von Handelsstädten wie Emden beitrugen, wo die Tour endet.

INFO

ROUTE 5
Routenlänge:
ca. 800 Kilometer
Zeitbedarf:
2 Wochen
Start/Ziel:
Niebüll – Emden
Routenverlauf:
Niebüll, Sylt, Husum, Friedrichstadt, St. Peter-Ording, Büsum, Heide, Friedrichskoog, Glückstadt, Hamburg, Jork, Cuxhaven, Bremerhaven, Varel/Dangast, Wilhelmshaven, Jever, Norden-Norddeich, Greetsiel, Emden

Zwei der bekanntesten Leuchttürme von Sylt: der Leuchtturm List Ost an der Spitze der Halbinsel Ellenbogen ...

❶ Niebüll

Der Ort unmittelbar an der dänischen Grenze ist der Ausgangspunkt der Reise entlang der Waterkant. In einem 300 Jahre alten, reetgedeckten Bauernhaus ist das Friesische Heimatmuseum untergebracht, das anhand zahlreicher Exponate in die Volkskultur der vorindustriellen Zeit einführt. Das Naturkundemuseum zeigt die Tierwelt der Region und ist zugleich Informationszentrum für den Nationalpark Wattenmeer. Für Kunst- und Literaturliebhaber ein Muss ist der Ausflug ins 15 Kilometer entfernte Seebüll. Dort steht das Atelier- und Wohnhaus des Malers Emil Nolde (1867–1956), heute ein Museum mit etwa 200 Werken des Meisters. Siegfried Lenz hat ihm mit dem Roman »Deutschstunde« (1968)

ein Denkmal gesetzt. In Niebüll findet die Verladung auf den Autozug nach Sylt statt.

❷ Sylt

Deutschlands bekannteste Ferieninsel ist wohl auch seine zerbrechlichste: Die Nordsee nagt unerbittlich an ihr, und jedes Jahr wird sie ein bisschen schmaler. Sandaufspülungen sollen das Schlimmste verhindern, damit Sylt nicht irgendwann einmal ganz verschwindet. Obwohl sich kaum ein anderes deutsches Ferienziel eines solchen Auftriebs von Prominenz und Jetset rühmen kann, finden sich zahlreiche Oasen der Ruhe auf dem lang gestreckten Eiland. Über den elf Kilometer langen Hindenburgdamm erreicht man mit dem Autozug die Insel-

hauptstadt Westerland. Das bis zu 30 Meter hohe Rote Kliff, ein Steilabbruch auf der dem offenen Meer zugewandten Inselseite, bietet einen Einblick in die Erdgeschichte. In Kampen mit seinen schmucken reetgedeckten Feriendomizilen, reihen sich Boutiquen und Lokale aneinander. Hier kann man das Nachtleben der Insel genießen. Idyllischer und grüner zeigt sich Keitum mit seinen typischen reetgedeckten Friesenhäusern. Vor allem die beiden Heimatmuseen und die Severin-Kirche lohnen einen Besuch. Das Morsumkliff, ein 20 Meter hohes Steilufer in einer einzigartigen Heidelandschaft, ist ein weiteres farbenprächtiges Zeugnis der Erdgeschichte. Inmitten hoher Wanderdünen im Norden liegt der Fischerort List, das

»nördlichste Seebad Deutschlands«. Durch das unter Naturschutz gestellte Dünengebiet Listland gelangt man zum nördlichen »Sylter Ellenbogen«, der sich in Privatbesitz befindet und Möglichkeiten für einsame Wanderungen bietet.

❷ Husum

»Graue Stadt am Meer« oder »Theodor-Storm-Stadt« wird Husum auch genannt. Mehrere Gedenkstätten erinnern an das Leben und Werk des Dichters. Daneben weist Husum einen stattlichen, von Bürgerhäusern gesäumten Marktplatz auf. Eine kunsthistorische Besonderheit ist die klassizistische Marienkirche. Fast bis zum Marktplatz reicht der alte Binnenhafen. Land und Leute lernt man in

... und das achteckige Quermarkenfeuer am Roten Kliff.

Nach holländischem Vorbild wurden die Treppengiebelhäuser in Friedrichstadt hoch und schmal erbaut.

den Museen kennen: Das Ostenfelder Bauernhaus, das Schifffahrtsmuseum und das Nordfriesische Museum im Nissenhaus sowie ein Tabak- und ein Kindermuseum sind auch an sonnigen Tagen zu empfehlen. Der Park, der das Schloss aus dem 16. Jahrhundert umgibt, ist besonders im Frühling zur Zeit der Krokusblüte einen Besuch wert, wenn sich ein lila Teppich auf den Flächen ausbreitet.

❹ Friedrichstadt

Das schmucke Holländerstädtchen liegt am Zusammenfluss von Treene und Eider. Es wurde im 17. Jahrhundert von Herzog Friedrich III. von Schleswig-Gottorf gegründet und ver-

dankt sein auffallend geschlossenes Stadtbild niederländischen Glaubensflüchtlingen: Die vielen Grachten und die engen, von Giebelhäusern gesäumten Gassen erwecken den Eindruck eines »Klein-Amsterdam«. Zu den Sehenswürdigkeiten des beschaulichen Ortes zählen das Doppelgiebelhaus, die Alte Münze, die Marktpumpe und das Paludanus-Haus sowie mehrere Kirchen unterschiedlicher Konfessionen. Auf der Weiterfahrt zur Halbinsel Eiderstedt sollte man einen kleinen Umweg über Witzwort machen und den Roten Haubarg – ein prächtiges, denkmalgeschütztes Gehöft mit lohnenswerter Ausstellung und nettem Restaurant – besichtigen.

❺ St. Peter-Ording

Der Kurort im Südwesten der Halbinsel Eiderstedt verspricht nicht nur Heilung für Erkrankungen der Haut und der Atemwege, er ist auch ein beliebtes Urlaubsziel: Endlose Sandstrände, die salzhaltige Seeluft, Wind, Wellen und Sonne lassen kaum Wünsche offen. Besonders sehenswert ist der Ortsteil St. Peter mit der Kirche aus dem 13. Jahrhundert. Wahrzeichen des Ortes sind die bis zu sieben Meter hohen Pfahlbauten, die bei Flut wie Inseln aus dem Wasser ragen. Fünf von ihnen beherbergen Restaurants, weitere wurden für die Strandkorbvermietung sowie für Umkleiden und Toiletten errichtet.

Der Strand von St. Peter-Ording: eine zwölf Kilometer lange und bis zu zwei Kilometer breite feinsandige Weite.

❻ Wesselburen

Durch einen Tunnel unter dem gewaltigen Eidersperrwerk geht es weiter nach Wesselburen. Der Ortskern liegt erhöht auf zwei Wurten, zum Schutz vor Sturmfluten künstlich aufgeworfenen Wohnhügeln. An den großen Sohn der Stadt, den Dramatiker Friedrich Hebbel (1813–1863), erinnert ein Museum. Der Dichter lebte einige Jahre in dem Gebäude. Wesselburens Kirche mit dem ungewöhnlichen Dach und dem Zwiebelturm wurde 1738 geweiht; der Taufstein stammt noch aus dem mittelalterlichen Vorgängerbau. Der nahe gelegene Freizeitpark bei Oesterwurth ist dem Thema Landwirtschaft gewidmet.

❼ Büsum

In diesem Nordseeheilbad erwartet den Besucher ein »grüner Strand« – Liegewiesen am Deich mit rund 3000 Strandkörben! Der rot-weiße Leuchtturm weist den Weg zum Hafen, an dem u. a. Krabbenkutter zu bestaunen sind. Über Geschichte und Technik des Krabbenfangs informiert das Museum am Meer. Von Büsum aus schippern regelmäßig Ausflugsdampfer zur Nordseeinsel Helgoland und zu den Seehundbänken.

❽ Heide

Die landeinwärts gelegene Stadt im Kreis Dithmarschen überrascht mit dem größten Marktplatz Deutschlands, der eine Fläche von stolzen 4,7 Hektar hat. Früher tagte dort die Landesversammlung, heute preisen Marktleute ihre Waren an. Umgeben wird der Platz von der sehenswerten Kirche St. Jürgen und einer Reihe schöner Bürgerhäuser des 19. Jahrhunderts. In Heide locken ebenfalls mehrere interessante Museen, so etwa das Museum für Dithmarscher Vorgeschichte, das Klaus-Groth-Museum, das im Geburtshaus des niederdeutschen Dichters Klaus Groth (1819 bis 1899) untergebracht ist, sowie das dem Komponisten Johannes Brahms gewidmete Brahms-Haus – die Vorfahren des berühmten Musikers stammten aus Heide.

Häuserzeile am Binnenhafen in Glückstadt.

Das Hamburger Rathaus, dahinter der Turm von St. Nikolai.

❾ Friedrichskoog

Auf dem Weg nach Glückstadt lohnt sich kurz vor Marne ein Abstecher von der B5 zur Küste. Der Name des Nordseebads Friedrichskoog erklärt die Entstehung seines Umlandes: Ein »Koog« ist durch Eindeichen gewonnenes Marschland. In der Nähe liegt eine Seehund-Aufzuchtstation, in der verwaiste Robbenbabys, sogenannte Heuler, aufgepäppelt werden, damit sie ins Meer zurückkehren können. Wer in ausgefallener Umgebung den Bund fürs Leben eingehen will, kann dies im hiesigen Standesamt tun – es ist in einer alten Windmühle namens Vergissmeinnicht untergebracht. Auf der Weiterfahrt vorbei am Kaiser-Wil-

Die ikonische Elbphilharmonie im Hamburger Hafen ist das jüngste Wahrzeichen der Hansestadt.

helm-Koog lohnt sich eine Besichtigung der Schleusenanlagen von Brunsbüttel. Hier mündet der Nord-Ostsee-Kanal in die Elbe.

⑩ Glückstadt

Die Stadt an der Niederelbe wurde zu Beginn des 17. Jahrhunderts vom Dänenkönig Christian IV. gegründet. Die Anlagen der alten Festungsstadt können besichtigt werden. Im Zentrum beeindrucken insbesondere das Renaissance-Rathaus am Markt sowie schmucke Adels-, Bürger- und Beamtenhäuser. Auch ein Besuch des Detlefsen-Museums, wo man viel Wissenswertes über die Geschichte des Walfangs erfahren kann, lohnt sich.

⑪ Hamburg

Dank seiner Lage an der Elbe und der Nähe zur Nordsee ist Hamburg ab dem 12. Jahrhundert zu einer bedeutenden Handels- und Hafenstadt aufgestiegen. Das hat der Stadt einen kosmopolitischen Charakter verliehen, den sich die deutsche Hafenmetropole bis heute erhalten hat. Als eine der führenden Mächte der Hanse war Hamburg bereits im 14. Jahrhundert der wichtigste Umschlagplatz zwischen Nord- und Ostsee und wurde mit dem Beginn des Überseehandels Deutschlands »Tor zur Welt«. Durch alle Wirren der Geschichte hindurch – so wurde die Stadt 1284 und 1842 jeweils durch Brandkatastrophen und

im Zweiten Weltkrieg durch Bombardements weitgehend zerstört – sind Handel und Schifffahrt bis heute die wirtschaftlichen Grundpfeiler geblieben. Wasser ist in der Freien und Hansestadt allgegenwärtig: Zunächst sind da natürlich die weitläufigen Hafenanlagen beiderseits der Elbe. Zahlreiche Entwässerungskanäle (sogenannte Fleete) durchziehen die Innenstadt sowie die Speicherstadt, den Ende des 19. Jahrhunderts aus Backstein errichteten gewaltigen Komplex aus hohen Lagerhäusern. Im Zentrum erstreckt sich die Binnenalster, nördlich davon die Außenalster. Elegante Villen und Parks säumen die Ufer wie zum Beispiel im vornehmen Stadtteil Blanke-

Jork im Alten Land ist berühmt für seine schönen Fachwerkhäuser.

Das Museumsschiff »Hermine« liegt in der Deichstraße in Cuxhaven vor Anker.

nese. Die mit knapp zwei Millionen Einwohnern zweitgrößte Stadt in Deutschland ist nicht nur städtebaulich interessant, sondern hat auch im Bereich Kunst und Kultur Außergewöhnliches zu bieten.

⑫ Jork

Von Hamburg aus führt der Obstmarschenweg am linken Elbufer durch das Alte Land, das größte zusammenhängende Obstanbaugebiet Europas. Im Frühjahr verwandeln acht Millionen Obstbäume, vorwiegend Apfelbäume, die Landschaft mit ihren traditionellen Hufendörfern in ein einzigartiges Blütenmeer. Jork ist das Juwel des Alten Landes. Hauptsehenswürdigkeiten sind die größte Kirche der Region, St. Matthias, mit

ihrem schönen Barockaltar und das Rathaus, der sogenannte Gräfenhof. Daneben finden sich hier wie in den anderen Dörfern Adelshöfe und stattliche Bauernhäuser. Charakteristisch für Letztere sind die markante Backstein-Fachwerk-Bauweise sowie die Prunkpforten, »Altenländer Tore« genannt. In gemütlichen Gasthöfen kann man im Sommer unter alten Bäumen sitzen und lecker speisen.

⑬ Cuxhaven

Das Nordseebad an der Elbmündung ist ein beliebtes Ausflugs- und Urlaubsziel. Die Ortsteile Duhnen und Döse weisen ausgedehnte Kuranlagen und weite Strände auf, die Wald- und Heidegebiete in Sahlenburg und im Umland eignen sich hervorragend für

Reitausflüge und Wandertouren. An der Alten Liebe, dem Bollwerk beim Radarturm, bietet sich ein herrlicher Panoramablick auf die Schiffe, die auf der Elbe vorbeiziehen. Von vergangenen Zeiten, als hier noch die großen Transatlantikschiffe ablegten, zeugt der im Jahr 1896 errichtete Amerikahafen. Ein unbedingtes Muss ist ein Ausflug zur kleinen Insel Neuwerk. Weiter geht es dann durch die weiten Marschgebiete des Landes Wursten nach Süden. Die interessanten Wurster Kirchen sind in der Ebene kilometerweit zu sehen. Sie wurden auf künstlichen Hügeln errichtet, sogenannten Wurten, auf denen sie geschützt waren vor den schweren Fluten, die die Deiche immer wieder durchbrachen. Lohnend ist auch ein

Bremerhaven: Havenwelten mit dem Klimahaus (Mitte) und dem Atlantic Hotel Sail City (rechts daneben).

Halt an den malerischen Kutterhäfen von Dorum und Wremen.

⓮ Bremerhaven

Die Seestadt, die sich zu beiden Ufern der Geeste erstreckt, bevor diese in die Weser mündet, entstand im Jahr 1827, als Bremen das Gebiet von Hannover erwarb. Bremerhaven, das bis heute zu Bremen gehört, wird dominiert von weitläufigen Hafenanlagen. Im Norden breitet sich eines der größten Containerterminals Europas aus. Den südlichen Teil bedeckt der Fischereihafen, an dem rund die Hälfte des deutschen Fischfangs angelandet wird. Mit ein wenig Glück kann man bei einer Auktion zusehen. Im Zentrum der Stadt liegen der Alte Hafen, ein Museumshafen und das Deutsche Schifffahrts-

museum mit seiner Hauptattraktion, der nach Jahren im Konservierungsbad rekonstruierten Bremer Hansekogge von 1380. Darüber erheben sich die Hochhäuser des in den 1970er-Jahren erbauten Columbus-Centers mit seiner Einkaufspassage. Die Zeit für einen Spaziergang auf dem Weserdeich und einen Besuch im Zoo am Meer sowie im fesselnden Meerwasseraquarium »Atlanticum« sollte man sich auf alle Fälle nehmen.

⓯ Varel/Dangast

Über den Wesertunnel und die B 437 wird Varel erreicht mit seiner Schlosskirche, einer friesischen Wehrkirche aus dem 12. Jahrhundert. Neben der achteckigen Sandsteinkanzel und dem reich verzierten Taufstein mit Alabas-

terfiguren verdient der annähernd zehn Meter hohe Schnitzaltar Beachtung. Ein weiteres Wahrzeichen von Varel ist die restaurierte fünfgeschossige Holländermühle, die inzwischen als Heimatmuseum dient. Mit fast 40 Meter Höhe und einer Flügellänge von 24 Metern ist sie eine der größten Mühlen Deutschlands. Während der Besichtigungszeiten wird sie in Gang gesetzt und kann in vollem Lauf bestaunt werden.

Dangast ist das Seebad von Varel. Das idyllische Fischerdörfchen hat Eingang in die Kunstgeschichte gefunden: Sommerfrischelnd waren hier Anfang des 20. Jahrhunderts Maler der Künstlergemeinschaft »Die Brücke« am Werk. Ein anderer Künstlergast blieb jahrzehntelang in Dangast

Krabbenkutter im Großen Hafen von Wilhelmshaven.

Alte Krabbenkutter wie in Greetsiel sind für die ostfriesische Landschaft ein typischer Anblick.

hängen: Franz Radziwill lebte hier von 1921 bis zu seinem Tod 1983 und malte eigenwillige Weltuntergangsbilder. In seinem Wohn- und Atelierhaus ist heute ein Museum eingerichtet, das einige seiner Werke zeigt.

⑯ Wilhelmshaven

Deutschlands größter Marinestützpunkt und Tiefwasserhafen am Jadebusen verdankt seine Existenz preußischer Initiative. Ab dem Jahr 1856 wurde hier der preußische Kriegshafen gebaut. Der König erschien selbst zur Einweihung und gab der jungen Stadt ihren Namen. Der Status als Kriegshafen hatte aber auch seinen Preis: Gleich zweimal wurde die Stadt dem Erdboden gleichgemacht. Und doch finden sich hier heute noch beeindruckende städtebauliche Zeugnisse aus dem 19. und 20. Jahrhundert. Das Rathaus, 1929 unter der Leitung von Fritz Höger erbaut, ist das Glanzstück des nach strenger Planung errichteten Gebäudeensembles. Im Süden erstreckt sich der Hafen mit seinen gewaltigen Umschlagbrücken. Am grünen Südstrand, dem Freizeitpark der Stadt, lohnt das Meeresaquarium einen Besuch. Das Feuerschiff »Weser«, das Dampfschiff »Kapitän Meyer« und das U-Boot »U10« können hier ebenfalls besichtigt werden.

⑰ Jever

Im flachen Land verläuft die Grenze zwischen Ostfriesland und dem Jeverland. Auch wenn Besucher bei Jever zunächst vorrangig an friesisch-herbes Bier denken, hat die Stadt einiges mehr zu bieten. Jever war als bedeutender Handelsplatz lange Zeit die Residenz kunstsinniger Herrscher. Die Turmspitze des Schlosses erkennt man in der flachen Landschaft schon von Weitem. Das Renaissancehaus am Kirchplatz beeindruckt vor allem durch seine Fassade. Die Stadtkirche, in ihrer heutigen Gestalt aus den 1960er-Jahren, beherbergt innen eine prächtige Grabkapelle. Zum Abschluss empfiehlt sich ein Bummel durch die engen Gassen der Altstadt.

⑱ Norden-Norddeich

Ostfrieslands älteste Stadt bietet einiges Sehenswerte wie die St.-Ludgeri-Kirche mit ihrer reichen Innenausstattung und dem Grabmal eines Häuptlings, die Mennonitenkirche sowie das Schöninghsche Haus aus der Zeit der Renaissance. Von dem unmittelbar nördlich gelegenen Hafenort Norddeich legen die Fähren zu den Inseln Norderney und Juist ab.

⑲ Greetsiel

Um den betriebsamen Kutterhafen einer der bekanntesten Küstenorte Ostfrieslands hat sich ein malerischer Ortskern mit farbenfrohen historischen Giebelhäusern erhalten. Seine Entstehung verdankt der Ort seiner Lage an einem wichtigen Siel. Durch Kanäle und Siele ließ sich der Wasserstand im Landesinneren regulieren, und die Siele dienten zugleich als Fahrrinne zum Meer. Am Ortsausgang steht ein für Ostfriesland typisches Bauwerk: die Zwillingsmühlen von Greetsiel. Einer der beiden Galeriehholländer wird heute noch betrieben, in der anderen Mühle ist eine nette Teestube mit einer sehenswerten Kunstgalerie untergebracht.

⑳ Emden

Die stolze Hafenstadt ist der kulturelle und wirtschaftliche Mittelpunkt Ostfrieslands. Durch die Fußgängerzone der Großen Straße in der Innenstadt gelangt man zum Ratsdelft, dem mittelalterlichen Hafen, wo sich mit dem Rathaus, den hier vor Anker liegenden Museumsschiffen und dem 1585 erbauten Pelzerhaus Emdens wichtigste Sehenswürdigkeiten befinden. In der Nähe ragt die Neue Kirche, ein imposanter Barockbau aus dem 17. Jahrhundert, hoch in den Himmel. Ein Spaziergang auf den begrünten Wallanlagen, die noch immer einen großen Teil Emdens umgeben, führt am Stadtgraben und am Alten Graben entlang. Allerdings erinnern nur noch wenige Gebäude an die historische ostfriesländische Hafenstadt aus der Zeit vor der Zerstörung im Zweiten Weltkrieg. Die Kunsthalle Emden mit der Sammlung Henri Nannens ist ein Muss für Liebhaber der Kunst des 20. Jahrhunderts. Schwerpunkte sind die Malerei des deutschen Expressionismus (»Die Brücke«) sowie der Neuen Sachlichkeit. Daneben präsentiert die Schenkung des Münchner Galeristen Otto van de Loo Werke aus jüngerer Zeit von Künstlern wie Antoni Tàpies, Arnulf Rainer oder der Gruppe CoBrA.

Sielorte

Alte Giebelhäuser und historische Speicher erinnern in **Carolinensiel** an große Seefahrerzeiten. Der Ort ist ein gutes Beispiel dafür, wie durch zunehmende Landgewinnung Sielhäfen immer weiter ins Hinterland gerieten. Trotzdem hat er drei Häfen: den 1729 angelegten Alten Hafen mit dem Deutschen Sielhafenmuseum, den Jachthafen sowie den Außenhafen, wo die Krabbenkutter ankern und die Fähren zur Insel Wangerooge ablegen. **Neuharlingersiel** gehört zu den ältesten und schönsten Sielorten der ostfriesischen Küste. Hier dümpeln vor anheimelnder Kulisse die bunten Kutter, auf denen die Fischer ihre Kisten stapeln. Vom Hafen legen auch Fähren nach Spiekeroog ab. Das Dörfchen **Neßmersiel** nennt sich Mekka der Wattwanderer. Wer entsprechend gut zu Fuß ist, kann über das Watt bis zur Insel Baltrum gelangen.

Biosphäre Wattenmeer

Die Ebbe nimmts, die Flut bringts.

Wattführer Gerke Enno Ennen

Das Wattenmeer ist eine ganz und gar erstaunliche Zwitterlandschaft. Es hat den Begriff der Küste aufgelöst und das Meer mit dem Land so stark vermischt, dass man beides kaum auseinanderhalten kann. Das, was bei Flut eben noch Ozean war, ist bei Ebbe begehbarer Meeresboden. Und dort, wo man gerade noch spazieren gehen konnte, kann man wenige Stunden später nur schwimmen. Der Mensch muss aufpassen. Geprägt wird die Region vom stetigen Wechsel zwischen Ebbe und Flut. Zweimal täglich gibt das Meer seine Beute wieder frei und legt einen Lebensraum bloß, der auf den ersten Blick unwirtlich erscheinen mag, aber eines der lebendigsten und sensibelsten Ökosysteme überhaupt ist. Millionen Tiere fühlen sich im Wattenmeer pudelwohl, allen voran die Seehunde und Kegelrobben, die sich hier von ihren Jagdzügen auf hoher See erholen und ihre Jungen aufziehen. Zudem bietet das Watt einer riesigen Vielfalt an Vögeln Heimat.

Wandern im Watt

Einfach mal so über den Meeresgrund spazieren? Wattwandern macht's möglich. Doch wer mehr als nur ein paar Schritte hinaus machen möchte, sollte sich zur eigenen Sicherheit unbedingt einem kundigen Wattführer anvertrauen. So faszinierend das Watt ist, so gefährlich kann es auch sein, insbesondere bei auflaufender Flut. Wattführungen werden fast überall an der Nordseeküste angeboten. Kontakte vermitteln die Touristenbüros vor Ort, aber auch folgende Webseiten bieten wertvolle Infos:

- www.nationalpark-wattenmeer.de
- www.die-nordsee.de/wattfuehrer-kueste
- www.nordseetourismus.de/wattwanderung-an-der-nordsee
- www.wattwanderzentrum-ostfriesland.de
- www.nordseeinsel.net/information/wattwanderung-im-wattenmeer

Kiefernbewachsene Dünen und eine bis zu 95 Meter hohe Steilküste säumen die größte polnische Ostseeinsel Wolin.

Route 6 | Polens Traumstrände an der Ostsee

Sonne satt und endlose Sandstrände machen die 500 Kilometer lange Ostseeküste zu Polens Urlaubsziel Nummer eins. Hier gibt es Badespaß pur, wunderbare Naturlandschaften und manches architektonische Highlight. Einzigartig sind Mitteleuropas größte Wanderdünen.

In Seebädern wie Kołobrzeg und Sopot herrscht im Sommer Hochbetrieb. Schon im 19. Jahrhundert haben die wunderbaren Sandstrände, das Reizklima und die vergleichsweise sanfte See erste Badegäste hierhergelockt. In der Vor- oder Nachsaison zeigt sich das Meer von seiner raueren, romantischen Seite, bezaubern der Wolliner und der Slowinzische Nationalpark mit Scharen von Zugvögeln.

Die Route beginnt auf der deutsch-polnischen Ferieninsel Usedom. Über die Kaiserbäder auf der deutschen Seite fährt man ins Seebad Świnoujście (Swinemünde) und weiter nach Międzyzdroje (Misdroy) auf Wolin. Früher musste man dafür die Fähre nehmen, seit Mitte 2023 verbindet der 1,8 Kilometer lange Swinetunnel Usedom mit Wolin, was die Fahrzeit auf wenige Minuten verkürzt. Auf dem Weg nach Osten führt die Route immer wieder direkt an die Küste. Im Hinterland wechseln sich goldgelbe Weizenfelder mit bunten Wiesen und dunklen Wäldern ab. Durch wunderschöne alte Alleen geht es vorbei an Gutshöfen, Backsteinkirchen und eini-

gen malerischen Dörfer. Darłowo (Rügenwalde) hat den schönsten mittelalterlichen Stadtkern der Region, seine größte Sehenswürdigkeit ist das Schloss der Pommerschen Herzöge. Das Hafenstädtchen Ustka (Stolpmünde) bietet lange Strände und eine schöne Atmosphäre. Traumhaft sind die schmalen Nehrungen zwischen den Strandseen und der Ostsee. Lohnend ist der Ausflug in den Slowinski-Nationalpark, in die »Polnische Sahara« bei Łeba. Die bis zu 40 Meter hohen Wanderdünen dort bewegen sich jährlich etwa zehn Meter nach Südosten – eine einzigartige Landschaft. Bevor die Reise auf der Frischen Nehrung endet, geht es noch durch die junge Hafenstadt Gdynia. Hier können Architekturbegeisterte einen Stadtspaziergang durch den Funktionalismus des frühen 20. Jahrhunderts unternehmen oder das Museum der Emigration besuchen.

INFO ✳

ROUTE 6
Routenlänge:
590 Kilometer
Zeitbedarf:
1–2 Wochen
Start/Ziel:
Świnoujście – Mierzeja Wiślana
Routenverlauf:
Świnoujście, Międzyzdroje, Kolobrzeg, Mielno, Darłowo, Ustka, Słowiński Park Narodowy, Hel, Gdynia, Sopot, Stegna, Mierzeja Wiślana

Die Galeone Dragon, Nachbildung eines Piratenschiffs aus dem 17. Jahrhundert, ist ein Blickfang im Hafen von Gdynia.

❶ Świnoujście

Der alte Kurpark und viele hübsche Jugendstilvillen erinnern heute an das preußische Kaiserbad der Zeit um 1900. Doch kaum ein Urlaubsort an der polnischen Küste hat sich in den vergangenen Jahren so rasant entwickelt wie das einstige Swinemünde auf den Inseln Usedom und Wolin. Schicke Condo-Siedlungen und Luxushotels flankieren heute die geschichtsträchtigen Bauten. Der wunderbar weiße Sandstrand lockt dabei wie ehedem zu Sonnenbad oder Spaziergang. Mehr über die Ortsgeschichte erfahren Reisende im Museum für Hochseefischerei im alten Rathaus oder in den Forts der einstigen Swinefestung, die über die Mündung der Świna in die Ostsee wachen. Vom Leuchtturm auf der Woliner Seite – dem mit 68 Metern höchsten Polens – reicht der Blick bis zum Oderhaff und bei klarem Wetter sogar hinüber bis zur dänischen Insel Bornholm. Schön ist der Spaziergang auf der zwölf Kilometer langen Europapromenade, die entlang der Dünen zu den deutschen Kaiserbädern auf Usedom führt.

❷ Międzyzdroje

Ob sommerlicher Badespaß oder entspannter Herbstspaziergang: Der lange Sandstrand ist das absolute Highlight von Międzyzdroje. Das einst unbedeutende Fischerdorf Misdroy wandelte sich im 19. Jahrhundert binnen weniger Jahrzehnte zum Lieblingsbad der Berliner. Aus der damaligen Gründerzeit stammen viele der prächtigen Villen, die bis heute den historischen Ortskern und die Kurpromenade schmücken. Deren Dreh- und Angelpunkt ist die 400 Meter lange Seebrücke mit ihrem neu gestalteten Vorplatz. Polens Showgrößen präsentieren sich dort jedes Jahr beim »Festival der Stars« und hinterlassen ihre Handabdrücke im nahen »Walk of Fame«. Östlich vom Ferienort beginnt die malerische Steilküste des Nationalparks Wolin. Vom mit 95 Metern höchsten Punkt bietet sich ein wunderbarer Panoramablick über die Ostsee. Zahlreiche Wanderwege führen durch den dichten Buchenmischwald der eiszeitlichen Moränenlandschaft nach Süden. Zahlreiche Informationen bietet das Nationalparkzentrum in Międzyzdroje.

❸ Kołobrzeg

Polens größtes Seebad kann auf eine lange Geschichte zurückblicken. Davon zeugen heute noch der mächtige Dom aus dem 14. Jahrhundert und das Altstädtische Rathaus im Zentrum. Die Entwicklung Kolbergs ist seit den Anfängen eng mit den hiesigen Solequellen verknüpft. Während sie im Mittelalter für den Aufschwung als Handelsstadt sorgten, begründeten sie zu Beginn des 19. Jahrhunderts die Entwicklung zum Heilbad. Bis heute werden sie für Anwendungen genutzt. Die historischen Kurparks laden zum Flanieren und Bummeln ein. Am Kopf der über 200 Meter langen Seebrücke können Besucher je nach Jahreszeit bei Espresso oder Wein den Blick auf das Seebad und die Ostsee genießen.

Die Seebrücke von Międzyzdroje ist als Treffpunkt sehr beliebt.

Nach getaner Arbeit ziehen die Fischer von Mielno ihre Kähne an den Strand.

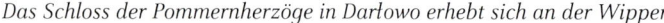

Das Schloss der Pommernherzöge in Darłowo erhebt sich an der Wipper.

❹ Mielno

Den besonderen Reiz von Mielno macht seine Lage zwischen der Ostseeküste und dem Jezioro Jamno aus. An manchen Stellen liegen zwischen dem Küstensee und dem Meer keine 250 Meter. Die ganze Schönheit dieser Nehrung kann man beim Strandspaziergang vom Ortszentrum durch den Stadtteil Unieście bis ins benachbarte Łazy erleben. In die andere Richtung führt ein interessanter Ausflug zum Leuchtturm von Gąski. Der gut 50 Meter hohe Backsteinbau markiert das Ende der Pommerschen Bucht. Von seiner Aussichtsplattform eröffnet sich ein Panoramablick über die Ostsee und die Küste. Wer die Gegend in aller Ruhe genießen möchte, kommt in der Vor- oder Nachsaison. Dann lohnt sich auch ein Besuch des kleinen Fischerhafens von Unieście, wo fangfrischer Fisch geräuchert wird.

❺ Darłowo

Bis heute ist Darłowo in Deutschland in aller Munde. Denn das einstige Rügenwalde ist die Heimat der gleichnamigen Wurstspezialität. Die wurde 1834 erstmals in einer kleinen Fleischerei nahe dem Marktplatz hergestellt. Den quadratischen Platz dominiert das Ensemble aus Rathaus und gotischer Marienkirche, letzte Ruhestätte des Herzogs Erich I. von Pommern-Stolp und davor bis zu seiner Absetzung König der Kalmarer Union von Dänemark, Norwegen und Schweden. Die historische Altstadt ist gut erhalten, besonders sehenswert ist das Schloss der pommerschen Herzöge. Es entstand im Jahr 1352 als Wasserburg an der Wieprza und beherbergt heute das Regionalmuseum. Mehrere Fuß- und Radwanderwege verbinden das Stadtzentrum mit dem beiderseits der Wippermündung gelegenen Darłówko. Der einstige Hafen Rügenwaldermünde entwickelte sich im 19. Jahrhundert zum beliebten Seebad. Von der Terrasse des Cafés Ani-Ani kann man bei Cappuccino und erstklassigen Kuchen den Fischerbooten beim Ein- und Ausfahren zusehen.

Ob die kleine Meerjungfrau von Ustka über die Ostsee zu ihrem Kopenhagener Pendant blickt?

❻ Ustka

Das kleine Seebad ist bei deutschen Sommergästen eher unbekannt. Dabei lohnt schon ein Gang durch die zentrale Ulica Marynarki Polskiej, in der die Fachwerkhäuser des alten Fischerdorfes, das bis 1945 Stolpmünde hieß, neben Bürgerhäusern und Villen aus dem 19. Jahrhundert stehen. Am Ufer der Słupia trifft sie auf den Hafenboulevard. Dort warten Ausflugsboote auf Passagiere, der schmucke Leuchtturm von 1892 bietet einen Panoramablick und die alte Meerespromenade lädt zum Spaziergang ein. Auch Kunstfreunde kommen in Ustka auf ihre Kosten: Im alten Speicher neben dem Anleger stellt eine Dependance der Ostseegalerie für Zeitgenössische Kunst regelmäßig internationale Künstler aus.

❼ Słowiński Park Narodowy

Sandberge im prallen Sonnenschein und kein bisschen Grün in Sicht. In der Nähe des Seebads Łeba kommt man sich schon mal vor wie in der Sahara. Das grandiose Ostseepanorama offenbart sich erst nach dem Aufstieg auf die Lontzkedüne (Góra Łącka), die mit 42 Meter höchste Wanderdüne in dem Gebiet zwischen Küste und Strandseen Jezioro Gardno und Jezioro Łebsko. Die Dünen bewegen sich bis zu zehn Meter im Jahr und haben schon das alte Łeba unter sich begraben. Die Uferzonen der Brackwasserseen bieten etwa 250 Vogelarten einen Lebensraum. Die einmalige Landschaft, zu der auch Salzmoore und kleine Fließe gehören, entfaltet ihre ganze Schönheit zur Zeit der Kranichzüge.

❽ Halbinsel Hel

Über 35 Kilometer ragt die Halbinsel in die Danziger Bucht hinein und ist dabei oftmals keine 200 Meter breit. Schon hinter Władysławowo zeigen sich die ersten Surfer, die zu Hunderten im Schutz der Halbinsel ihre Runden drehen. Auf der Ostseeseite hingegen ist Badespaß pur angesagt. Der Sandstrand reicht bis zum Hauptort

Die Hafenstadt Gdynia begeistert mit einer besonders maritimen Atmosphäre.

Die Seebrücke vor dem Grand Hotel trägt wesentlich zu Sopots Charme bei.

Hel an der Inselspitze. In der dortigen Seehundforschungsanstalt können Schaulustige im Sommer die Fütterung der Meeresräuber beobachten. In der Nähe legen Fähren nach Gdynia, Sopot und Gdańsk ab. Der Inselort Jurata ist seit seiner Gründung im Jahr 1928 als Ziel für gut betuchte Gäste bekannt, während das ehemalige Fischerdorf Jastarnia heute Familien und Partyvolk anzieht.

❾ Gdynia

In weniger als 20 Jahren entwickelte sich das kleine Fischerdorf zur Großstadt. Denn der neugegründete polnische Staat benötigte nach dem Ersten Weltkrieg an seiner schmalen Ostsee-küste eine Alternative zum Hafen der Freien Stadt Danzig. Heute ist Gdynia (Gdingen) eine von Studierenden, jungen Familien und Marineangehörigen geprägte Metropole mit starker Kulturszene, die ihr architektonisches Erbe des Funktionalismus bewusst pflegt. Der Spaziergang vom Hauptbahnhof zur repräsentativen Südmole gleicht einem Ausflug in die Architekturgeschichte des frühen 20. Jahrhunderts. Auch der historische Seebahnhof am Franzosenkai wurde ganz im Stil des Funktionalismus der 1930er-Jahre erbaut. Heute beherbergt er das Emigrationsmuseum. Es erzählt die Geschichte von Hunderttausenden Polen, die insbesondere in der Zwischen-kriegszeit von hier aus ihre Heimat gen Amerika verließen.

❿ Sopot

Im Sommer herrscht Hochbetrieb in der Monciak-Fußgängerzone mit ihren hübschen Bürgerhäusern, vielen Cafés und Restaurants. Dann zieht Polens schönstes Seebad Tausende Touristen aus aller Welt an. Seinen Ruf verdankt der Ort Jean Georg Haffner. Der elsässische Arzt kam mit Napoleons Armee in die Region, blieb und ließ 1823 die erste Badeanstalt im damaligen Zoppot errichten. Aus der Blütezeit um 1900 sind viele bezaubernde Villen und Hotelbauten erhalten. Einen besonders schönen Blick

Die Halbinsel Hel schiebt sich mit dicht bewachsenen Sanddünen hinaus in die Danziger Bucht.

auf das alte Zentrum mit dem Balneologischen Institut, Kureinrichtungen und dem prachtvollen Grand Hotel bietet sich von der 511 Meter langen Seebrücke aus Holz, die zu den längsten Seebrücken an der gesamten Ostseeküste zählt Der kilometerlange Sandstrand ist bei Familien wie Partygängern gleichermaßen beliebt und ermöglicht Spaziergänge bis kurz vor die Danziger Westerplatte.

⓫ Stegna

Jantar ist das slawische Wort für Bernstein. Und darum dreht sich alles bei den internationalen Meisterschaften im Bernsteinfischen, die in dem gleichnamigen, zu Stegna gehörenden

Dorf jeden Sommer stattfinden. Dann wetteifern Hunderte Schatzsucher am langen Sandstrand um den größten Fang. Nach einem Sturm ist die Chance am besten. In Stegna selbst gastiert jedes Jahr das Internationale Orgelfestival der Baltischen Philharmonie in der schmucken Herz-Jesu-Kirche aus dem Jahr 1683. Eine besondere Augenweide sind die barocken Deckenmalereien im Inneren des Fachwerkbaus.

⓬ Mierzeja Wiślana

Ihre einzigartige Lage an der äußersten Landesgrenze macht die Frische Nehrung zu einem besonderen Urlaubsziel. Während die breiten Sandstrände vor allem im Sommer von

Menschen bevölkert sind, machen unberührte Dünenwälder und die schilfbewachsene Uferzone des Frischen Haffs die schmale Nehrung zu einem Refugium für viele Pflanzen- und Tierarten. Die raue Schönheit sowie Abgeschiedenheit des Landschaftsschutzparks kommen außerhalb der Sommersaison voll zur Geltung. Vom Hauptort Krynica Morska sind es keine 20 Kilometer bis zur Staatsgrenze mit der russischen Oblast Kaliningrad. Das Fischerdorf entwickelte sich im 19. Jahrhundert zu einem beliebten Seebad für die Bürger aus den nahen Städten Danzig und Elbing; davon zeugen noch heute einige stattliche Villen.

Frische Nehrung

*Die meisten Erholungsuchenden, die es
auf die Nehrung zieht, suchen einen Strand
aus feinem Sand. Ein Plätzchen zum Son-
nen findet sich immer, und sei es zwischen
Fischerbooten. Schon im Sozialismus war
Polens Ostseeküste ein beliebtes Ziel für
die Bevölkerung. Die meisten Gäste kamen
aus dem Inland und erfreuten sich an ihren
heimischen Stränden und Städten. Heute
ist das Publikum internationaler.*

Die eindrucksvolle Landzunge des Cap Fréhel schiebt sich weit hinaus in den Golf von Saint-Malo.

Route 7 | Frankreichs wilder Westen

Lieblich ist die Landschaft nicht, die sich im Nordwesten Frankreichs gegen den Ärmelkanal hin vorstreckt. Die windumtoste Küste und das grüne Hinterland strahlen jedoch eine Magie aus, der sich kaum ein Reisender zu entziehen vermag.

Die atlantische Brandung, die schroffen Felsklippen, die weiß leuchtenden Kreidefelsen und dazwischen die langen Sandstrände: An den Küsten der Normandie und der Bretagne zeigt sich die Natur in ungebrochener Urgewalt und von geradezu archaischer Schönheit. In Coutances mit seiner sehenswerten gotischen Kathedrale beginnt der Weg zunächst nach Süden entlang der Küste der normannischen Cotentin-Halbinsel. Direkt hinter dem »architektonischen Wunderwerk« Mont-Saint-Michel ist die Bretagne erreicht, und die Strecke führt von nun an immer nach Westen. Die Landstraße folgt der Küstenlinie an den Austernzuchten von Cancale vorbei in die ehemalige Korsarenhochburg Saint-Malo. Die intakten Festungsmauern, mit denen sich die vollständig aus Granit erbaute Altstadt ins Meer hinausschiebt, hinterlassen einen bleibenden Eindruck. Am einsamen Cap Fréhel bestimmt rötlich schimmernder Sandstein das Bild, der sich zu einer Steilküste auftürmt. Anschließend laden herrliche Sandbuchten kälteerprobte Schwimmer zum Sprung ins Meer ein. Hinter Saint-Brieuc liegt versteckt eine kleine Kapelle, die sich mit bizarren Fresken einen Namen gemacht hat. Ein berühmtes Naturspektakel fasziniert an der Côte de Granit Rose. Die skurrilen, rosafarben schimmernden Felsformationen lassen sich vom Zöllner-Küstenpfad aus entdecken. Immer weiter nach Westen führt die Küstenstraße, unterbrochen nur von weit ins Landesinnere reichenden Flussmündungen, den Abers, nach denen auch der Küstenabschnitt benannt ist: Côte des Abers. Vorgelagert im Atlantik liegen jetzt Ouessant und Molène, die westlichen Inseln Frankreichs. An den Klosterruinen der Pointe de Saint-Mathieu stehend, fällt der Blick auf die Weite des Ozeans, der hier nun ohne Hindernis bis Neufundland überquert werden könnte. In der Hafenstadt Brest, ein wichtiger Stützpunkt der französischen Marine, ist das Tourenziel erreicht.

INFO *

ROUTE 8
Routenlänge:
550 Kilometer
Zeitbedarf:
1–2 Wochen
Start/Ziel:
Coutances – Brest
Routenverlauf:
Coutances, Mont-Saint-Michel, Cancale, Saint-Malo, Dinard, Cap Fréhel, Tréguier, Ploumanac'h, Meneham, Portsall, Pointe Saint-Mathieu, Brest

Mont Saint-Michel ist ein unvergleichliches Bauwerk der Kloster- und Festungsarchitektur.

❶ Coutances

Nur gut zehn Kilometer entfernt von der Ärmelkanalküste liegt die historische Hauptstadt des Cotentin eingebettet in eine grüne Heckenlandschaft aus Wiesen und Apfelbäumen. Aus ihren Bürgerhäusern und Palais mit hellen Sandsteinfassaden und schiefergrauen Dächern ragen weithin sichtbar die Türme der Kathedrale Notre-Dame empor – ein Meisterwerk gotischer Architektur auf romanischen Fundamenten und ähnlich berühmt in der Region wie der Mont-Saint-Michel. Einst wichtiger Marktplatz und Bischofssitz, verdankte Coutances seine Blüte auch den Reichtümern des normannischen Königreichs von Sizilien. Heute trägt die charmante Kleinstadt dank ihrer historischen Bauwerke, Parks und Gärten das Label einer Ville d'Art et d'Histoire.

❷ Mont-Saint-Michel

Bei Vollmond ist es dort am schönsten, denn dann umspielt Wasser den Klosterberg, der sonst von der Wattlandschaft des Golfs von Saint-Malo umgeben ist. In klaren Nächten ist die »Pyramide im Meer« – wie Victor Hugo den Mont-Saint-Michel einen Kilometer vor der Küste der Normandie nannte – besonders beeindruckend. Und so verwundert es nicht, dass das Kloster Mont-Saint-Michel UNESCO-Welterbe ist. Der Legende nach soll der Erzengel Michael höchstpersönlich den Bau einer Kirche auf der Felseninsel im Ärmelkanal befohlen haben. Nach kurzzeitiger Umfunktionierung zu einem Gefängnis im 19. Jahrhundert leben seit 1966 wieder Benediktinermönche in dem Klosterbau. Touristen können die Atmosphäre am besten genießen, wenn sie in einem Hotel auf der Klosterinsel übernachten. Für Naturerlebnisse sorgt das Vogelreservat La Tombelaine etwa drei Kilometer nördlich des Klosterbergs, das zu Fuß über das Watt gut erreichbar ist.

❸ Cancale

Das Schönste an Cancale ist sicherlich seine Lage an der Westküste der Bucht des Mont-Saint-Michel, der bei guter Sicht auch noch in der Ferne zu erkennen ist. Die meisten Besucher kommen aber vermutlich wegen der berühmten Austernzuchten von Cancale, die schon die französischen Könige belieferten. Am Hafen der Stadt reihen sich die Meeresfrüchterestaurants aneinander. Von hier aus lässt sich auch der Küstenwanderweg (GR 34) erkunden, der am Aussichtspunkt Pointe du Hock vorbei bis hinauf an

Die Kathedrale von Coutances ist ein Musterbeispiel für normannische Hochgotik.

Saint-Malo an der Nordküste der Bretagne liegt auf einer Granitinsel.

Dinan

Das hoch über dem Tal der Rance liegende Dinan wird von einer mächtigen Burg beherrscht. Eine drei Kilometer lange Mauer mit vielen Türmen und Toren umgibt das Zentrum auch heute noch fast zur Gänze. Auch die Altstadt selbst hat sich mit altertümlichen Gässchen, Fachwerkhäusern, Bürgerhäusern und Kirchen ihren mittelalterlichen Charakter bewahrt. Sehenswert sind die Kirchen Saint-Sauveur und Saint-Malo, das Franziskanerkloster mit seinem gotischen Kreuzgang sowie der englische Garten beim Aussichtspunkt Tour Sainte-Catherine.

die wild zerklüftete Landspitze Pointe du Grouin führt. Es ist einer der schönsten Abschnitte dieses Fernwanderwegs rund um die Bretagne.

❹ Saint-Malo

»Steinkrone auf den Wellen«, »Steinerne Zitadelle« – Saint-Malo hat viele Beinamen. Wie eine Festung thront die Altstadt auf der Insel – mächtige Wehrmauern künden von der Seefahrergeschichte von Saint-Malo. Im 16. Jahrhundert gab es wilden Korsaren Heimat. Vor allem Engländer und Franzosen fürchteten diese Piraten. Die uneinnehmbare Lage und die wirtschaftliche Blüte machten die Bewohner so selbstbewusst, dass sie im 16. Jahrhundert eine eigene Republik ausriefen. Noch heute gilt hier der Leitspruch: »Weder Franzose noch Bretone, Malouin [Bürger von Malo] bin ich.« Als »Ville Close« (geschlossene Stadt) an drei Seiten von Wasser umspült, hat Saint-Malo jahrhundertelang Angriffen getrotzt. Heute verbinden zwei Dämme die Stadt mit dem Festland, und Saint-Malo hat sich zum Badeort der Côte d'Émeraude, der »Smaragdküste«, gemausert. Sehenswert ist auch die erst im Jahr 1987 vollendete Kathedrale.

❺ Dinard

Das zweitgrößte Seebad der Bretagne ist eine Gartenstadt, die sich sanft in eine Hügellandschaft schmiegt. Der

Spaziergang über die Promenade du Clair de Lune ist nahezu Pflicht. Sie war und ist der Treffpunkt der vornehmen Gesellschaft schlechthin und wird deswegen auch gerne als »Nizza des Nordens« bezeichnet. Kein so abwegiger Spitzname, denn prächtige Villen bilden eine sehr noble Ortssilhouette. Ein Filmfestival und ein gut besuchtes Casino tun ihr Übriges, um den Ruf zu erhalten. Die Stadt an der Mündung der Rance kann auf Berühmtheiten wie Joan Collins oder Winston Churchill als Gäste zurückblicken. Sie schätzten vor allem die

Das elegante Seebad Dinard prunkt mit einem Casino, zahlreichen Luxushotels und Villen aus der Zeit der Belle Époque.

langen Sandstrände und das türkisfarbene Wasser wie etwa am Plage de l'Écluse. Auch Alfred Hitchcock war einst hier. Er soll die Stadt in seinem Film »Psycho« verewigt haben. Eine Statue am Strand erinnert an den britischen Regisseur.

❺ Cap Fréhel

Als nördliche Spitze einer gut zehn Kilometer langen Landzunge ragt das Kap weit hinein in den Golf von Saint-Malo. Gleich zwei gemauerte Leuchttürme recken sich hier aus der Heidelandschaft zum Himmel: Der ältere stammt aus der Zeit des Festungsbaumeisters Vauban, der jüngere aus dem Jahr 1950. Bei gutem Wetter reicht der Blick selbst von seinem Fuß bis zu den Kanalinseln. Die hohe Steilküste mit ihren teils bizarren Felsformationen aus rötlichem Sandstein, schwarzem Schiefer und roséfarbenem Granit bietet Hunderten von Nistvögeln Schutz. Zudem lebt hier der seltene Tordalk. Vor allem im Frühjahr und Sommer schmückt sich das Kap mit einem herrlichen Blumenteppich: Heidekraut und Stechginster entfalten dann ihre Blüten, Wildhyazinthen, Narzissen, die vielblütige Weißwurz und die rosafarbenen Strand-Grasnelken recken ihre Köpfe in die Sonne.

❼ Tréguier

Zwei Flüsse, der Guindy und der Jaudy, haben die Gemeinde Tréguier fest im Griff. Wo sie zusammenfließen, liegt der Ortskern auf einem Hügel, überragt von der vorwiegend in der Spätgotik entstandenen Kathedrale Saint-Tugdual. Namenspatron war ein Mönch, der hier im 6. Jahrhundert ein erstes Kloster gegründet hatte. Seine Reliquien werden in einem prächtigen

Zwischen zwei Granitblöcken eingekeilt ist das alte Zollhaus von Meneham.

Grabmonument verehrt, das heute jedoch aus dem 19. Jahrhundert stammt. Direkt dahinter ließ sich der bretonische Herzog Jean V. bestatten. Eindrückliche Reste des romanischen Vorgängerbaus mit Rundbögen zeigen sich im sogenannten Hastingsturm, der dem durch das südliche Hauptportal eintretenden Besucher direkt gegenüberliegt. Wer an einem Mittwochvormittag nach Tréguier kommt, wird das bunte Treiben des Wochenmarkts vor der Kathedrale erleben, das sich auch entlang der angrenzenden Rue Ernest Renan fortsetzt. Diese führt hinunter bis zum Ufer des Jaudy. Einige sorgsam restaurierte Fachwerkhäuser säumen den Weg.

❶ Ploumanac'h

Die Côte de Granit Rose, die ihren Namen aufgrund des deutlich rot schimmernden Granits in diesem Küstenabschnitt erhielt und sich vor allem von Perros Guirec weiter nach Westen erstreckt, zeigt sich besonders eindrucksvoll rund um den Küstenort Ploumanac'h. Auffallend ist hier nicht nur die rötliche Farbe des Gesteins, hervorgerufen durch den hohen Anteil an Eisenoxid im Granit, es sind auch die skurrilen Formen, die die sogenannte Wollsackverwitterung den teilweise riesigen Felsbrocken gegeben hat. Die natürlichen Bruchstellen im Gestein wurden so weit durch die Erosion ausgespült, dass zum Teil ton-

nenschwere, abgerundete Felsgiganten aufeinander zu balancieren scheinen. Bei einem Spaziergang von der kleinen Strandbucht aus den alten Zöllnerpfad entlang (»Sentier des Douaniers«) lässt es sich eintauchen in dieses Naturspektakel, das seinen ersten Höhepunkt am alten Leuchtturm findet. Er wurde ebenfalls aus dem roten Granit errichtet.

❷ Meneham

Malerisch duckt sich das 2002 als Museumsdorf hergerichtete Meneham direkt hinter den Dünen bei Kerlouan. Es besteht aus mehreren mit Reetdächern gedeckten Steinhäusern, in denen Algenfischer seit dem 19. Jahr-

hundert und bis zum Zweiten Weltkrieg lebten. Die winzige Ansiedlung entstand vermutlich um ein Wachhaus des 18. Jahrhunderts, das, eingezwängt zwischen gewaltige Felsbrocken, früher von Zöllnern bewohnt wurde, die den Küstenabschnitt kontrollierten. Es liegt auf einer kleinen Anhöhe direkt an der Küste, wodurch sich auch der bretonische Name Menez Hom (»Weiler auf einem Berg«) erklären lässt. Diese außergewöhnliche Kulisse gehört zu den beliebtesten Fotomotiven der Bretagne.

⑩ Portsall

Der unscheinbare Küstenort hat eine der größten Umweltkatastrophen der

Der Anker des Unglückstankers Amoco Cadiz, der 1978 vor Portsall havarierte.

Direkt neben dem Leuchtturm am Pointe Saint-Mathieu steht die Ruine der Abteikirche Saint-Mathieu de Fine-Terre.

französischen Geschichte erlebt. Auf dem Weg vom Persischen Golf nach Rotterdam geriet der Öltanker Amoco Cadiz am 16. März 1978 in Seenot und trieb manövrierunfähig bei stürmischer See immer näher auf die bretonische Küste zu. In den Gewässern vor Portsall lief er auf einen Felsen auf und zerbrach. Über 220 000 Tonnen Rohöl liefen in den folgenden Tagen aus. 350 Kilometer Küste wurden verseucht, und es dauerte Jahrzehnte, bis der Schaden behoben war. Heute ist ein Teil des Wracks ein beliebter Tauchplatz, und an das Unglück erinnert nur noch der riesige Anker der Amoco Cadiz, der an der Uferstraße von Portsall als stilles Mahnmal abgelegt wurde.

Brests Marinehafen mit seiner Zitadelle blickt auf turbulente Zeiten zurück.

⓫ Pointe Saint-Mathieu

Rund 20 Kilometer westlich von Brest steht ein einzigartiges bauliches Ensemble auf einer 30 Meter hohen Landzunge. Neben der Ruine der einstigen Benediktiner-Abteikirche Saint-Mathieu de Fine-Terre, die in Teilen – wie etwa die Westfassade – aus dem 12. Jahrhundert stammt, im Wesentlichen aber vom 13. bis 16. Jahrhundert errichtet wurde, und der Kapelle Notre-Dame-de-Grâce stehen ein eckiger Signalturm sowie ein 36 Meter hoher Leuchtturm. Der Leuchtturm wurde im Jahr 1835 mit Steinen aus der Kirchenruine erbaut und hilft den Seefahrern entlang der Côte des Abers, den rechten Weg zu finden. Denn da die Gewässer der bretonischen Küste zu den gefährlichsten der Welt zählen, haben Leuchttürme hier außer ihrem romantischen Flair auch eine lebenswichtige Funktion – sie sind wichtige Orientierungshilfe in der Dunkelheit. Sogar nächtigen kann man in dem Leuchtturm.

⓬ Brest

An der westlichsten Spitze Frankreichs in einer natürlichen Bucht gelegen, bietet die Topografie ideale Bedingungen für einen Hafen. Das dachte sich auch Kardinal Richelieu, der die Stadt im 17. Jahrhundert zum größten Kriegshafen Frankreichs ausbauen ließ. Leider eine Eigenschaft, die ihr zum Verhängnis wurde, denn im Zweiten Weltkrieg wurde Brest mitsamt seinem historischen Erbe völlig zerstört. Nur die Festung im Marinehafen blieb unbeschädigt. Der Wiederaufbau bescherte der Stadt viele unschöne Gebäude, trotz allem ist sie aufgrund ihrer maritimen Atmosphäre sehenswert. Heute zählt Brest zu den modernsten Städten des Landes. Der 87 Meter lange Pont de Recouvrance ist mit seiner Pfeilerhöhe von 64 Metern die größte Zugbrücke Europas und bietet ein echtes Erlebnis, wenn man ihn mit dem Auto überquert. Nicht entgehen lassen sollten sich Besucher auch den Besuch des Quai Commandant Malbert mit Blick auf die Küste und die Leuchttürme. Am Jachthafen liegt das Meeresmuseum Océanopolis.

Leuchttürme der Atlantikküste

Wie viele Schiffe an den Küsten der Welt zerschellt oder in Untiefen auf Grund gelaufen wären, gäbe es keine Leuchttürme, wird man niemals wissen. Sicher ist, dass sie seit Jahrhunderten Unfälle verhindern helfen und den Seeleuten mit ihren Leuchtfeuern Orientierung geben. Trotz GPS haben die Lichtzeichen von den weithin sichtbaren Türmen nach wie vor große Bedeutung. Kaum ein Kapitän, der sich nur auf seine Elektronik verlassen wollte. Als ikonische Bauten an außergewöhnlichen Orten rufen Leuchttürme auch bei ausgemachten Landratten Faszination hervor. Auch um die Leuchtturmwärter, die in früheren Jahren bei Wind und Wetter ihren einsamen Dienst verrichteten, ranken sich unzählige Geschichten. Und wenn einzelne Leuchttürme tatsächlich außer Dienst gestellt werden, ergibt sich häufig eine Zweitnutzung als romantischer Hochzeitsort oder exklusives Hotel. Denn eines ist sicher: Leuchttürme gehören an die Küste wie das Wasser ins Meer.

> *Am Fuße des Leuchtturms herrscht Finsternis.*
>
> Konfuzius

Exponierte Türme

20 Kilometer vor der bretonischen Küste trotzt der Phare de la Jument den anbrandenden Wellen (links). Am westlichsten Punkt des europäischen Festlands in Portugal steht der Farol do Cabo da Roca (oben). In Europas höchstem Leuchtturm, dem 82,5 Meter hohen Phare de l'Île Vierge an der Nordküste der Bretagne, führt eine Wendeltreppe mit 320 Steinstufen in die Höhe (rechts).

Spektakulär türmt sich die Bergkette des Monte Jaizkibel im Baskenland über dem Meer auf.

Route 8 | Das grüne Spanien am Camino del Norte

Der Camino del Norte ist weit weniger bekannt als der Camino Francés. Er verläuft durch den grünsten Teil Spaniens und hat neben viel Historie auch herrliche Strände zu bieten, die vom Massentourismus noch verschont geblieben sind.

Spaniens Nordküste am Atlantik ist grüner als der Rest des Landes. Diese Tour erschließt die ganze Schönheit der Meereslinie in den Provinzen Baskenland, Kantabrien, Asturien und Galicien. Das Felsufer fällt teils senkrecht ins Meer ab, dazwischen verstecken sich lauschige Buchten mit wunderbaren Sandstränden. Und all das gibt es ohne Menschenmassen. Selbst Pilger sind hier weniger unterwegs, sie wandern häufiger weiter im Süden auf der Hauptroute nach Santiago de Compostela. Geht es in Spanien ansonsten vergleichsweise regenarm zu, ist dies auf der Fahrt entlang der Costa Verde anders. Das »Tief über dem Golf von Biscaya« ist nicht nur ein Standardsatz im Wetterbericht, das Tief gibt es tatsächlich. Es beschert der Nordabdachung des Kantabrischen Gebirges reichlich Niederschlag und den Scheibenwischern eine Menge Arbeit.

Die hier beschriebene Tour folgt größtenteils der als Camino del Norte oder Camino de la Costa bezeichneten Variante des Jakobswegs, lässt aber auf das klassische Pilgerziel Santiago de Compostela aus und führt stattdessen ans »Ende der Welt«, das Cabo Finisterre. Von der französischen Grenze gelangt man auf der Autobahn schnell nach San Sebastián oder Donostia, wie die Stadt auf Baskisch heißt. Sie liegt an einer Bilderbuchbucht mit herrlichen Sandstränden und vereint harmonisch Tradition und Moderne. Das gilt noch viel mehr für Bilbao mit seiner quirligen Altstadt und dem futuristischen Guggenheim-Museum, das viele Künstler in die Stadt gezogen hat. Santander wartet mit perfekten Stränden auf, die schon im 19. Jahrhundert für die damals noch vorwiegend adeligen Touristen attraktiv waren. Ribadeo liegt dann schon im grünen Galicien mit seiner zerklüfteter Küste, das zudem für seine gute Küche bekannt ist. Am Cabo Finisterre schließlich blickt man von dem windumtosten Kap weit nach Westen über den Atlantik.

Die Treppen der Avenida Puerta de Aires führen hinunter zum Hauptplatz der galicischen Metropole A Coruña.

❶ Donostia-San Sebastián

Das Seebad der Belle Époque diente bereits den spanischen Königen als Sommerfrische. Zu »Besuch« kamen Adlige aus ganz Europa, die damals erbauten Herrensitze prägen bis heute das Stadtbild. Die Altstadt von San Sebastián wird vom Monte Urgull und dem Castillo de la Mota überragt. Zentrum ist die Plaza de la Constitución, die von hübschen Häusern gesäumt wird. Einst wurden auf dem Platz Stierkämpfe ausgetragen – dieser Umstand erklärt die große Anzahl an Balkonen. Weitere Sehenswürdigkeiten der baskischen Metropole sind das Aquarium, das Museo de San Telmo in einem Kloster aus dem 16. Jahrhundert und der Palacio del Mar. Im Westen schließt sich eine riesige Bucht mit zwei beliebten Stränden an. Den mit Abstand schönsten Ausblick aber bietet der Monte Igueldo. Und nicht zuletzt trumpft San Sebastián mit unzähligen Gourmetrestaurants auf – darunter auch viele, die einen Michelin-Stern ihr Eigen nennen können!

❷ Guernica

Die Stadt markiert eines der dunkelsten Kapitel spanisch-deutscher Geschichte. Während des Spanischen Bürgerkrieges zerstörte ein Luftangriff der deutschen Legion Condor die Stadt am 26. April 1937 fast vollständig. Im Inferno starben rund 2000 Menschen, ohne dass die Welt daran das kommende Unheil des Zweiten Weltkriegs ablas. Nur Pablo Picasso erfasste den Schrecken in seinem weltberühmten Gemälde »Guernica«, das jetzt im Madrider Museo Reina Sofía hängt. Als »heilige Stadt der Basken« gilt Guernica, weil die Basken hier schon im Mittelalter ihre Regionalversammlungen abhielten. Als das Baskenland zu Kastilien kam, mussten die spanischen Könige hier schwören, dass sie die Rechte der Basken auf ewig respektieren würden. Alles Wissenswerte über die baskische Historie der Stadt erfährt man im Museo de Euskal Herria.

❸ Costa Vasca

Die 176 Kilometer lange baskische Küste prägen Buchten und Meeresarme, die von zahlreichen Klippen gesäumt werden; im Hinterland befindet sich eine bewaldete Hügellandschaft. Auf traumhafte Strände trifft der Reisende bei Algorta an der Ostküste der Ría von Bilbao. Weitaus

An der wildromantischen Steilküste der Costa Vasca muss der Besucher immer mit starken Winden rechnen.

Das 1997 in Bilbao eröffnete Museum Guggenheim ist das Werk des Stararchitekten Frank O. Gehry.

interessanter jedoch ist die etwas westlich vom Kap Machichaco gelegene Kapelle San Juan de Gaztelugatxe auf einer Felsnase inmitten der windgepeitschten Steilküste. Sie ist nur über einen einmalig schönen, den Felsen abgerungenen Treppenaufstieg erreichbar. Interessant ist aber auch die Seefahrerkapelle aus dem 11. Jahrhundert auf dem Felsen. Von Bermeo starteten früher die Walfänger Richtung Island und Labrador. Das Museo del Pescador in dem aus dem 16. Jahrhundert stammenden Ercilla-Wehrturm beantwortet jede Frage rund um das Thema Fisch.

➍ Bilbao

Die Industriestadt am Río Nervión erwuchs ab dem 11. Jahrhundert aus einer Fischersiedlung. Früh gab es hier Eisenhütten, die ab der zweiten Hälfte des 19. Jahrhunderts Wohlstand in die Stadt brachten. Sehenswert ist eigentlich nur die Altstadt, dort vor allem die Siete Calles. Diese sieben Straßen liegen zwischen der Kathedrale und dem Fluss und sind alle zum Fluss hin ausgerichtet. Die im 14. Jahrhundert errichtete Kathedrale brannte im Jahr 1571 komplett aus, ihre heutige Form und der Kreuzgang stammen deshalb aus dem ausgehenden 16. Jahrhundert. Das elegante Leben spielt sich an der im 19. Jahrhundert neoklassizistisch ausgestalteten Plaza Nueva ab. Nördlich des Platzes lohnt die im 15. Jahrhundert errichtete Kirche San Nicolás einen Besuch. Sie besitzt nicht nur einen wunderschönen gotischen Schnitzaltar, sondern auch interessante Skulpturen. Einen Besuch wert sind das Museum der Schönen Künste mit Werken von El Greco, Goya und Gauguin und das gigantische, von Frank O. Gehry entworfene Museum Guggenheim, das jährlich mehr als eine Million Menschen in seinen Bann zieht. Dabei weiß nicht nur die äußere Hülle zu begeistern.

➎ Santander

Die weit in den Atlantischen Ozean hinausragende kantabrische Hauptstadt ist Hafenstadt, Seebad und heimliche »Hauptstadt der Promenaden«. Die Stadt entwickelte sich aus einem kleinen Fischer- zu einem großen Handelshafen. 1941 ging ein Großteil der Gebäude bei einem verheerenden Stadtbrand in Flammen auf. In Santander sind heute die Spaziergänger gefragt, deren Ziel vor allem die Halbinsel La Magdalena sein sollte. Den dortigen, Anfang des 20. Jahrhunderts in englischem Stil errichteten Palacio de la Magdalena hatte sich König Alfonso XIII. zu seiner Sommerresidenz erkoren. Nordwestlich der Halbinsel erstrecken sich die schönen Strände Primera Playa und Segunda Playa. Der Küstenstraße folgend kommt man durch Castro Urdiales, das von einer Tempelritterburg dominiert wird.

❻ Santillana del Mar

Die kleine Stadt, die nicht am Meer, sondern im Hinterland liegt, verdankt ihre Existenz den Reliquien der heiligen Juliana. Mönche bauten um diese herum ein Kloster, dessen romanische Stiftskirche bis heute das wichtigste Bauwerk des Ortes ist. Das Interessante am Städtchen aber sind seine male-

Auf der Insel Gaztelugatxe im Golf von Biskaya steht eine Seefahrerkapelle.

Die Playa de las Catedrales in der Nähe von Ribadeo.

Tief eingeschnittene Buchten prägen die Costa Verde.

Sonnenuntergang hinter dem Cabo Finisterre.

rischen Gassen, die Vielfalt der liebevoll gepflegten Blumentöpfe und die vom Efeu überwucherten alten Mauern. Rund zwei Kilometer oberhalb des Dorfes verstecken sich die weltberühmten Höhlen von Altamira.

❼ Cueva del Pindal

Unterhalb des kleinen Bauerndorfes Pimiango verbergen sich in der Pindalhöhle weitere prähistorische Felsbilder. Da täglich nur 200 Personen in die Höhle hineingelassen werden, sollte man möglichst frühmorgens kommen. In Unquera lockt ein Abstecher nach Süden in die Picos de Europa. Hinter Panes beginnt die Schlucht Desfiladero de la Hermida mit 600 Meter hohen, teils senkrechten Felswänden. Potes ist der Hauptort der östlichen Picos de Europa.

❽ Ribadesella

Die Altstadt an der Mündung des Río Sella und die lange Promenade um den feinen Sandstrand machen das Städtchen liebenswert, interessant ist es vor allem wegen der im Jahr 1968 entdeckten Tropfsteinhöhle Tito Bustillo. Sie enthält ungefähr 22 000 bis 10 000 Jahre alte steinzeitliche Felsbilder. Diese bilden rote und schwarze Hirsche und Pferde ab sowie einen bei prähistorischen Felsmalereien äußerst selten vorkommenden Wal und sehr viele Frauenkörper. Aus konservatorischen Gründen ist die Anzahl der täglich eingelassenen Besucher ähnlich wie in den Höhlen von Altamira oder der Cueva del Pindal limitiert worden.

❾ Luanco

Nordwestlich von Gijón bietet das Strandstädtchen ein interessantes Meereskundemuseum. Ein weitläufiger Strand führt von Banugues bis zum wind- und wellengepeitschten Cabo de Peñas. Achtung: Das Baden ist hier nicht ungefährlich!

❿ Costa Verde

Die Küste zwischen Ribadeo und Santander präsentiert sich als eine Kette wunderschöner und auch sehr einsamer Sandbuchten und eindrucksvoller Klippen, die nur von weit ins Land reichenden Rías unterbrochen werden. Das Städtchen Cudillero hat einen malerischen Fischerhafen, heime-

Der »Herkulesturm« bewacht seit vielen Jahrhunderten die Einfahrt zum Hafen von A Coruña.

lige Kneipen und vor allem mehrere meist einsame Strände. Von der Küstenschnellstraße abbiegend wird hier jeder sein eigenes stilles Plätzchen finden. Bei Avilés lohnt ein Abstecher ins Landesinnere nach Oviedo, der Hauptstadt der Region Asturien.

⓫ Luarca

Das Hafenstädtchen an der Costa Verde gehört zweifellos zu den schönsten Asturiens. Der Fischerhafen liegt so eng zwischen Felshänge und Häuserzeilen eingezwängt, dass den Booten nur eine winzige Ein- und Ausfahrt bleibt. Besonders fotogen ist das Fischerviertel. Vom Stadthügel Atalaya hat man die beste Aussicht.

⓬ Ribadeo

Der östlichste galicische Ort liegt an der wie ein skandinavischer Fjord weit ins Land greifenden Mündung des Río Eo in den Atlantik. Rund um die Plaza de España stehen alte trutzige Herrenhäuser, das Convento de Santa Clara stammt aus dem 14. Jahrhundert.

⓭ Rías Altas

Wer zwischen Ribadeo und A Coruña die Küstenstraße entlangfährt, erlebt malerische Meeresarme, kleine Fischerorte, uralte Bauernhäuser und noch ältere Kornspeicher. Flaches Küstenland wechselt mit steilen Flanken, immer wieder gibt es weit vorgeschobene Landzungen. Im Hinterland dominieren Pinien- und Eukalyptuswälder.

⓮ A Coruña

Die zweitgrößte Stadt Galiciens war von den Römern zu einer bedeutenden Hafenstadt ausgebaut worden. Auf diese Zeit geht der Torre de Hércules an der Westseite der Halbinsel zurück. Das schon 100 n. Chr. begonnene Bauwerk ist der vermutlich älteste Leuchtturm der Welt. Heute ist er 60 Meter hoch und kann im Sommer bestiegen werden. A Coruñas Altstadt ist aus der alten Pescaderia, der Stadt der Fischer, gewachsen. Neben romanischen und barocken Kirchen sind vor allem zwei Museen sehenswert: Das Archäologisch-Historische Museum zeigt Funde aus keltischer und römischer Zeit sowie mittelalterliche Skulpturen. Das Museum der Schönen Künste an der Plaza de Zalaeta präsentiert zahlreiche Werke von Meistern wie Peter Paul Rubens oder Pablo Picasso.

⓯ Cabo Finisterre

»Finis terrae«, das Ende der Welt, ragt als Halbinsel über die Costa da Morte hinaus. An der »Todesküste« scheiterten bis in unsere Tage hinein unzählige Schiffe an den Atlantikströmungen und den gefährlichen Klippen. Der westlichste Punkt Festlandsspaniens ist das Cabo Touriñán etwas weiter im Norden. Beide sind schaurigschöne Orte, und beide waren schon für die Kelten wichtige Kultstätten. Wer am Cabo Finisterre steht und auf die Weiten des Atlantiks blickt, kann sicherlich nachvollziehen, warum man annahm, dass sich hier das Ende der Welt befand.

⓰ Carnota

Am sieben Kilometer langen Sandstrand finden Surfer ihr Paradies. In dem Dörfchen selbst befindet sich der längste (über 30 Meter) und wahrscheinlich auch schönste Getreidespeicher ganz Galiciens. Gebaut wurde der sogenannte Hórreo Ende des 18. Jahrhunderts aus Granit. Damit Mäuse oder anderes Getier sich nicht am Inhalt zu schaffen machen, steht er auf einer Doppelreihe von Pfeilern, die mit Kragsteinen gesichert sind.

Carvoeiro mit seinem goldenen Strand zählt zu den beliebtesten Urlaubsorten an der Algarve.

Route 9 | Über Fels und Sand an der Algarve

Für ihre landschaftliche Vielfalt aus schroffen Sandsteinklippen, sonnigen Sandstränden und Inselwelten berühmt ist die südlichste der historischen Provinzen Portugals. Dazwischen haben sich einige Orte trotz steigendem Tourismus ihr entspanntes Flair bewahrt.

Gestartet wird in Sagres an der Westspitze der Algarve, wo einst Heinrich der Seefahrer die portugiesischen Entdeckungsfahrten des 15. Jahrhunderts plante. Heute tummeln sich hier Surfer, ebenso wie im einstigen Fischerdorf Burgau. Sehr reizvoll präsentiert sich die Klippenlandschaft der Felsalgarve bei der Hafenstadt Lagos. An der zerfurchten Ponta da Piedade bläst einem der Wind um die Nase. Die riesige Lagune von Alvor ist ein Paradies für Wasservögel, der Ort selbst lockt mit Fischrestaurants. Portimão ist das Zentrum der Sardinenfischerei. Fischerflair lässt sich auch im Dörfchen Ferragudo schnuppern. Carvoeiro, über Nebenstraßen erreicht, hat seit Jahrzehnten Bedeutung für den Algarve-Tourismus. Hier schuf die Brandung beachtliche Felstürme und -bögen. Danach lohnt ein Abstecher zu einem der schönsten Strände Portugals, der Praia de Benagil, bevor man in Armação de Pêra am Naturstrand Praia Grande erneut Badefreuden genießt. Nach Albufeira, der »weißen Stadt«, kann man die relativ strandnahe M 526 wählen. Die bedeutende Touristendestination trägt nicht von ungefähr den Beinamen »Saint-Tropez der Algarve«. Der östliche Teil der portugiesischen Südküste wird Sandalgarve genannt und in Vilamoura erreicht. Gleich nebenan liegt Quarteira mit seiner Hochhauskulisse hinter dem wunderbaren Familienstrand. In Faro, Hauptstadt der Algarve, lohnt ein Bummel durch die nette Altstadt. Beschaulicher sind die von der Fischerei geprägten Orte Olhão und Fuseta. Hier wie dort starten Fährboote zu vorgelagerten Sandinseln. Kanäle, Brücken und 37 Kirchtürme charakterisieren das charmante Tavira. Ganz dem Tourismus verschrieben hat sich der Hotel- und Strandort Monte Gordo. Vila Real de Santo António nebendran, die Grenzstadt zu Spanien, zieht vor allem Shopping-Ausflügler aus dem Nachbarland an.

In der Umgebung von Portimão sind mehrere wunderschöne Strände zu finden.

Weitläufig zeigt sich die Praia do Tonel bei Sagres.

aber nicht nur bei Wellenreitern beliebt, auch große Meeressäuger wie Buckelwale und Delfine zeigen sich hier gerne.

❷ Burgau

Das arme Fischerdorf hat sich in einen malerischen Ort verwandelt. Die weiß getünchten Häuser stapeln sich am Hang über dem feinsandigen hellen Strand. Große Hotelanlagen fehlen, weshalb auch keine Menschenmassen den Strand bevölkern. Zahlreiche Surfer fühlen sich hier wohl. Und wegen der windabschirmenden Felsen ist der Strand auch bei stärkeren Nordwestwinden gut zum Baden geeignet. Burgau geht auf eine Thunfischfangstation aus dem 16. Jahrhundert zurück, die alte, bis ins Meer reichende Rampe benutzen die wenigen verbliebenen Fischer heute noch.

❸ Lagos

Das heute eher kleinstädtisch wirkende Lagos war in der Zeit der portugiesischen Entdeckungsfahrten einer der wichtigsten Häfen des Landes. Hier wurden die ersten Karavellen gebaut, mit denen Gil Eanes 1434 die Erstumsegelung Westafrikas gelang. Die Delegação da Alfândega an der Praça do Infante, unter deren Arkaden wenige Jahre später die ersten Sklaven aus

❶ Sagres

In Sagres wird sinnlich spürbar, welcher Mut die portugiesischen Entdeckungsreisenden angetrieben haben muss. Der Ort auf der windumtosten Landzunge wirkt wie das Ende der Welt, und dass dahinter kein Abgrund Schiffe und Seeleute verschlingt, sondern neue Inseln und Küsten auftauchen, das mussten Entdecker wie Gil Eanes erst »erfahren«. Heinrich der Seefahrer soll in Sagres im 15. und 16. Jahrhundert eine Akademie unterhalten haben, an der Seekarten und Reiseberichte ausgewertet, nautische Instrumente entwickelt und die Erkenntnisse der Kapitäne, die sich immer weiter ins Ungewisse vorwagten, gebündelt wurden. Das Cabo de São Vicente soll der Sitz dieser Akademie gewesen sein. Heute gilt Sagres wegen seiner starken Winde und hohen Wellen als ein Mekka für Surfer, z. B. an der Praia do Tonel. Der windgeschützte Stadtstrand von Sagres ist hingegen ideales Tauchrevier. Die Gewässer sind

dem Senegal versteigert wurden, existiert noch heute. Mittlerweile ist die hübsche, verwinkelte Altstadt fest in touristischer Hand, denn die Strände rund um Lagos zählen zu den schönsten der Algarve. Eine wahre Orgie barocker Goldschnitzkunst birgt die Igreja de Santo António.

❹ Alvor

Wie alle Küstenorte ist Alvor von der Fischerei geprägt. Das Fischerviertel befindet sich aber nicht am Meer, sondern an der Flussmündung Ria de Alvor, die sich zum Meer hin zu einer breiten Lagune erweitert. Die Kleinstadt mit rund 6500 Einwohnern ist landesweit bekannt für ihre Fischrestaurants. Das Erscheinungsbild ist vielseitig. Enge Pflastergassen beherbergen bunte Souvenirshops. Die Pfarrkirche Igreja Matriz und einige Stadtpaläste wirken mondän. Am Meer ragen Apartmenttürme und Hotelanlagen in den Himmel. Den herrlichen Strand genießen vor allem in den Ferien viele Urlauber. Spaziergänger finden weiter im Westen einsamere Stellen an der Praia de Alvor.

❺ Portimão

Die Zeiten, in denen die Fischer Portimãos zum Sardinenfang aufbrachen und ihn dann an die Konservenfabri-

Die Praia Dona Ana ist der berühmteste Strand von Lagos.

ken am Hafen verkauften, sind lange vorbei. Heute prägt der Badetourismus die hübsch am Rio Arade gelegene Stadt mit ihrer palmenbestandenen Uferpromenade und den von Boutiquen gesäumten Einkaufsstraßen. Die Strände sind von Hotels gesäumt; in der Umgebung empfangen mehrere luxuriöse Golfresorts zahlungskräftige Gäste. Nur am alten Hafen hat sich Portimão noch etwas von seinem einstigen Charme bewahrt. Dort trifft man auf das moderne Mu-

seu de Portimão in einer ehemaligen Fischkonservenfabrik. Es informiert sehr anschaulich über alles Aspekte der Fischerei, vom Fang über die Fischverarbeitung bis zum Verkauf.

❻ Ferragudo

Alte, weiß getünchte Fischerhäuser und ein berühmter Strand: In Ferragudo, der kleinen Hafenstadt gegenüber von Portimão, am Westufer des Rio Arade gelegen, scheint die Zeit stillzustehen. Wie Bauklötzchen sta-

Cabo de São Vicente

Der südwestlichste Punkt des europäischen
Festlands mit seinen steilen und bis zu
70 Meter hohen Felswänden, die der Wind
zu wundersamen Skulpturen geformt hat,
bewegte bereits jungsteinzeitliche Jäger
und Sammler zu religiösen Steinsetzungen.
Heute steht hier einer der lichtstärksten
Leuchttürme an den Küsten Europas:
37 Seemeilen weit (rund 68 Kilometer) ist
sein Feuer noch zu sehen.

Dank der hohen Felsen sind die Strände kaum verbaut, wie auch hier an der Praia de Marinha bei Carvoeiro.

peln sich die Häuser der Altstadt den Hügel oberhalb des Rio Arade bergauf bis zur malerischen Kirche, von der aus sich eine grandiose Fernsicht über den Fluss hinüber bis auf die moderne Skyline von Portimão eröffnet. Bereits Phönizier und Römer schätzten den geschützten Hafen von Ferragudo; im 19. und 20. Jahrhundert ernährten Fischfang und Konservenindustrie die Bewohner. Einige Fischer versuchen nach wie vor jeden Tag ihr Glück und verkaufen den Fang an die Restaurants. Neben anderen Stränden besitzt Ferragudo mit der Praia Grande einen durch einen Wellenbrecher geschützten Strand, der den Gezeiten und Strömungen kaum ausgesetzt ist.

❼ Carvoeiro

Carvoeiro, einer der vielen ehemaligen Fischerorte im Barlavento, der Felsalgarve zwischen Faro und Cabo de São Vicente, ist dank seiner geschützten Sandbucht ein beliebtes Ferienziel für Familien. Dekorativ klettern die weiß getünchten Häuschen beidseits der Bucht an den Küstenfelsen empor. Der Ort konnte sich lange Zeit seine charmante Atmosphäre bewahren, inzwischen hat aber auch hier der Hotelbauboom eingesetzt – zahlreiche Villen, Hotels und Apartmentanlagen kommen jährlich neu an der Küste hinzu. Einst hatten reiche Weinbauern in den 1930er-Jahren den Küstenort an der idyllischen Bucht für

sich entdeckt, später zogen zahlreiche deutsche Auswanderer hierhin.

❽ Armação de Pêra

Der im 16. Jahrhundert erstmals erwähnte Fischerort hat sich im Tourismusboom der 1960er-Jahre zu einer von Ferienapartments und Hochhäusern verunzierten Siedlung entwickelt, an deren Geschichte einzig die kleine Festung Fortaleza de Armação de Pêra aus dem Jahr 1571 sowie eine Wallfahrtskapelle aus dem 18. Jahrhundert erinnern. Seinen Namen verdankt der Ort der Reuse, »armação«, mit der die Fischer früher Thunfische fingen. Wie überall an der Felsalgarve prägen auch hier kleine, von steilen

In Albufeira reihen sich Geschäfte und Lokale dicht an dicht aneinander.

Abendliches Flair an der Marina von Vilamoura.

Felsen eingerahmte Sandbuchten die Küste, doch besitzt Armação de Pêra im Osten auch einen kilometerlangen, sanft abfallenden Strand.

⑨ Albufeira

Als »Saint-Tropez der Algarve« wurde das sich wie ein Amphitheater über den Strand Praia dos Pescadores erhebende Fischerdorf einst gepriesen, und wie Saint-Tropez entwickelte sich auch Albufeira vom Geheimtipp zum Massenziel. Das ging an dem Ort nicht spurlos vorüber: Restaurants, Edelboutiquen und Diskotheken haben die traditionellen Läden in den engen Gassen verdrängt, nur wenige der typischen weiß gekalkten Häuschen mit ihren schmiedeeisernen Balkongittern blieben erhalten, und viele Buchten rund um den historischen Stadtkern wurden mit Hotelanlagen zugepflastert. Einsame Plätzchen findet man hier glücklicherweise nach wie vor: An der zerklüfteten Felsküste westlich des Ortes locken idyllische Buchten, die allerdings nur vom Meer aus erreichbar sind.

⑩ Vilamoura

Portugals größte Marina, sechs hochklassige Golfplätze, kilometerlange Traumstrände und Luxushotels der Vier- und Fünf-Sterne-Kategorie – das ist Vilamoura. Die Feriensiedlung entstand in den 1980er-Jahren auf dem Reißbrett und zählt zu den größten und exklusivsten Urlaubsresorts in Europa. Eine Vielzahl an Edelrestaurants, Bars, Diskotheken, teuren Boutiquen und ein Casino sorgen rund um die Uhr für die Unterhaltung der gut betuchten Feriengäste. Fußballfans tummeln sich gerne im Café »Sete«, das dem portugiesischen Fußball-Altstar Luís Figo gehört, der hier gerne vorbeischaut. Historisches verbirgt sich in einer kleinen römischen Ausgrabungsstätte, die neben einem Haus mit Badeanlagen eine Fabrik für Garum zutage förderte, eine beliebte römische Würzsoße für salzige Speisen, etwa vergleichbar mit der heutigen Sojasoße.

Unter dem Felsendach: Praia de Benagil

Nicht weit von Carvoeiro entfernt verbirgt sich die Praia de Benagil, einer der schönsten Strände der Algarve, in einer vom Meer ausgewaschenen Höhle. Nur schwimmend oder per Boot erreicht man bei Ebbe den als »Kathedrale« bekannten, vom Meer ausgespülten Hohlraum, in den wie durch ein Oberlicht Sonnenstrahlen in das von Natur geschaffene Bauwerk fallen. Die Höhle, die auch ein beliebtes Portkartenmotiv ist, ist eine »der« Attraktionen an diesem Küstenabschnitt. Algares nennen die Küstenbewohner die Felsengrotten entlang der Küste, die durch Spalten oder, wie die Höhle von Benagil, Löcher in der Decke ausgeleuchtet werden. Je nach Licht- und Sonneneinfall entstehen auf diese Weise fantastische Farbspiele. Erwandert werden kann der Küstenabschnitt auf einem zweistündigen Küstenwanderpfad zwischen Benagil und der Praia Marinha.

Zwischen Faro und Olhão erstreckt sich der Naturschutzpark Ria Formosa.

⓫ Quarteira

Die Skyline will nicht so recht in die Landschaft passen: Die Hochhäuser mit den Ferienwohnungen darin erinnern eher an eine Großstadt und nicht an ein Fischerdorf, das Quarteira früher einmal war. Grund dafür ist der herrliche und familienfreundliche Strand, der die Tourismusinvestoren anzog. Etwa 15 000 Gästebetten sind in der Gemeinde registriert, davon die meisten in großen Hotels und Apartmentanlagen. Insbesondere bei portugiesischen Familien ist Quarteira sehr beliebt. Am Westende des Strandes rund um den Fischmarkt zeigt sich Quarteira beinahe wieder ursprünglich; die Uferstraße ist gepflegt und be-

grünt, und in der zweiten und dritten Reihe hinter der Strandlinie warten Fischrestaurants auf Gäste.

⓬ Quinta do Lago

Der Ferienort ist exklusiv, in jeder Hinsicht. Locker verteilen sich luxuriöse Villen und Urlauberanlagen in einer sanft-welligen Hügellandschaft, in die sich auch Golfplätze schmiegen. Vorgelagert ist ein zehn Kilometer langer feiner Sandstrand, der sich von Quarteira bis Faro erstreckt und an dem es noch zahlreiche einsame Ecken gibt. Im zentralen Bereich führt am Ende der Avenida André Jordan eine Fußgängerbrücke über einen breiten Wattstreifen zum Strand.

⓭ Faro

Faro, im Jahr 713 von den Mauren erobert, fungierte vor Silves als Hauptort der Algarve, musste den Titel dann aber abgeben und erhielt ihn erst nach der Reconquista zurück. Die von einer Stadtmauer komplett umschlossene Altstadt mit der Kathedrale in ihrer Mitte hat orientalisches Flair. Nicht nur Einheimische und Touristen schätzen die lauschigen Plätze und schmalen Gassen der Vila Adentro genannten Altstadt, auch die Störche kehren jedes Jahr hierher zurück und bauen ihre Nester zwischen den Zinnen des Gotteshauses oder einfach auf Lichtmasten. Die Hotelzone westlich von Faro wird wegen der Luxusherbergen, der Golfplätze und Gourmet-restaurants »Goldenes Dreieck« genannt. Um einiges stiller ist es im südöstlich vorgelagerten Marschgebiet der Ria Formosa, einem bedeutenden und bei Ornithologen beliebten Vogelschutzgebiet.

⑭ Olhão

Afrikanisches Flair bescheinigen die meisten Besucher der lebhaften Stadt an der Lagune Ria Formosa. Tatsächlich erinnern die kubischen Häuser des Fischerviertels mit ihren Flachdächern, auf denen Netze zum Trocknen ausgelegt sind, an Hafenstädtchen in Nordafrika. Olhão blieb bislang vom Tourismus weitgehend unberührt. Die

Die Villa Belmarco in der Altstadt von Faro.

Fischerboote im Hafen von Fuseta.

Menschen leben nach wie vor von der Landwirtschaft und der Fischerei. Die beiden großen, von vier Rundtürmen gekrönten Markthallen bilden eine Landmarke im Straßenbild und quellen über vor frischen Produkten. Am Samstag, wenn rund um den »mercado« Wochenmarkt gehalten wird, ist die Szenerie besonders quirlig. Olhão wirkt aber nicht nur afrikanisch; die Altstadt schmückt sich auch mit verspielten Jugendstilfassaden. Zum Baden fährt man per Boot zu den Stränden an der Ilha da Armona.

⑮ Fuseta
Bacalhau, also Stockfisch, das portugiesische Nationalgericht, soll in die-

sem Ort seine Wurzeln haben. Die Fischer, die sich an der Mündung der Ribeira Tronco niedergelassen haben, segelten wegen magerer Fischbestände schon um das Jahr 1500 weit nach Norden über den Atlantik und fischten dort Kabeljau. Um ihn haltbar zu machen, wurde er gesalzen und an Stöcken zum Trocknen aufgehängt. Die Fische, die heute auf den Dächern von Fuseta zum Trocknen liegen, stammen aber aus heimischen Gewässern. Zentraler Platz am Fischereihafen ist der Largo 1° de Maio, hier spielt sich das Leben ab, hier gibt es frischen Fisch direkt vom Grill. Direkt am Platz befindet sich auch der Anleger der Ausflugsfähre zur Ilha da Ar-

mona, wo man wunderbar baden und frischen Fisch essen kann.

⑯ Tavira
Die etwa drei Kilometer landeinwärts in idyllischer Lage am Rio Gilão gelegene Stadt hat eine ganz besondere, angenehm entspannt wirkende Atmosphäre. In den von niedrigen Häusern gesäumten Straßen scheint die Zeit stillzustehen. Charakteristisch sind die aus Ziegeln gefertigten Walmdächer und die vielen fantasievoll ummantelten Kamine, von denen der Volksmund sagt, dass es sich dabei um – vor den Christen verborgene – Minarette handelt. Auch Tavira wurde zunächst römisch geprägt und war

Tavira mit seinen schmucken Häusern und den vielen Cafés und Restaurants liegt zauberhaft am Gilão-Fluss.

zwischen dem 8. und dem 13. Jahrhundert den Mauren untertan, an die die Überreste einer Burg erinnern. Am Flusshafen laufen Kutter zum Fischfang vor dem Haff aus; Fischerei und Salzgewinnung sind seit Jahrhunderten die wirtschaftlichen Standbeine. Hotels und Strände des heute recht beliebten Badeortes findet man auf der der Gilão-Mündung vorgelagerten Ilha de Tavira.

Monte Gordo

In Monte Gordo begann mit dem Hotel Vasco da Gama in den 1960er-Jahren der Tourismus im großen Stil an der Algarve, inzwischen sind viele andere moderne Unterkünfte dazugekommen. Großes Kapital der reinen Feriensiedlung sind der lange feine Sandstrand und ein Kiefernwald in der Umgebung. Der Strand ist so weitläufig, dass für alle Urlauber das Passende dabei ist: Trubel oder einsame Ecken, Sport oder Müßiggang, Party oder Ruhe. Umtriebig ist es in der zentralen Strandzone um das Spielcasino. Mit zunehmender Entfernung zum Zentrum wird es deutlich ruhiger. Der Wald lädt zu Spaziergängen oder Radtouren ein.

Vila Real de Santo António

Der Marquês de Pombal, der nach dem Erdbeben von 1755 die Baixa von Lissabon erbauen ließ, zeichnete auch für den schachbrettartigen Grundriss und die einheitliche Architektur von Vila Real de San António verantwortlich. Anders als in Lissabon hatte nicht ein Erdbeben, sondern eine Flutkatastrophe den bestehenden Ort Santo António am rechten Ufer des Rio Guadiana zerstört. 1774 ließ Pombal die Siedlung neu erbauen. Mit der »königlichen Stadt« Vila Real wollte Pombal vor allem gegenüber den verfeindeten Spaniern an anderen Flussufer Flagge zeigen. Die Feinde von einst kommen heute als finanzkräftige Besucher zum Shoppen in die zahllosen Läden rund um die Praça do Marquês de Pombal mit ihrem Sternmosaik.

Sonne satt – Rund ums europäische Mittelmeer

»Wer, der jemals die Ufer dieses klassischen Meeres besuchte, hat beim ersten Anblick seines Wassers nicht eine ehrfürchtige Verzückung, ja nahezu eine Ergebenheit verspürt und eine unwillkürliche Dankbarkeit an diesen geheiligten Wellen zu stehen?« Was den britischen Naturforscher Edward Forbes im 19. Jahrhundert bewegte, verspürt ein jeder, der es besucht: Dem Mittelmeer wohnt ein ganz besonderer Zauber inne. Ausgewählte Küstenrouten in Spanien, Frankreich, Italien, Kroatien und Griechenland fangen diesen Zauber ein. Bild: Die beliebte Promenade von La Malagueta, einem Viertel im Zentrum von Málaga.

Die Temperaturen an der Costa del Sol sind ideal für das Wachstum von Agaven.

Route 10 | Die Sonne scheint schon im Namen: Costa del Sol

Für viele gehören zu einem gelungenen Urlaub am Meer auch eine gute Infrastruktur, ursprüngliche Dörfer, feine Restaurants und schickes Nachtleben. All das bietet die Costa del Sol.

Málaga ist eine der ältesten Städte Spaniens, wo immer noch vorwiegend das einheimische Leben stattfindet. Die meisten Urlauber zieht es eher an die Strände bis Gibraltar hinunter. Die Tour startet in der Metropole Málaga, die wegen des großen Flughafens das Tor zur Costa del Sol ist. Wer direkt mit dem Auto anreist, hat hier schon weite Strecken auf spanischen Straßen hinter sich. Der Tourismusbetrieb der Costa del Sol beginnt in Torremolinos. Auch wenn einst zunächst Hippies kamen, steht Torremolinos heute für Massentourismus pur. Die einen schreckt es ab, für andere ist es ein Urlaubsparadies.

Zügig können die Distanzen entlang der Küste auf der Autobahn AP-7 zurückgelegt werden, langsamer auf der direkt in Küstennähe verlaufenden, ebenfalls vierspurigen A-7. Schmale, kurvenreiche Landstraßen führen zu den schmucken Orten im Hinterland, etwa zum Vorzeigedorf Mijas mit sei-

nen blumengeschmückten, kubischen Häusern und engen Gassen oder ins malerische Casares, wo sich erstaunlich wenige Touristen einfinden. Marbella hat den Ruf eines exklusiven Ferienortes für die Prominenz, vermutlich weil Prinz Alfons von Hohenlohe 1953 hier den legendären Marbella-Club gründete. Auch wenn sich Adel und Geldadel inzwischen in der ganzen Welt verteilen, verströmt die Stadt immer noch ein mondänes Ambiente. Weiter entlang der Küste wechseln sich große und kleine Feriensiedlungen ab, bis in Estepona wieder Leben abseits des Tourismus stattfindet, auch wenn dieser das ursprüngliche Profil der Stadt gewandelt hat.

Die Route endet in Gibraltar. Strategisch günstig liegt der Felsen auf einer Halbinsel zwischen Atlantik und Mittelmeer, bis heute dient er den Briten als Marine- und Luftwaffenstützpunkt.

INFO *

ROUTE 10
Routenlänge:
ca. 170 Kilometer
Zeitbedarf:
ca. 1 Woche
Start/Ziel:
Málaga – Gibraltar
Routenverlauf:
Málaga, Torremolinos, Benalmádena, Fuengirola, La Cala de Mijas, Marbella, Nueva Andalucía, San Pedro de Alcántara, Estepona, Manilva, Pueblo Nuevo, San Roque, Campamento, La Línea de la Concepción, Gibraltar

Zahlreiche Blumentöpfe an den Fassaden zieren das malerische »weiße Dorf« Mijas im Hinterland der Costa del Sol.

Blick vom Gibralfaro über Málaga; rechts die Alcazaba, ein historisches Zeugnis arabischer Baukunst.

❶ Málaga

Málaga ist mit über einer halben Million Einwohnern zweitgrößte Stadt Andalusiens und ein wichtiger Wirtschaftsstandort. Und – der Hafen ist nach Barcelona der zweitbedeutendste entlang der spanischen Mittelmeerküste. Über ihn wird der Handel mit den landwirtschaftlichen Produkten der Vega, vor allem Wein und Rosinen, abgewickelt. An Sehenswürdigkeiten gibt es in Málaga so manches. Ein Aufstieg zum Gibralfaro, der maurischen Zitadelle mit Leuchtturm, lohnt auf jeden Fall, denn von dort aus bietet sich ein schöner Ausblick auf die sich halbkreisförmig ausbreitende Stadt. Von der Pracht der Alcazaba, die einst immerhin im gleichen Atem-

zug mit der Alhambra genannt wurde, ist heute leider so gut wie nichts mehr übrig geblieben. Die Kathedrale der Stadt blieb unvollendet: Der Turm-Torso »La Manquíta« (die Fehlende) spricht für sich.

❷ Torremolinos

Der Name steht stellvertretend für den Massentourismus an der Costa del Sol. Große Ferienhotels und Apartmenthäuser prägen das Bild der Stadt. Dabei waren es in den 1960er-Jahren Hippies, die den sieben Kilometer langen Traumstrand entdeckten. An diesem lagen damals nur die winzigen Fischersiedlungen La Carihuela und El Bajondillo, die heute als beinahe noch authentische Dorfkerne mit engen

Gassen und guten Fischrestaurants zwischen den vielen Neubauten die Stellung halten. Zu den rund 68 000 ständigen Einwohnern kommen in Ferienzeiten noch einmal so viele Urlauber hinzu. Sie treffen eine perfekte Infrastruktur mit zahlreichen Vergnügungs- und Aktivitätsangeboten an. Ruhe und Beschaulichkeit findet man vor allem im etwas abseits gelegenen Jardín Botánico, einer idyllischen Anlage mit Museumsmühle, Palmengarten, Teichen und Labyrinth.

❸ Benalmádena

Die Feriensiedlung Benalmádena Costa erstreckt sich an einer neun Kilometer langen Küste mit Sandbuchten und Felsklippen. Abendlicher Treff-

Ein Highlight von Málagas Altstadt ist die Kathedrale.

Idyllisch spazieren kann man auf Holzstegen am Strand von La Cala de Mijas.

punkt ist der Jachthafen mit Bars und Diskotheken. Zu den Höhepunkten eines Besuchs im Riesenaquarium Sea Life zählen Haifütterungen und das Erlebnis, Einsiedlerkrabben und Seesterne anfassen zu dürfen. Im Märchenschloss Castillo de Colomares erzählen Steinmetzarbeiten fantasievoll die Entdeckung Amerikas, eine am Eingang erhältliche Beschreibung hilft bei der Enträtselung. Etwas oberhalb liegt am Fuß der Berge der alte Ortskern Benalmádena Pueblo. Vom Parkplatz in der Avenida del Chorillo fährt ein Panoramaaufzug hinauf zur Iglesia de Santo Domingo de Guzmán, die vorgeschoben auf einem Felssporn mit Terrassenpark steht. Von dort lässt sich das Dorf mit seinen engen Gassen zu Fuß am besten erkunden. Schmiedeeiserne Gitter und viele Blumen schmücken die weißen Häuser. Das Herz von Benalmádena Pueblo schlägt auf der kleinen Plaza de España, wo sich Parkbänke und die Tische von mehreren Cafés um einen Springbrunnen reihen.

❹ Fuengirola

Die Stadt Fuengirola liegt zwischen Marbella und Málaga, hier reiht sich Hotel an Hotel, eines größer und spektakulärer als das andere, und alle wollen für die Gäste nur das Beste: einen abwechslungsreichen Badeurlaub mit jeder Menge Zusatzannehmlichkeiten. Es gibt kilometerlange Strände, Fiestas, Restaurants, Souvenirgeschäfte, Bars, Nachtclubs und Diskotheken. Dabei ließe sich in der historisch gewachsenen Stadt einiges entdecken. Zum Beispiel die rekonstruierte Ruine des römischen Tempels am Paseo Marítimo. Denn die Geschichte Fuengirolas geht auf die Siedlung »Suel« aus der Römerzeit zurück, welche die Mauren später »Sujayl« nannten und dort eine stattliche Burg errichteten. Sehenswert ist auch das aus dem 10. Jahrhundert stammende Castillo de Sohail, das oberhalb der Stadt auf einer Anhöhe thront.

❺ La Cala de Mijas

Zwischen Fuengirola und Marbella liegt diese aus dem winzigen Fischerdorf Cala del Moral hervorgegangene Feriensiedlung. Dessen Flair ist noch in den zentralen Straßenzügen hinter der Torre de la Batería zu erahnen. Dieser wuchtige Festungsturm aus dem 16. Jahrhundert zeugt von der bewegten Vergangenheit der Costa del Sol. Nach der endgültigen Vertreibung der Mauren aus Andalusien kam es bis ins 19. Jahrhundert hinein immer wieder zu Raubzügen durch Barbaresken-Korsaren, die vom Maghreb aus agierten. Um die benachbarten Städte durch Leuchtfeuer zu warnen, sobald Schiffe der Angreifer in Sicht kamen, wurden nach und nach insgesamt vier Verteidigungstürme an der Küste von La Cala de Mijas errichtet. Sie geben heute beliebte Fotomotive für die Spaziergänger ab, die sich auf der Senda Litoral de Mijas, der zwölf Kilometer langen Strandpromenade, auf den Weg machen. Übrigens eignet sich der Strandweg auch zum Joggen, Walken und Radfahren in idealer Weise.

❻ Marbella

Der Mythos Marbella – an ihm wirkten Cary Grant und Grace Kelly ebenso mit wie südamerikanische Diktatoren oder all die Superreichen, die einen sonnigen Platz im Süden suchten. Gut erreichbar, luxuriös und ohne Rummel wie in Monaco oder an der Côte d'Azur sollte er sein. So stieg das einstige Fischerdorf in den 1950er-Jahren durch Alfonso Prinz zu Hohenlohe-Langenburg zum Lieblingsort

Das Castillo de Colomares in Benalmádena wurde anlässlich des 500. Jahrestages der Entdeckung Amerikas erbaut.

Eine breite Treppe führt vorbei an begrünten Parks hinein in die Altstadt von Marbella.

Seit Jahrhunderten wird in Manilva Wein angebaut.

des Jetsets auf. Denn der Prinz gründete das Marbella Beach Club Hotel und bot den Stars Ruhe vor den Paparazzi. Heute sind die Medien permanent vor Ort: In den schicken Strandclubs am Niki Beach oder im Casino. Wer das wahre Marbella erkunden will, lässt den Jachthafen links liegen und begibt sich auf einen Stadtrundgang zum kleinen Gotteshaus Ermita de Santiago – dort herrscht himmlische Stille.

❼ Nueva Andalucía

Der noble Urlaubsort bietet gleich drei Golfplätze in umittelbarer Nachbarschaft zueinander: Golf Aloha, Golf Las Brisas und Golf Los Naranjos. Umgeben sind diese Anlagen von ruhigen Villenvierteln. An den hellen Palmenstränden haben sich feine Beachclubs angesiedelt. Vor allem aber ist Nueva Andalucía für seinen exklusiven Jachthafen Puerto Banús bekannt, der es in der Vergangenheit immer wieder in

die Regenbogenpresse schaffte, wenn sich dort die internationale Prominenz ein Stelldichein gab. Inzwischen ist es etwas ruhiger um Puerto Banús geworden, doch nach wie vor liegen hier Megajachten am Kai, von denen manche sogar mit eigenem Hubschrauberlandeplatz ausgestattet sind. Daneben parken Luxussportwagen der Marken Ferrari und Lamborghini. Dementsprechend teuer kommt die Einkehr in den Restaurants und Bars am Hafen, wo der abendliche Drink schon einmal mit 30 Euro und mehr zu Buche schlagen kann.

❽ San Pedro de Alcántara

Der Ort San Pedro de Alcántara steht ohne Zweifel im Schatten des schicken Nachbarn Marbella. Auch, weil er ein Stück weiter landeinwärts und somit nicht direkt am Strand liegt. Der Vorteil ist jedoch, dass es ruhiger ist. Noch – denn in den vergangenen Jahren sind viele Ferienwohnungen und

Bungalows gebaut worden. Wesentlich länger her ist die Gründung von San Pedro als einstige Landkolonie durch den Marqués del Duero im Jahr 1860. Aus dieser Zeit stammt auch die ehemalige Zuckerfabrik »El Trapiche de Guadaiza«. Wer sich für Geschichte interessiert, besucht die 1915 entdeckten Ruinen der frühchristlichen Basilica Vega del Mar aus dem 4. Jahrhundert. Kurz nachdem sie fertiggestellt worden war, riss eine Flut sie nieder. Der Wiederaufbau begann, doch im Jahr 526 stürzte sie erneut ein und diente fortan als Begräbnisstätte.

❾ Estepona

Estepona ist der westlichste Ferienort in der Provinz Málaga und zählt rund 40 000 Einwohner. Trotz der für Touristenhochburgen an der Costa del Sol auch hier vorhandenen Hochhäuser scheint das Leben etwas beschaulicher abzulaufen. Reist man außerhalb der Feriensaison in die kleine Stadt, trifft

Beschaulich geht es im Zentrum von San Pedro de Alcántara zu.

Unterschiedlichste Boote liegen verstreut in der Marina von Estepona.

man in den Straßen und Geschäften beinahe nur noch auf Einheimische. Den Charme des ursprünglichen Fischerdorfes wird Estepona jedoch nicht mehr zurückerlangen. Zu groß war der Aufstieg der Stadt in den 1960er-Jahren durch den Tourismus. Erhalten geblieben sind ein hübscher Ortskern mit den Resten einer maurischen Festung und mittelalterlicher Wachtürme sowie ein schöner Fischerei- und Jachthafen. Wer früh aufsteht, kann dort morgens bei der Fischauktion zusehen.

⑩ Manilva

Etwas abseits der Küste thront der Weinbauernort auf einer Anhöhe. Trotz der Nähe zu den Touristensiedlungen der Costa del Sol geht es hier noch recht authentisch zu. Die Weinkultur geht auf das Jahr 1515 zurück, als der Graf von Arcos hier die Sorte Moscatel de Alejandría pflanzen ließ, die angeblich älteste Rebe der Welt.

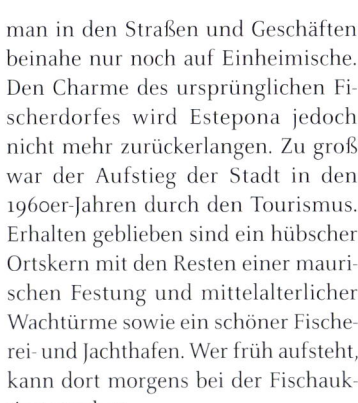

Der Torre de Control überwacht die Einfahrt zum Hafen Puerto Banús.

Denkt man an Gibraltar, fällt einem als Erstes vermutlich der imposante Felsen an der Meerenge ein.

Diese zu bewahren und vor der um sich greifenden Bautätigkeit zu beschützen ist ein Anliegen des Familienunternehmens Nilva, dessen Bodega und Weinberge zu besichtigen sind. Die Triebe liegen flach am Boden, damit sie dem Wind besser standhalten können. Nebenan zeigt ein Besucherzentrum in mehreren Sälen Wissenswertes zum Weinbau, zum traditionellen und modernen Winzerhandwerk sowie zur Weinlese, die in Manilva mit der Fiesta de la Vendimia einhergeht. Auch Verkostungen sind möglich. Manilva vorgelagert befindet sich am Meer der hübsche Jachthafen Puerto de la Duquesa.

⓫ Pueblo Nuevo

Das »Neue Dorf« liegt in einiger Entfernung von der Küste in einem Dreieck zwischen Río Guadiaro, dem Golfplatz La Cañada und der Autobahn A-7. Einen historischen Kern gibt es nicht, im Gegensatz zum nördlich angrenzenden Ortsteil Guadiaro, der in Teilen ursprünglicher wirkt. Pueblo Nuevo entstand erst in den 1960er-Jahren, Keimzelle war eine von der Spar-

kasse Jerez errichtete Wohnsiedlung. Hier wie dort arbeiten viele Bewohner in den nahe gelegenen Ferienanlagen und führen in ihrer Freizeit ein ganz normales Leben abseits des Tourismus. Weitere sind Einzelhändler oder Dienstleister. Denn in Pueblo Nuevo und Guadiaro kaufen viele Bewohner der umliegenden Villen- und Bungalowsiedlungen ein, bei denen es sich vielfach um zugezogene Briten und andere Nord- und Mitteleuropäer handelt. Sie finden hier Supermärkte, Sportgeschäfte, Restaurants, Friseure und viele weitere Annehmlichkeiten.

⓬ San Roque

Verglichen mit vielen geschichtsträchtigen Städten in Andalusien ist San Roque relativ jung. Es wurde erst 1706 von Spaniern gegründet, die Gibraltar verlassen hatten, zwei Jahre nachdem dieses unter englische Herrschaft gekommen war. Heute leben hier rund 30 000 Menschen, denen die verkehrsgünstige Lage zwischen mehreren Häfen und Flughäfen zugekommen ist. Das Museo Municipal (Stadtmuseum) präsentiert archäologische Funde aus

der römischen Hafenstadt Carteia, die auf dem Stadtgebiet von San Roque bei Guadarranque liegt. Als erster Ort außerhalb Italiens wurde diese im Jahr 171 v. Chr. zur Colonia (Kolonie) erklärt. Legionäre und ihre einheimischen Frauen hatten sich hier niedergelassen. Man lebte von der Produktion der berühmten Fischsoße Garum sowie von der Gewinnung von Farbstoff aus Purpurschnecken. Auch die Ausgrabungsstätte selbst ist zu besichtigen, zu sehen sind zum Beispiel Reste eines römischen Theaters.

⓭ Campamento

Im geräumigen Hafen von Campamento befinden sich eine Erdölraffinerie und eine große Reparaturwerft für Fracht- und Kreuzfahrtschiffe. Dazwischen schmiegt sich vor dem eigentlichen Ort ein gepflegter, aber wegen der Nähe zu den Industrieanlagen völlig untouristischer Badestrand, den fast ausschließlich Einheimische frequentieren. Im Schutz zweier Molen liegen dort ein paar Sportboote. Bars und Restaurants reihen sich in der Calle Real. Bemerkenswert ist Campa-

mento aber vor allem wegen der Finca de Los Russo, eines im 19. und 20. Jahrhundert angelegten Parks. Der Gartenteil »Palmeral« mit Dutzenden von Palmen wurde 2013 der Öffentlichkeit zugänglich gemacht, mit Kinderspielplatz und breiten Treppen zur Strandpromenade. Nun wurde mit der Restaurierung des »Parque La Rosaleda« begonnen, in dem sich unter Baumriesen zwei in die Jahre gekommene Kolonialstilhäuser verstecken. Das größere der beiden soll in ein Ausstellungszentrum verwandelt werden.

⑭ La Línea de la Concepción

Die fast 65 000 Einwohner zählende Grenzstadt zur britischen Exklave Gibraltar bietet in klassischer Hinsicht für Touristen eher wenig. Dabei wurde die Avenida Príncipe de Asturias mit der kleineren, im Schutz des Jachthafens an der Bucht von Algeciras gelegenen Playa de Poniente mit einer breiten Promenade, einem Radweg und Palmen neu gestaltet. An der Mittelmeerseite erstreckt sich ein kilometerlanger, selten überlaufener Sandstrand mit »chiringuitos« (Strandbars) und unverstelltem Blick auf den Felsen von Gibraltar. Die Geschichte von La Línea begann im ersten Drittel des 18. Jahrhunderts als Grenzfeste zur britischen Kronkolonie. Erst 1913 wurde es vom damaligen König zur eigenständigen Stadt erhoben. Ein rasterförmiger Grundriss, Hochhäuser, aber auch authentisches Leben prägen das Bild. Viele Einwohner machen sich Tag für Tag zur Arbeit nach Gibraltar auf den Weg.

⑮ Gibraltar

Wenn die antiken Seefahrer diesen Berg sichteten, glaubten sie, das Ende der Welt erreicht zu haben: den Felsen von Gibraltar. Ihn umwitterte eine Aura des Geheimnisvollen. Der Sage nach soll Herkules, Sohn des Zeus, zwei Säulen am Rand des Erdkreises aufgestellt haben: an der Südspitze Spaniens den Felsen von Gibraltar und schräg gegenüber auf der afrikanischen Seite den Berg Musa. Der weitere Verlauf der Geschichte ist keine Legende. Die Engländer bekamen den exotischen Zipfel am Mittelmeer zugesprochen, der als Marine- und Militärstützpunkt von strategischer Bedeutung war. Die Amtssprache ist bis heute Englisch. Recht überschaubar ist die eigentliche Stadt Gibraltar, für deren Besichtigung ein Tag genügt. Von La Línea de la Concepción gelangt man über die Grenze bequem dorthin, wobei die wenig genutzte Landebahn des Flughafens zu queren ist. In der North Town häufen sich Restaurants und Pubs rund um den Grand Casemates Square. Von dort führt die Main Street, die Shoppingmeile Gibraltars, Richtung Süden. Von jeher leben im Naturreservat Upper Rock die berühmten Berberaffen von Gibraltar. Der ehemalige britische Premierminister Winston Churchill selbst soll sie unter Schutz gestellt haben, damit ihre Anzahl nie geringer als 24 wäre. Die schönsten Ausblicke gibt es vom Gipfel des Felsens, auf den man mit der Seilbahn hochfahren kann. Bei der Seilbahn-Talstation beginnt das Villenviertel South Town mit den oasenhaften Gibraltar Botanical Gardens. Vom Leuchtturm an der Südspitze, dem Europa Point, schaut man bis nach Afrika.

Über der Altstadt von Peñíscola erhebt sich die ehemalige Papstburg.

Route 11 | Im Zeichen der Orangenblüte: Costa del Azahar

Lange, feinsandige Strände sind das Markenzeichen der spanischen Costa del Azahar. Selbstredend sind sie touristisch gut erschlossen, bieten aber auch noch so manchen naturbelassenen, einsamen Abschnitt. Fischerdörfer und Feriensiedlungen reihen sich aneinander.

Ihren Namen verdankt die Küste den zahlreichen Orangenplantagen, die sich in ihrem Rücken ausdehnen (*azahar* = span. Orangenblüte). In jüngerer Zeit ist vielerorts der Anbau von Kakis hinzugekommen, deren orangefarbene, ballonartige Früchte gegen Jahresende überall wie Weihnachtsbaumkugeln leuchten. Das Landesinnere der Costa del Azahar erweist sich als vergleichsweise dünn besiedelt, streckenweise fast schon menschenleer, und ist von mehreren Bergkämmen durchzogen. Diese werden zwar selten mehr als 1000 Meter hoch, sind dafür aber umso schroffer und felsiger. Die Route führt über die Nationalstraße, die mehr oder weniger nah an der Küste verläuft. Durch eine und weiter südlich gar zwei Autobahnen wird sie vom Fernverkehr entlastet. Abstecher verlaufen auf ebenfalls gut ausgebauten Landstraßen ins Hinterland. Erstes Highlight ist Peñíscola mit seiner Papstburg und einer Altstadt mit engen Gassen auf einem Hügel am Meer. Im Urlaubsort Benicàssim ist das Flair vergangener Zeiten zu erspüren, an der Promenade stehen noch die Sommervillen aus der Pionierzeit des Tourismus. Ein Besuch in Spaniens Szenemetropole Valencia sollte auf keinen Fall fehlen. Highlights dort sind die Altstadt mit ihren gotischen Palästen sowie die Zeugnisse moderner Architektur, für die der Stararchitekt Santiago Calatrava verantwortlich zeichnet. Auch Burgenfans kommen in der Region auf ihre Kosten. Außerdem locken die Coves de Sant Josep mit einer abenteuerlichen unterirdischen Bootsfahrt durch eine faszinierende Tropfsteinlandschaft, führen Radtouren durch Lagunenlandschaften und Wanderungen durch macchienüberwucherte Gebirge.

INFO

ROUTE 11
Routenlänge:
ca. 250 Kilometer
Zeitbedarf:
ca. 10 Tage
Start/Ziel:
Vinaròs – Oliva
Routenverlauf:
Vinaròs, Benicarló, Peñíscola, Alcalà de Xivert, Parc Natural Prat de Cabanes – Torreblanca, Oropesa del Mar, Benicàssim, Castelló de la Plana, Sagunt, Valencia, Cullera, Gandia, Oliva

Blick von der Kirche Virgen de la Ermitana auf Peñíscola und seine Strände.

❶ Vinaròs

Das Ortszentrum steht noch ganz im Zeichen der traditionellen Fischerei. Fangtrawler und ein paar Jachten teilen sich den geräumigen Hafen. Nördlich grenzt ein attraktiver Stadtstrand ans Hafenbecken, hinter dem Einheimische und Touristen auf einer Palmenpromenade flanieren. Oder sie treffen sich auf der parkartig gestalteten, Fußgängern vorbehaltenen Plaça de Sant Antoni. Berühmt sind auch die Fischrestaurants von Vinaròs. Wer selbst kocht, findet in der Markthalle Mercat de Vinaròs eine gewaltige Auswahl an Meeresfrüchten, aber auch Gemüse, Gewürze, Obst und vielerlei mehr. Seinen Namen verdankt der Ort zwei weiteren Produkten der Umgebung: Wein (katalanisch »vi«) und Reis (katalanisch »arròs«). Letzterer kommt aus den Überschwemmungsgebieten des unweit nördlich gelegenen Ebro-Deltas.

❷ Benicarló

Im großzügigen Hafenbecken der 28 000-Einwohner-Stadt ist Platz für Fischerboote und Jachten. Daran schließt die rasterförmig angelegte Innenstadt an, in der die Fußgängerzone Carrer d'Hernán Cortés zum Schlendern und zum Verweilen auf Bänken einlädt. Sie strebt einer mächtigen Markthalle entgegen. Das ganze Jahr über sind hier Artischocken im Angebot, die in der Umgebung angebaut werden und sogar das Stadtwappen zieren. Im etwas landeinwärts gelegenen ältesten Teil der Stadt steht die Pfarrkirche Sant Bartolomé (18. Jahrhundert) mit heller Barockfassade und achteckigem Glockenturm. Eine eigenwillige moderne Fassade mit byzantinischen und maurischen Elementen erhielt die Hafenkapelle Capilla del Cristo del Mar beim Wiederaufbau nach Zerstörungen durch den Spanischen Bürgerkrieg. Sie birgt die hochverehrte Statue des »Meeres-Christus«, die laut einer Legende während der Pestepidemie im 17. Jahrhundert an der Küste von Benicarló angeschwemmt wurde und der Seuche ein Ende bereitet haben soll.

❸ Peñíscola

Die zinnengekrönte Papstburg beherrscht den ins Meer ragenden Hügel, an dessen Hänge sich das Altstadt-

viertel mit seinen würfelförmigen, weißen Häusern schmiegt. Weit und breit sucht diese Szenerie ihresgleichen. Im ausgehenden 13. Jahrhundert wählten Tempelritter die Stelle als strategisch perfekten Standort für eine Festung, die sie über maurischen Ruinen errichteten. Wenige Jahre später gingen nach dem Verbot des Ordens Stadt und Burg in die Hand der Ritter von Montesa über. Diese wiederum quartierten hier den Gegenpapst Benedikt XIII. ein, nachdem dieser Avignon hatte verlassen müssen. Er lebte ab 1415 bis zu seinem Tod 1423 im Exil in Peñíscola. Sein bürgerlicher Name lautete Pedro Martínez de Luna, weshalb er auch »Papa Luna« hieß. Restaurants sowie Andenkenläden säumen die schmalen und schattigen

Im Delta des Ebro wird Reis bester Qualität angebaut.

Oropesa del Mar lockt Sonnenanbeter und Badenixen gleichermaßen an.

Altstadtgassen. Manche sind für die Kleinwagen der Anwohner gerade noch passierbar, andere durch Treppenstufen gegliedert und Fußgängern vorbehalten. Zwei schöne Strände zu beiden Seiten der Halbinsel versprechen Badefreuden.

❹ Alcalà de Xivert

Etwas abseits der Küste erhebt sich auf dem Gebirgszug Serra d'Irta die mittelalterliche Burgruine Xivert. Ihre Außenmauer stammt noch aus maurischer Zeit, später wurde das Gemäuer vom Templerorden erneuert. Die Dimensionen sind mit 8000 Quadratmetern bebauter Fläche beachtlich. Wer Lust hat, kann Serra und Kastell auf dem PR CV 432 erwandern, einem acht Kilometer langen Rundweg, der ab der Landstraße N-340 ausgeschildert ist. Er führt zum Creu del Francés (»Franzosenkreuz«) und weiter durch üppige Macchie, in der es vor allem im Frühjahr zahlreiche Blüten zu bestaunen gibt. Im nahe gelegenen Ort Alcalà de Xivert ist die breite, prunkvolle Fassade der Kirche Sant Joan Baptista einen Blick wert. Sie wurde im valencianischen Stil des Barock und Klassizismus gestaltet. Seitlich flankiert wird sie von einem 68 Meter hohen, sechseckigen Glockenturm (18. Jahrhundert). Dieses Wahrzeichen der Stadt ist weithin sichtbar. Alcalà de Xivert liegt in einem flachen Tal zwischen dem Parc Natural de la Serra d'Irta und der Bergkette Talaies d'Alcalà. In dieser Senke fließt weder Bach noch Fluss. Stattdessen tritt Wasser in natürlichen Teichen zutage, den sogenannten Basses.

❺ Parc Natural Prat de Cabanes – Torreblanca

Zwischen die langen Sandstrände der Costa del Azahar zwängt sich dieser ausgesprochen wilde Küstenabschnitt. Das 860 Hektar große Sumpfgebiet beherbergt eine außergewöhnliche Vielfalt an Wasservögeln und eine spezielle, ans Brackwassermilieu angepasste Pflanzenwelt. Unter den ständig präsenten Vogelarten sind die

bedrohte Rotflügel-Brachschwalbe und die majestätische Wiesenweihe zu erwähnen. Als Überwinterungsgäste kommen zum Beispiel Kormoran und Eisvogel hinzu, und auch der Fischadler lässt sich hin und wieder blicken. Sogar endemische Fischarten leben in den Gewässern, darunter der Valencia-Kärpfling. Drei Wanderwege zwischen 2,5 und 6,5 Kilometer Länge ziehen sich durch das faszinierende, verwirrende Mosaik aus Wasserflächen, Röhrichten und Moorflächen. Zwei davon beginnen am Besucherzentrum Süd (Torre La Sal), ein weiterer am Besucherzentrum Nord (Torrenostra) des Naturparks. Hunde sind im Naturpark nicht zugelassen.

❻ Oropesa del Mar

Der Ferienort punktet mit einer netten Altstadt, über deren Treppengassen sich ein Spaziergang sowohl tagsüber als auch abends lohnt. Sie lehnt sich abseits der Küste an den Südhang eines Burgbergs, der vom Castillo de Oropesa del Mar gekrönt wird. Das Zentrum des historischen Viertels markiert die Plaza de la Iglesia, der Kirchplatz mit Bänken unter Schatten spendenden Bäumen. Von diesem Teil der Stadt durch neue, rasterförmig angelegte Straßenzüge getrennt, schiebt sich eine Halbinsel mit Klippenufer ins Meer. In ihrem Schutz liegt die halbrunde Playa de la Concha. Auf der Halbinsel steht der 1413 zur Abwehr

von Piratenangriffen erbaute quadratische Wachturm Torre del Rey. Im 16. Jahrhundert wurden seine Mauern auf vier Meter Dicke verstärkt. Mit seiner ganz speziellen Bauweise gilt er als einzigartig auf der Welt. In der Nähe befindet sich der Leuchtturm Far d'Orpesa aus dem 19. Jahrhundert. Attraktive Restaurants locken hier zu einer Stärkung.

❼ Benicàssim

Als Touristenstadt kann es Benicàssim fast mit dem berühmteren Benidorm aufnehmen. Während der Sommerferien haben hier bis zu 40 000 Urlauber Platz. Die meisten kommen aus Spanien und wohnen im eigenen oder ge-

El Fadrí, »der Unverheiratete«, heißt der Turm von Castelló de la Plana.

Die Via Verde del Mar verbindet Benicàssim mit Oropesa del Mar.

mieteten Ferienapartment. Bereits im 19. Jahrhundert war der Ort eine beliebte Sommerfrische, damals noch für die »oberen Zehntausend«. Erste Hotels entstanden in den 1930er-Jahren, als die übrige Costa del Azahar noch weitgehend unbebaut war. In der ersten Strandlinie an der Promenade stehen etliche von blühenden Gärten umgebene Villen aus dieser Zeit, denen Benicàssim sein ganz besonderes Ambiente verdankt. Der durch Buhnen gegliederte Stadtstrand ist rund zwei Kilometer lang. Weiter im Süden setzt sich die Strandzone mit neuerer Bebauung fort, nördlich grenzt eine flache Felsküste mit Bungalowsiedlungen an. Die Via Verde del

Burriana war einst ein wichtiger Hafenort, heute tummeln sich hier vor allem Badegäste.

Mar, ein kombinierter Rad- und Fußweg, verläuft durch mehrere kurze Tunnel und in den Fels gesprengte Einschnitte auf einer ehemaligen Bahntrasse entlang der Küste bis ins sieben Kilometer entfernte Oropesa del Mar.

⓿ Castelló de la Plana

Die 170 000-Einwohner-Stadt lebt vor allem von und mit dem Hafen, dem sich das Küstenviertel El Grau anschließt. Unmittelbar am Hafenbecken flanieren die Einheimischen auf der breiten Promenade, um anschließend in einem der angrenzenden, renommierten Fischlokale zu speisen. An der Platja el Palmeral nördlich füh-

ren Holzstege durch ein naturbelassenes Dünen- und Palmengebiet. Durch ein Strandvillenviertel getrennt liegt dahinter der lang gestreckte Pinar del Grau, ein Kiefernhain mit Spiel- und Sportgeräten. In El Grau befindet sich auch das Planetari de Castelló, ein Planetarium mit Ausstellungen zu Astronomie, Mineralogie, Paläontologie und Archäologie sowie das Besucherzentrum des Naturparks Illes Columbretes. Diese Inselgruppe mit eigenen Pflanzen- und Tierarten liegt rund 30 Seemeilen vor der Küste. Etwas landeinwärts befindet sich das eigentliche Stadtzentrum, in dem es sich vortrefflich in den zahlreichen Tapas-Bars einkehren lässt.

⓿ Burriana

Wie der Hafen von Castelló wurde auch der von Burriana ursprünglich für den Export von Zitrusfrüchten gebaut, die in der Ebene rund um die beiden Städte gedeihen. Der amerikanische Schriftsteller James A. Michener (1907–1997) betrat hier erstmals seine spätere »zweite Heimat« Spanien. Als Student hatte er auf einem schottischen Handelsschiff angeheuert, das Orangen aus Burriana laden sollte; später hielt er dieses für ihn prägende Erlebnis in seinem Sachbuchroman »Iberia« fest. Längst werden die Früchte per Lkw nach Mittel- und Nordeuropa transportiert, daher hat Burriana seine frühere Bedeutung

Die »Stadt der Künste und Wissenschaften« in Valencia wurde von Santiago Calatrava und Félix Candela entworfen.

verloren. In dem überdimensionalen Hafenbecken liegen heute vorwiegend Jachten, dazu ein paar Fischtrawler, die ihren Fang an der Lonja de Burriana – einem Fischgroßmarkt – abladen. Sobald die Boote gegen 8 Uhr morgens eintreffen, sind Großhändler zur Stelle, und eine lebhafte Versteigerung beginnt. Endverbraucher sind aber erst am Nachmittag zugelassen, zur »venta de la morralla«: Zu günstigen Preisen wird dann Ware zweiter Wahl verkauft.

⑩ Coves de Sant Josep

Ein »schiffbarer« unterirdischer Fluss fließt durch die gewaltige Tropfsteinhöhle. Lautlos gleiten Boote mit Besuchern auf einem 800 Meter langen Parcours dahin. Ein Höhlenspazier-

gang ergänzt das etwa 45-minütige Programm. Für sportliche Naturen wird angeboten, die Höhle einzeln oder zu zweit per Kajak zu erkunden. Im Inneren der Coves de Sant Josep herrschen ganzjährig angenehm milde Lufttemperaturen um 20 °C, das Wasser ist etwa 14 °C kühl. In Eingangsnähe sind Felsmalereien zu sehen, die vor etwa 15 000 Jahren entstanden. Kulturelle Highlights in der Nachbarschaft sind die Ausgrabungsstätte Poblado Íbero (Iberisches Dorf) und ein an der Höhle beginnender mittelalterlicher Aquädukt mit gotischen Spitzbögen. In der angrenzenden Stadt La Vall d'Uixó widmet sich das supermodern ausgestattete Museu En Marxa den archäologischen Funden aus Höhle und Umgebung.

⑪ Sagunt

In der Antike war Sagunt eine bedeutende Handelsstadt. Die dort ansässigen Iberer hatten sich mit Rom verbündet und verweigerten Hannibal bei seinem Zug nach Italien die Unterstützung. Nach achtmonatiger Belagerung eroberten die Karthager Sagunt im Jahre 218 v. Chr. und töteten alle Bewohner. Nach Hannibals endgültiger Niederlage wurde die Stadt dann ins Römische Reich integriert. Damals entstand das heute noch existierende und wieder für Vorführungen hergerichtete Teatre Romà (Römisches Theater). Mit dem weitläufigen mittelalterlichen Kastell, das immerhin einen Kilometer lang ist, bildet es ein interessantes archäologisches Ensemble. Ein Spaziergang führt zu Aussichts-

Der Turia-Brunnen an der Plaza de la Virgen in Valencia, dahinter die Kathedrale.

Die Burg mit ihrer mächtigen Wehrmauer wacht über Sagunt.

punkten entlang der Wehranlage mit weitem Blick über das Meer. Zu Füßen des Burghügels liegt die verwinkelte Altstadt mit einem kleinen ehemaligen Judenviertel, zu dem das Portal de la Judería Einlass gewährt. Ganz in der Nähe steht die Barockkapelle Sang, auf deren weithin sichtbaren Kuppel blaue Fliesen glänzen. Sie ist Ausgangspunkt eindrucksvoller Prozessionen in der Karwoche.

⑫ Valencia

Spaniens drittgrößte Metropole trat in jüngerer Zeit aus dem Schatten von Madrid und Barcelona heraus. Dazu trug sicherlich die attraktive Altstadt mit ihren engen Gassen, gotischen Palästen, Szenekneipen und Galerien bei. Aber auch das Gründer- und Jugend-

stilviertel L'Eixample sowie die zahlreichen Zeugnisse moderner Architektur und Kunst in der Stadt haben es in sich. Mitten im historischen Zentrum, zwischen den belebten Plätzen Plaza de la Reina und Plaza de la Virgen, erhebt sich die Kathedrale von Valencia (13./14. Jahrhundert), in deren Kapitelsaal ein Kelch aufbewahrt wird, der als Heiliger Gral mit dem letzten Abendmahl Jesu Christi in Verbindung gebracht wird. An das Gotteshaus grenzt El Micalet, der achteckige gotische Glockenturm, dessen Terrasse über 207 Stufen erstiegen werden kann. In der prunkvollen gotischen Lonja de la Seda (Seidenbörse) lässt sich Valencias einstiger Reichtum erahnen. Vom 15. bis zum 18. Jahrhundert war die Stadt Drehscheibe des Handels mit Seide,

die in der Umgebung erzeugt und vom Hafen aus in alle Welt verschickt wurde. Das Angebot im Mercat Central, der Hauptmarkthalle der Stadt in Jugendstilarchitektur, ist überwältigend. Selbstversorger finden hier alles, was das Herz begehrt. Während das Stadtzentrum eher mit dem Rücken zum Meer liegt, ist in vier Kilometer Entfernung, in Hafennähe, ein Strandviertel mit schicker Promenade und angesagten Fischrestaurants entstanden. Ebenfalls an der Peripherie ist in der Verlängerung der ausgedehnten Gartenanlagen entlang des Turia-Flusses die Kunst- und Wissenschaftsstadt Ciutat de les Arts i les Ciències angesiedelt. Ihre futuristischen Gebäude dienen als Museen, Ausstellungs- und Veranstaltungshallen.

Riesige Pappmaché-Figuren werden in Gandia für das Frühlingsfest »Las Fallas« angefertigt.

Culleras mediterrane Gässchen laden zum Schlendern ein.

Drachenfestival am Strand von Gandia.

⑬ Cullera

Nördlich von Cullera schiebt sich ein Felskap ins Meer. Landeinwärts setzt es sich im Bogen als felsiger Bergkamm fort, der eine beeindruckende Kulisse für die ihm vorgelagerte lange Sandstrandzone liefert. Der Ort selbst erstreckt sich am Unterlauf des Riu Júcar fast bis zu dessen Mündung. Durch die Lage am Fluss hat Cullera eine ganz eigene, für die Region eher ungewöhnliche Atmosphäre. Die verwinkelte Altstadt steigt terrassenförmig einen Südhang hinauf, oben bietet sich vom Wehrturm Torre de Santa Anna ein weiter Blick über die Huerta mit ihren Reisfeldern und Obstplantagen. Auf dem Berg steht neben einer mittelalterlichen Burgruine (13. Jahrhundert) die imposante Wallfahrtskirche Virgen del Castillo.

⑭ Gandia

Die mit rund 75 000 Bewohnern recht große Stadt teilt sich in das Ferien- und Hafenviertel El Grau und das drei Kilometer landeinwärts gelegene Zentrum. Am Meer stehen Apartmenthäuser und klassische Sommervillen, in denen vorwiegend Spanier urlauben. In den Wintermonaten ist hier wenig los. Dann sind die Einheimischen im alten Ortskern weitgehend unter sich. Dort ragt unter den historischen Bauten der Palau Ducal aus dem 15./16. Jahrhundert heraus. Er stammt aus dem goldenen Zeitalter der Stadt unter der Herzogsfamilie Borja. Eine Zeit lang stellte sie mit Alexander VI. (Rodrigo Borja) den Papst in Rom und später mit Francesco Borja den Stellvertreter des Jesuitenordensgründers Ignatius von Loyola. Der herzogliche Palast entstand im Übergangsstil zwischen valencianischer Gotik und Renaissance. Zu besichtigen sind eine Zimmerflucht und der Waffenhof. Am Strand wird jährlich ein Festival der großen Drachen in fantasievollen Formen gefeiert.

⑮ Oliva

Das Meer säumen Ferienapartmenthäuser am schier endlosen Sandstrand, der nur von einem kleinen Jachthafen an der Mündung des Canal les Fonts unterbrochen wird. Völlig losgelöst davon, durch Plantagenland getrennt, liegt landeinwärts am Fuß eines Gebirgszugs die Altstadt. Aus deren Gassengewirr erhebt sich weithin sichtbar die Kirche San Roque mit ihren beiden blau gefliesten Kuppeln und dem trutzigen viereckigen Turm. Auf einem von Gebüsch überwucherten Hügel thront das Castell de Santa Anna. Der Aufstieg lohnt weniger wegen der Ruine als vielmehr wegen der großartigen Aussicht. Südöstlich von Oliva wechseln sich im Marjal de Pego-Oliva hinter einem Dünengürtel Sümpfe und Reisfelder ab. Das Feuchtgebiet beherbergt eine seltene Flora und Fauna, eine Besonderheit ist hier die Weißbart-Seeschwalbe. Ein Radweg führt komplett einmal herum.

Am Kolumbus-Denkmal endet Barcelonas Flaniermeile La Rambla, dahinter beginnt der Hafen.

Route 12 | Land des Lichts: Côte d'Azur und Costa Brava

Vielfältiger und attraktiver könnten die Küsten auf dieser Route kaum sein. Die französische Côte d'Azur bietet Landschaften von einmaliger Schönheit, die Camargue den Zauber eines ursprünglichen Deltas. An der spanischen Costa Brava fallen die Berge steil zum Meer hin ab.

Zwischen Menton und Barcelona präsentieren unterschiedlichste Küstenabschnitte dem Besucher alle Schönheiten des französischen Midi und der spanischen Nordküste. Bis hinter Nizza locken die Berge der Seealpen, erst danach werden die Berge flacher und geben Berühmtheiten wie Cannes und Antibes Platz zur Ausdehnung. Hinter Saint-Tropez drängen die Ausläufer des Massif des Maures erneut gegen die Küste. Sandstrände finden sich wieder rund um Hyères und seine vorgelagerten Inseln. Marseille, griechische Gründung und einst römische Hochburg, ist auch das Tor zum Orient: In den Gesichtern der Bewohner spiegeln sich Europa, Nordafrika und der Nahe Osten wider. Westlich von Marseille breitet sich im Delta der Rhône ein atemberaubend schönes Feuchtgebiet aus Teichen, Sumpf und Wiesen aus, die Camargue. Arles glänzt mit einzigartigen Zeugnissen römischer Baukunst. Weiter westlich zieht sich das Languedoc-Roussillon in einem Wechsel von kilometerlangen Stränden und bergigem Hinterland hin bis zur spanischen Grenze. Hinter Narbonne beginnt bei Leucate ein endlos langer, blendend weißer Sandstrand, der bis zur spanischen Grenze an den östlichen Ausläufern der Pyrenäen reicht. Die letzten französischen Dörfer vor der Grenze sind bereits ganz in die Berge eingebettete selbstbewusste Fischerdörfer. Die Costa Brava verdankt ihren Namen den Steilabbrüchen der Pyrenäen. Weil »bravo« im Spanischen auch tapfer, ursprünglich und ausgezeichnet bedeutet, ist hier weit mehr als nur eine wilde Küste zu erwarten. Je weiter man nach Süden kommt, desto breiter und flacher werden die Strände, Städte und Dörfer drängen sich in immer dichterer Folge. Kataloniens Metropole Barcelona ist Spaniens zweitgrößte Stadt. Karthager, Römer, Westgoten und Mauren hinterließen hier ihre Spuren. Spektakulär sind die vielen Jugendstilbauten, für die die Architekten Antoni Gaudí und Lluís Domènech i Montaner verantwortlich zeichnen. Auf den Ramblas, der Flaniermeile Barcelonas, pulsiert Tag und Nacht das Leben.

INFO ✳

🇫🇷 🇪🇸

ROUTE 12
Routenlänge:
ca. 1100 Kilometer
Zeitbedarf:
2–3 Wochen
Start/Ziel:
Menton – Barcelona
Routenverlauf:
Menton, Èze, Cap Ferrat, Nice (Nizza), Cannes, Fréjus, Saint-Tropez, Hyères, Toulon, Corniche des Crêtes, Marseille, Aix-en-Provence, Arles, Saintes-Maries-de-la-Mer, Aigues-Mortes, Montpellier, Béziers, Narbonne, Perpignan, Cadaqués, Barcelona

Im alten Hafen von Nizza liegen Ruderboote und Jachten einträchtig nebeneinander.

❶ Menton

Um 1870 entdeckten reiche Engländer die wohltuende Wirkung des milden Klimas der Côte d'Azur. Villen und prächtige Hotels im Stil der Belle Époque erinnern an die Glanzzeiten dieser britischen Winterresidenz zwischen Alpen und Meer. Den schönsten Blick über die Bucht hat man vom Friedhof oberhalb der Stadt. Zu ihren Sehenswürdigkeiten zählen die barocke Kirche St. Michel, der Trausaal im Rathaus mit Fresken von Jean Cocteau sowie das Musée Cocteau in einer Festung aus dem 17. Jahrhundert.

❷ Èze

Das Dörfchen thront wie ein Adlernest auf einem 427 Meter hohen Felsen über dem Mittelmeer. Es ist eines der schönsten der mittelalterlichen Wehrdörfer der Provence, der »villages perchés«. Eine dicke Steinmauer umgibt die Häuser, die sich hoch in den Bergen um einen Bergfried scharen. Um die einstige Festung wurde ein exotischer Garten angelegt; von ihm reicht der Blick an schönen Tagen bis Korsika. Sehr wahrscheinlich, dass genau dieser Blick auch Friedrich Nietzsche inspirierte. Heute heißt der Weg, auf

dem der Philosoph oft unterwegs war, Sentier Friedrich Nietzsche.

❸ Cap Ferrat

Im Schatten mächtiger Pinien und versteckt hinter hohen Mauern liegen an den steil ins Meer abfallenden Küstenhängen von Cap Ferrat prächtige Millionärsvillen. Die Villa Ephrussi de Rothschild, die wohl schönste Villa der Halbinsel Cap Ferrat, ist öffentlich zugänglich: Das hochherrschaftliche Gebäude inmitten prachtvoller Gärten zeigt die Einrichtung der Baronin Béatrice Ephrussi de Rothschild.

Fürstentum Monaco

Wo heute auf gerade einmal 190 Hektar die Wolkenkratzer des »Manhattan der Côte d'Azur« in den Himmel ragen, siedelten bereits die Griechen, denen dann die Römer folgten; später regierte die Seemacht Genua über die Felsküste. 1297 kam der Küstenstreifen unter die Herrschaft der genuesischen Adelsfamilie der Grimaldi, die 1612 den Fürstentitel annahmen. Auf dem Felsen südlich des Hafens errichteten die Grimaldis ihre Residenz. Seinen Reichtum verdankt Monaco Fürst Charles III., der 1865 auf der damals noch kahlen Landzunge nördlich des Hafens ein Spielcasino errichtete. Die Einnahmen waren so hoch, dass der Fürst schon fünf Jahre später sämtliche Steuern abschaffen und so den zweiten Grundstein für die Erfolgsgeschichte des Kleinstaates legen konnte.

❶ Nice (Nizza)

Die heimliche Hauptstadt der Côte d'Azur liegt herrlich an der von den Ausläufern der Seealpen umgebenen Engelsbucht (Baie des Anges) und ist ein Ort der Gegensätze: Während die Prachtboulevards die Erinnerungen an die Belle Époque wachzuhalten versuchen, geht es in Teilen der Altstadt noch zu wie in einem italienischen Dorf. Im 5. Jahrhundert v. Chr. gründeten die Griechen hier Nikaia, die »siegreiche Stadt«, die Römer bevorzugten die oberhalb liegenden Hügel für ihre Siedlung Cemenelum, das

Symbol der Côte d'Azur: das Hotel Négresco in Nizza.

Abendstimmung am alten Hafen von Cannes.

Die Römer in Südfrankreich

Die Römer eroberten den französischen Süden aus strategischen Gründen. Die Entscheidung fiel 102 v. Chr., als Marius die Teutonen am Fuße des Ste.-Victoire-Massivs vernichtend schlug. In der Folgezeit entstand Aquae Sextiae Saluvorium, das heutige Aix-en-Provence. In rascher Folge wurden nun in der gesamten Region die griechisch geprägten Siedlungen zu römischen Städten nach dem Vorbild Roms ausgebaut. Die Straßen wurden nach regelmäßigem Schachbrettmuster angelegt. Am schönsten zeigt sich dieses Grundmuster in Orange und Arles. Mittelpunkt der Stadt war das Forum, ein von Kolonnaden gesäumter Platz, um den sich Tempel und andere öffentliche Gebäude gruppierten. Triumphbögen, Thermen und Aquädukte zeugen bis heute von den architektonischen Meisterleistungen.

heutige Cimiez. Aushängeschild und Wahrzeichen Nizzas ist die Promenade des Anglais unmittelbar am Meer. Betuchte Briten hatten Nizza Mitte des 19. Jahrhunderts zu ihrem Altersruhesitz erkoren. Die eindrucksvollsten Paläste jener Zeit sind das berühmte Hotel Négresco und das Palais Masséna. Der zentrale Platz der Altstadt mit ihren verwinkelten Gassen und italienisch anmutenden Häusern ist der Cour Saleya mit einem quirligen Blumen- und Gemüsemarkt. Vom Schlossberg bietet sich ein schöner Blick über die Altstadt und das Meer. Zu den sehenswerten Museen der Stadt zählen das Musée d'Art Contemporain, das Musée Chagall und das Musée Matisse in Cimiez, das Werke des Künstlers zeigt, der 1916 nach Nizza zog. Das eindrucksvollste Relikt der römischen Epoche ist die große Arena, in der rund 5000 Römer Platz fanden. Exotischstes Wahrzeichen der Stadt ist die Cathédrale Orthodoxe Russe St. Nicolas (1912). Für Kunstinteressierte empfiehlt sich ein Abstecher ins zehn

Die Zitadelle von Saint-Tropez diente im 17. Jahrhundert als Bollwerk gegen Angriffe der Osmanen.

Kilometer entfernte mittelalterliche St.-Paul-de-Vence, in dem die Fondation Maeght beeindruckende Werke der Moderne zeigt.

❺ Cannes
Bekannt ist die Stadt für ihr jährliches Filmfestival, die Reichen und Schönen der Welt treffen sich dann auf dem Boulevard de la Croisette. Von Cannes sind es nur elf Kilometer zum Cap d'Antibes mit den Urlaubsorten Juan-les-Pins und Antibes. Von Cannes nach Fréjus führt die Straße entlang der Corniche d'Esterel, die mit ihren

roten Kliffen und Felsen, ihren vielen Schluchten und versteckt liegenden Badebuchten zu den Höhepunkten der Fahrt zählt.

❻ Fréjus
Noch heute ist das römische Erbe der 49 v. Chr. von Julius Caesar gegründeten Siedlung im Stadtbild deutlich, erhalten sind Teile der römischen Stadtmauer, des Aquädukts, vor allem aber das Amphitheater. Sehenswert ist auch der Bezirk um die Cathédrale St. Léone. Die Wehrkirche und das Kloster wurden im 12. Jahrhundert gegrün-

det, das ältere Baptisterium stammt sogar aus dem 5. Jahrhundert.

❼ Saint-Tropez
Zwischen Fréjus und Hyères drängen dichte Kiefern-, Eichen- und Kastanienwälder gegen die Küste, die Hügel brechen steil zum Meer ab und lassen an der Corniche des Maures keinen Platz für größere Siedlungen. Um so reizvoller ist hier die Küstenstraße, windet sie sich doch meist auf halber Höhe an den Hügeln entlang und bietet immer wieder faszinierende Ausblicke aufs Meer. In Saint-Tropez heißt

Auf der autofreien Insel Porquerolles herrschen Ruhe und Gelassenheit.

es »Sehen und gesehen werden«. Der Ort wurde erst durch den Film »Und ewig lockt das Weib« (1956) mit Brigitte Bardot bekannt. Das Image vom ausschweifenden Leben lockte die Jugend der Welt und schließlich den Massentourismus in das verschlafene Fischerdorf.

❼ Hyères

Die kleine Stadt östlich von Toulon ist das älteste Seebad der Küste. Reizvoll ist die mittelalterliche Vieille Ville mit der Place Massillon. Von der alten Burgruine hat man einen prächtigen Panoramablick auf die Küste. Hyères vorgelagert sind die Îles d'Hyères, die seit 1971 unter Naturschutz stehen.

Ein Besuch auf Porquerolles vermittelt eine Ahnung davon, wie die gesamte Côte d'Azur vor Beginn des Tourismus ausgesehen haben muss.

❾ Toulon

Die Hauptstadt des Département Var verdankt ihre Bedeutung dem großen Naturhafen, der bis heute ein wichtiger Marinestützpunkt ist. Unter König Ludwig XIV. baute Vauban Toulon im 17. Jahrhundert zum Kriegshafen aus. Die hinter der Marina beginnende malerische Altstadt wurde nach dem Zweiten Weltkrieg zumindest in Teilen wiederaufgebaut und präsentiert sich heute als lebendiges und geschäftiges Einkaufsviertel.

❿ Corniche des Crêtes

Die »Straße der Bergkämme« führt von La Ciotat über die Steilwände der Montagne de la Canaille und bietet prächtige Ausblicke sowohl auf das Meer als auch auf das Hinterland. Der kleine Hafenort Cassis konnte sich viel von seinem früheren Charme bewahren, vor allem die alten Gassen gleich hinter dem Hafen vermitteln noch einen Einblick in die ursprüngliche Lebensart des Midi. Westlich von Cassis steigen die weißen Kalkwände der Calanques senkrecht aus dem kristallklaren Wasser. Bootsfahrten in die tief eingeschnittenen Buchten Port Miou, Port Pin und En-Vau werden ab Cassis angeboten.

Die fjordähnliche Calanque d'En-Vau westlich von Cassis.

Die prachtvolle Fontaine de la Rotonde in der Altstadt von Aix-en-Provence.

⓫ Marseille

Gegründet wurde die Stadt von Griechen aus Kleinasien als Massalia auf dem Hügel, auf dem heute Notre-Dame-de-la-Garde steht. Den ersten großen Aufschwung erlebte die Hafenstadt im 12. Jahrhundert, als sich die Heere der Kreuzritter von hier aus nach Jerusalem einschifften. In den folgenden Jahrhunderten war Marseille der wichtigste Hafen am Mittelmeer. Das Herz von Marseille schlägt bis heute im alten Hafen, in dessen Verlängerung die rund ein Kilometer lange Canebière als Hauptachse die Stadt erschließt. Die Einfahrt zum alten Hafen flankieren auf der Nordseite das Fort St.-Jean und auf der Süd-

seite das Fort St.-Nicolas. Vom Plateau de la Croix hat man vom Vorplatz der Basilika Notre-Dame-de-la-Garde, dem Wahrzeichen Marseilles, den besten Blick über Hafen und Stadt. Ein anderer guter Aussichtsplatz ist der Gipfel des Felsens von Château d'If mit Sicht auf das gegenüberliegende Marseille.

⓬ Aix-en-Provence

Die Bäder- und Universitätsstadt war jahrhundertelang die Hauptstadt der Provence. Auf der keltisch-ligurischen Siedlung Entremont gründeten die Römer 122 v. Chr. die Kolonie Aquae Sextiae Saluvorium. Seit Ende des 12. Jahrhunderts Hauptstadt, wurde Aix schnell zur Stadt der Künstler und

Gelehrten. Die Altstadt liegt zwischen dem Cours Mirabeau, einer Platanenallee mit schönen Stadtpalais aus dem 18. Jahrhundert, und der Kathedrale Saint-Sauveur mit einem Baptisterium aus der Merowingerzeit. Weitere Sehenswürdigkeiten sind das Rathaus aus dem 17. Jahrhundert, das Musée des Tapisseries und das Atelier de Paul Cézanne. Ein Lieblingsmotiv des berühmtesten Sohnes der Stadt ist das Bergmassiv Montagne Sainte-Victoire im Osten der Stadt, das einen Abstecher lohnt.

⓭ Arles

Das Eingangstor zur Camargue war Siedlungsgebiet der Kelten, Griechen

Wo Land und Meer verschwimmen: Camargue

Das Delta zwischen den beiden Hauptmündungsarmen der Rhône umfasst mit 140 000 Hektar Sumpf-, Wiesen- und Weideland sowie Dünen- und Salzfeldern eines der größten Feuchtgebiete Europas. Die Nutzung – zumeist Reisanbau – konzentriert sich auf den nördlichen Teil der Camargue, im südöstlichen Teil wird in Lagunen Salz gewonnen. Der Süden ist ein in Europa einzigartiges Naturparadies. Die Graswiesen bieten nicht nur den bekannten Camargue-Pferden und -Stieren eine Heimat, sondern auch zahlreichen Wasser- und Sumpfvögeln.

Inmitten von Salzmarschen erhebt sich die Festungsstadt Aigues-Mortes.

Das römische Theater steht im Zentrum von Arles.

und Römer. Kaiser Konstantin hatte hier eine prächtige Residenz, in der er 314 ein Konzil einberief. Heute beeindrucken in Arles bedeutende Bauten der Römerzeit: Das 136 mal 107 Meter große Oval des Amphitheaters bot über 20 000 Besuchern Platz, das Theater konnte in seinem Halbrund immerhin 12 000 Personen aufnehmen. Die romanische Kirche Saint-Trophime ist mit ihrem Portal von 1190 ein Meisterwerk provenzalischer Steinmetzkunst. Der an die Kirche anschließende romanisch-gotische Kreuzgang gilt als der schönste der Provence. Ein beliebter Abstecher von Arles führt nach Nordosten in eines der bekanntesten Dörfer der Provence, Les Baux-de-Provence.

⑭ Saintes-Maries-de-la-Mer

Eine 30 Kilometer lange Straße führt durch die Camargue in ihren Hauptort, Les Saintes-Maries-de-la-Mer, der vor allem für die im Mai stattfindende Wallfahrt der Sinti und Roma bekannt ist. Die romanische Kirche wirkt mit Wehrgang und zinnenbekrönter Plattform wie eine mittelalterliche Burg.

⑮ Aigues-Mortes

Die Stadt beeindruckt mit ihren noch völlig intakten Befestigungsmauern. Der »Ort der toten Wasser« wurde von König Louis XI. im 13. Jahrhundert zur Festigung seiner Macht am Mittelmeer errichtet. Ein Teil der Stadtmauer ist begehbar, den schönsten Blick über Stadt und die Camargue bietet die Tour de Constance.

⑯ Montpellier

In der Hauptstadt des Départements Hérault befindet sich u. a. der älteste Botanische Garten Frankreichs, Jardin des Plantes. Der Mittelpunkt der Stadt ist die Place de la Comédie mit ihrem Opernhaus (19. Jahrhundert). Zu den wichtigsten Sehenswürdigkeiten der Stadt zählen die Patrizierhäuser aus dem 17. Jahrhundert.

⑰ Béziers

Die Route führt über Montpellier zur Stadt am Canal du Midi. Das Wahrzeichen der Stadt ist die massive Cathédrale Saint-Nazaire aus dem 14. Jahrhundert, die wie eine Festung auf einem Höhenrücken liegt.

Im Westen von Béziers ragt die Kathedrale Saint-Nazaire auf.

Durch Narbonne fließt der Canal de la Robine.

⑱ Narbonne

Die Stadt war einst ein bedeutender römischer Hafen. Sichtbares Zeugnis dieser Zeit ist das Horreum, ein im 1. Jahrhundert v. Chr. errichteter unterirdischer Kornspeicher. Aus dem 13. Jahrhundert stammt die Cathédrale Saint-Just mit schönen Skulpturen und farbigen Glasfenstern. Der Palais des Archevêques ist ein festungsähnlicher Komplex mit massiven Türmen (14. Jahrhundert). Rund 60 Kilometer westlich von Narbonne liegt Carcassonne, das Paradebeispiel mittelalterlicher Befestigungsarchitektur.

⑲ Perpignan

Die Hauptstadt des Roussillon erlebte ihre Blütezeit unter den Königen von Mallorca im 13. und 14. Jahrhundert. Das befestigte Palais des Rois de Majorque ist ein Zeuge dieser Zeit und wurde malerisch um einen Arkadenhof gebaut. Das Glanzstück ist die zweistöckige Kapelle, ein gotisches Meisterwerk mit maurischen Elementen. Die farbenprächtigen Häuser an der von Palmen gesäumten Promenade entlang des Têt-Flusses sind in Türkis oder Rosa gestrichen. In Perpignan ist vor allem im Sommer der katalanische Einfluss deutlich spürbar. Dann ist die Place de la Loge der Schauplatz eines katalanischen Tanzes, Sardana genannt, bei dem Jung und Alt mitmachen. An diesem Platz befindet sich auch einer der schönsten Bauten der Stadt, die 1397 erbaute Loge de Mer. Wo die Pyrenäen an das Mittelmeer grenzen, schlängelt sich die Küsten-

Eine Perle an der Costa Brava ist Cadaqués.

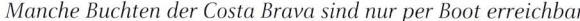

Manche Buchten der Costa Brava sind nur per Boot erreichbar.

straße an den zinnoberroten Felsen der Côte Vermeille entlang, in deren Buchten sich uralte Fischerdörfer ducken. Zu den bedeutendsten zählen auf französischer Seite Argelès-Plages, Cerbère und Banyuls, auf spanischer Seite Portbou.

⑳ Cadaqués

Eines der schönsten Fischerdörfer der Costa Brava, die sich von Empordà bis nach Blanes zieht, liegt hinter dem Coll de Perafita und ist nur über eine schmale Stichstraße erreichbar. Cadaqués mit seinen schneeweißen Häusern besitzt eine Barockkirche aus dem 16. Jahrhundert. Das Museu Perrot-Moore zeigt eine Sammlung europäischer Kunst und Grafik des 15. bis 20. Jahrhundert.

Das Kap von Creus im Norden von Cadaquès ist der letzte Ausläufer der Pyrenäen und zugleich der östlichste Punkt der Iberischen Halbinsel. Der Parc Natural del Cap de Creus verbindet Natur und Meer und ist ein weites unbewohntes Gebiet an der Costa Brava. Schon die Griechen erkannten die Schönheit der Badia de Roses mit ihren weitläufigen Stränden. Von Roses lohnt ein Abstecher nach Figueres ins Dalí-Museum. Auf der Weiterfahrt nach Süden durchquert man eine Ebene, von der aus man einen herrlichen Blick auf die östlichen Pyrenäen hat.

㉑ Costa Brava

Das schönste Dorf an der gesamten Costa Brava, Pals, liegt wenig nördlich von Palafrugell etwas landeinwärts

und entzückt jeden Besucher mit seinen schmucken Gassen. Zurück an der Küste reiht sich nun ein Ferienort an den anderen. Rund um Palamós finden sich einsame Buchten und Strände, der Strand von Platja d'Aro wird von modernen Hotelburgen gesäumt. Die mittelalterliche Altstadt Tossa de Mar lädt zum Bummel ein. Die einstige Römerstadt thront über einem der schönsten Plätze der Costa Brava. Unterhalb der Altstadt liegt eine herrliche Badebucht. Hoch über den Dächern von Blanes, auf steilen Klippen, lockt der berühmte Botanische Garten Marimurtra.

㉒ Barcelona

Die Fahrt endet in Barcelona, zweitgrößte Stadt Spaniens und Hauptstadt

An der Kirche La Sagrada Familia, dem Wahrzeichen von Barcelona, wird immer noch gebaut.

Kataloniens. Die ewige Konkurrentin Madrids blickt auf eine 2000 Jahre alte Geschichte zurück: Von den Römern gegründet, wurde sie 236 v. Chr. vom Karthager Hamilkar Barkas erobert, der ihr den Namen Barcino gab. Im Jahr 415 ging die Macht über die Stadt am Mittelmeer an die Westgoten, 713 an die Araber und 803 an die Franken über. Nach der Vereinigung der Königreiche Katalonien und Aragon (1137) begann der Aufstieg zur wichtigen spanischen Hafen- und Handelsstadt. Ein Versuch, sich von Spanien zu lösen, scheiterte im 17. Jahrhundert. Im Spanischen Bürgerkrieg des 20. Jahrhunderts stand Barcelona auf Seiten der Republikaner, und damit gegen den Putschisten und späteren Sieger Franco. Um die Wende des 19. zum 20. Jahrhundert entwickelte sich in Barcelona ein ganz neuer Kunst- und Architekturstil: der Modernisme – die katalanische Variante des Jugendstils –, der wie kein anderer das heutige Aussehen der Stadt geprägt hat. Neben Antoni Gaudí waren die wichtigsten Protagonisten die Architekten Josep Puig i Cadalfalch und Lluís Domènech i Montaner. Viele ihrer Bauwerke stehen im Stadtteil Eixample. Der beste Blick auf die Stadt bietet sich vom Montjuic im Süden oder von dem 532 Meter hohen Tibidabo im Westen, die beide über eine Seilbahn zu erreichen sind.

Der großartigste Bau der Stadt und das Hauptwerk von Antoni Gaudí (1852–1926): die bis heute unvollendete Kirche La Sagrada Familia, in gigantischen Dimensionen mit überbordender, symbolträchtiger Formensprache. Weitere Gaudí-Werke: im Barri Xìnes die Privatresidenz Palau Güell; in der vom Modernisme geprägten Neustadt Eixample die Wohnhäuser Casa Milà (auch La Pedrera genannt) mit skurrilem Skulpturenschmuck und einer märchenhaften Dachlandschaft, Casa Calvet und Casa Batlló; die Avingua de Gaudí, eine breite Allee ganz im Zeichen des großen Architekten. Der Palau Güell und die Casa Milà gehören zum UNESCO-Weltkulturerbe. Zu den Werken von Domènech i Montaner zählen: Casa de l'Ardiaca, Casa Lleó Morera, Palau de la Música Catalana, Fundació Antoni Tàpies, Illa de la Discòrdia, Hospital de la Santa Creu i de Sant Pa, Museo de Zoologia.

Parc Güell in Barcelona

Bunt und einladend wirkt der ab 1900 im Rahmen einer Gartenstadt angelegte Park. Nicht nur hier bewies Antoni Gaudí, dass er auch ein großartiger Landschaftsgestalter war. Architektur und Natur befinden sich in Einklang wie selten in der späteren Baukunst.

Feierlaune am Mittelmeer

Las Fallas in Valencia

Beim traditionellen Frühlingsfest füllen Hunderte teils haushohe, kunstvoll gestaltete Pappmaché-Figuren die Straßen. Zum Programm gehört auch die zweitägige Blumenprozession »Ofrena de Flors«. Höhepunkt zum Schluss ist die »Nacht der Feuer«, in der die ebenfalls Fallas genannten Figuren verbrannt werden.

Wir sollten feiern, was wir feiern können.

Julianna Baggott

Feuerwerksfestival in Cannes

700 000 Schaulustige bestaunen in Cannes an sechs Abenden im Juli und August das Festival d'Art Pyrotechnique.

Nice Jazz Festival

Das jährlich im Juli stattfindende Jazzfestival in Nizza zählt zu den renommiertesten Europas. Die Liste der Musiker und Musikerinnen ist jedes Jahr beeindruckend, der Besucherandrang ebenso.

La Mercè in Barcelona

Alljährlich um den 24. September feiert Barcelona eine seiner größten Straßenpartys zu Ehren der Schutzpatronin der Stadt. Überall in der Stadt kann man an vier Tagen bis zu 500 Konzerte sowie Tanz- und Theateraufführungen bewundern. Höhepunkte sind die »Parade der Riesen« sowie die »Menschentürme« auf der Plaça de Sant Jaume.

Insbesondere in der Vor- und Nachsaison sind die Strände rund um Finale Ligure oft noch leer.

Route 13 | Ligurien, von der Sonne geküsst

Wie Schwalbennester sitzen die fünf Dörfer der Cinque Terre in den steilen Klippen über dem Meer. Westlich davon erstreckt sich die Riviera de Ponte mit ausgedehnteren Buchten.

Der von der Sonne verwöhnte italienische Küstenstrich zwischen La Spezia und Monaco ist für viele der Inbegriff des mediterranen Ambiente – Weingärten und Olivenhaine, mittelalterlich geprägte Ortskerne und pulsierende Städte, dazu weit geschwungene Buchten und ausgedehnte Strände machen den Reiz Liguriens aus. Entlang der Küste verläuft die Via Aurelia, eine gut ausgebaute Landstraße. Sie folgt der gleichnamigen Route, die bereits zur Römerzeit bestand und viel zur Entwicklung der Region beigetragen hat. Die Küste Liguriens gliedert sich in zwei Abschnitte – die östliche Riviera di Levante und die westliche Riviera di Ponente. Der Charakter der beiden ist sehr unterschiedlich. Die Riviera di Levante wird überwiegend von Steilküsten geprägt. Viele Orte sind nur über enge Sträßchen zu erreichen und haben, wie zum Beispiel Portovenere, nur wenige Parkflächen. Westlich der ligurischen Hauptstadt Genua erstreckt sich die Riviera di Ponente. Im Vergleich zur Riviera di Levante ist das Landschaftsbild ruhiger. Hier dominieren Buchten mit ausgedehnten Sand- und Kiesstränden. Die Städte sind reich an historischer Bausubstanz. Neben prunkvoll ausgestalteten Kirchen finden sich hier mächtige Festungen, stattliche Bürgerhäuser und hoch aufragende Geschlechtertürme. Die Riviera wird nicht nur von Italienern geschätzt, sondern ist seit Langem auch ein beliebtes Urlaubsziel internationaler Gäste. Als solches entdeckt wurde sie im 19. Jahrhundert von englischen Adligen, die vor den kalten Wintern in ihrer Heimat flohen. Im Lauf der Zeit entstanden herrschaftliche, oft von weiten Grünanlagen umgebene Villen, palmengesäumte Promenaden und mondäne Badeorte wie etwa Sanremo mit seinem Spielcasino. Die Metropole Genua ist allein schon eine eigene Reise wert und lohnt einen mehrtägigen Aufenthalt.

INFO *

ROUTE 13
Routenlänge:
ca. 300 Kilometer
Zeitbedarf:
7–10 Tage
Start/Ziel:
Sarzana – Sanremo
Routenverlauf:
Sarzana, Lerici, La Spezia, Portovenere, Cinque Terre, Levanto, Sestri Levante, Chiavari, Rapallo, Santa Margherita Ligure, Portofino, Camogli, Genua, Savona, Finale Ligure, Albenga, Imperia, Sanremo

Förmlich an die Steilküste hingeklebt ist Riomaggiore, einer der Orte der Cinque Terre.

Auf die Farbe Orange in allen Schattierungen trifft man in Lerici.

Abendstimmung in der Innenstadt von La Spezia.

❶ Sarzana

Die Kleinstadt mit dem lebhaften Zentrum blickt auf eine reiche Geschichte zurück. Kaiser, Päpste und Kaufleute brachten Sarzana frühen Ruhm, der sich noch immer im Stadtbild mit seiner Vielzahl kirchlicher und profaner Bauten ermessen lässt. Das von toskanischen Meistern gestaltete Innere des Doms Santa Maria (12. Jahrhundert) imponiert durch seine reiche Ausstattung mit Marmor aus Carrara. Teile der Stadtbefestigung sind noch erhalten, darunter die Fortezza di Sarzanello. Die Paläste um die Piazza Matteotti sind ebenso stilvoll wie die Villen, die zwischen den Olivenhainen auf den grünen Hügeln der Umgebung auf-

ragen. Ein Abstecher nach Südosten führt zum Ausgrabungsgelände der antiken Stadt Luni, das dortige Museum zeigt Artefakte, u. a. herrliche Mosaiken, aus der Römerzeit.

❷ Lerici

Die Kulisse des Hafenstädtchens wird vom imposanten Castello geprägt, das auf einer Felsspitze thront. Die Festung beherbergt ein paläontologisches Museum mit Rekonstruktionen von Sauriern. Lerici liegt am östlichen Ende des Golfo di La Spezia, der auch Golfo dei Poeti genannt wird; diesen Namen erhielt die Bucht im 19. Jahrhundert, als sich hier zeitweise Percy Bysshe Shelley und Lord Byron nie-

derließen. Im Hafen beeindruckt das Nebeneinander von alten Fischerbooten und modernen Jachten.

❸ La Spezia

Entlang einer Bucht erstreckt sich La Spezia, die nach Genua wirtschaftlich bedeutendste Stadt Liguriens. Auf den ersten Blick wirkt die Hafenstadt wenig beeindruckend, doch verbergen sich im Zentrum Preziosen des Jugendstils. Das touristische Treiben konzentriert sich auf den Hafen. Doch die Stadt wartet mit kulturellen Attraktionen auf, darunter das Museo Amedeo Lia mit Gemälden und Skulpturen sowie das Museo Tecnico Natale. Die Kathedrale Santa Maria Assunta (15. Jahrhundert) birgt Terrakottaskulpturen von Bildhauer Andrea della Robbia.

❹ Portovenere

Die Route führt an der Küste entlang des westlichen Teils des Golfo di La Spezia. Portovenere zählt zu den städtebaulichen Schmuckstücken an der Küste Liguriens. Über den malerischen Hausfassaden erheben sich auf einer Klippe die Kirche San Pietro aus dem 13. Jahrhundert mit schwarz-weißer Marmorfassade und eine Genueser Festung aus dem 12. Jahrhundert. Wie viele Küstenstädte Liguriens präsentiert sich auch Portovenere mit charmanten bunten Häusern.

❺ Cinque Terre

Der Küstenabschnitt kurz nach La Spezia zählt zu den Höhepunkten an der Riviera di Levante. Fünf Dörfer präsentieren sich vor eindrucksvoller landschaftlicher Kulisse.

Hier enden die Ausläufer der Apenninen abrupt im Meer und formen Steilküsten von atemberaubender Schönheit. Die Namensgeber der Cinque Terre – die fünf Dörfer Riomaggiore, Manarola, Corniglia, Vernazza und Monterosso al Mare – wirken wie aus der Landschaft modelliert. Enge Gassen, steile Treppen und farbenfrohe Fassaden prägen die Orte. Mit ihren in das steile Gelände der Felsenküste gebauten hohen Häusern wirken sie wie Felsnester.

Riomaggiore, der am südlichsten gelegene Ort, verdankt seine Bekanntheit u. a. dem impressionistischen Maler Telemaco Signori, der sich hier im

Die Kirche Santa Margherita d'Antiochia beherrscht die fabelhafte Silhouette von Vernazza.

Familienfreundlich präsentiert sich der lange Sandstrand von Levanto.

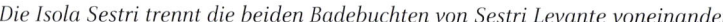

Die Isola Sestri trennt die beiden Badebuchten von Sestri Levante voneinander.

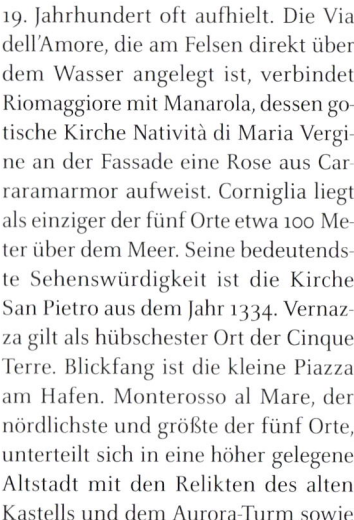

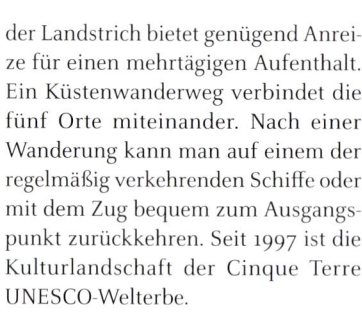

19. Jahrhundert oft aufhielt. Die Via dell'Amore, die am Felsen direkt über dem Wasser angelegt ist, verbindet Riomaggiore mit Manarola, dessen gotische Kirche Natività di Maria Vergine an der Fassade eine Rose aus Carraramarmor aufweist. Corniglia liegt als einziger der fünf Orte etwa 100 Meter über dem Meer. Seine bedeutendste Sehenswürdigkeit ist die Kirche San Pietro aus dem Jahr 1334. Vernazza gilt als hübschester Ort der Cinque Terre. Blickfang ist die kleine Piazza am Hafen. Monterosso al Mare, der nördlichste und größte der fünf Orte, unterteilt sich in eine höher gelegene Altstadt mit den Relikten des alten Kastells und dem Aurora-Turm sowie

in einen neueren Teil, wo ein relativ langer Strand Badetouristen anlockt. Die Kirche San Francesco birgt wertvolle Gemälde, darunter ein Werk von van Dyck. Die lange Isolation – erst seit dem 19. Jahrhundert sind die Dörfer durch eine vorwiegend durch Tunnel verlaufende Eisenbahnstrecke erschlossen – prägte den Charakter der Cinque Terre. Das Klima ist für den Weinbau ideal, das Gelände jedoch wegen der Hanglage schwer zu bearbeiten. So mussten die Landwirte in mühsamer Kleinarbeit Terrassen anlegen, um das Gefälle auszugleichen. Viele Besucher kommen im Rahmen eines Tagesausflugs von einem der lebhaften Küstenorte hierher. Doch

der Landstrich bietet genügend Anreize für einen mehrtägigen Aufenthalt. Ein Küstenwanderweg verbindet die fünf Orte miteinander. Nach einer Wanderung kann man auf einem der regelmäßig verkehrenden Schiffe oder mit dem Zug bequem zum Ausgangspunkt zurückkehren. Seit 1997 ist die Kulturlandschaft der Cinque Terre UNESCO-Welterbe.

❻ Levanto

Nordwestlich der Cinque Terre verlässt die Straße die Küste und erreicht sie wieder bei Levanto. Der Badeort hat einen langen Sandstrand und umfangreiche touristische Einrichtungen. Die Uferpromenade führt zum klei-

Die Burg von Chiavari wurde im Mittelalter zerstört, doch die Ruine ist immer noch eindrucksvoll.

nen Hafen, von dem aus Bootsverkehr zu den Cinque Terre oder nach Portofino besteht. Alljährlich Ende Juli erleuchten bei der Festa del Mare zahllose Lichter das Meer, ein Feuerwerk rundet das Spektakel ab.

Landeinwärts gelangt man zur Autobahn oder, empfehlenswerter, wieder zur Landstraße, von der lohnende Abstecher, teilweise durch längere Tunnel, zu weiteren Badeorten wie Moneglia führen. Die Weiterfahrt nach Nordwesten erfolgt entlang einer traumhaften Küstenlandschaft mit steil abfallenden Bergrücken, die stellenweise dicht bewaldet sind; auch Olivenhaine und Weingärten prägen die Szenerie.

❼ Sestri Levante

Der Ort fasziniert nicht nur durch seine malerische Altstadt, sondern vor allem auch durch seine Lage zwischen zwei Badebuchten, die von einer Halbinsel getrennt werden. Diese Landspitze wird auch als »Isola« bezeichnet, ging sie doch aus einer Insel hervor, die durch Verlandung ab dem 15. Jahrhundert mit dem Festland verbunden wurde. Die beiden Buchten – die von Strandbetrieb geprägte Baia delle Favole im Westen und die beschaulichere Baia del Silenzio im Osten – werden durch Molen vor zu starkem Wellengang geschützt. Die Baia delle Favole verdankt ihren Namen dem Märchendichter Hans Christian Andersen, der

hier häufig zu Gast war. Das autofreie Zentrum von Sestri Levante erkundet man am besten von der Via XXV Aprile aus. In den Seitengassen stehen einige Paläste aus dem 17. und 18. Jahrhundert, die – wie auch die Grandhotels – Sestri Levante den Ruf eines mondänen Badeorts verleihen.

❽ Chiavari

Die Route führt nun in einen flachen Küstenabschnitt nach Chiavari. Für einen Strandurlaub ist der Ort ungeeignet, zu verbaut ist die Küstenlinie. Doch hinter den Betongebäuden erstreckt sich eine der malerischsten historischen Altstädte in Ligurien. Anders als die nobleren Küstenorte im

Von der Steilküste bietet sich ein traumhafter Blick auf das malerische Portofino mit dem idyllischen Hafen.

Westen und Osten ist Chiavari noch nicht von den großen Touristenströmen entdeckt worden. Auffallend ist der rechtwinklige Grundriss, der sich hinter den Resten der Stadtbefestigung verbirgt. Chiavari war wegen seiner Ausdehnung in einer Ebene ein strategisch bedeutendes Ziel. Vor allem unter den Genuesen entwickelte es sich zu einem überregional wichtigen Handelszentrum. Zu seinem Schutz vor Angriffen vom Meer her errichteten die Genuesen Anfang des 15. Jahrhunderts die Cittadella, von der noch ein Turm erhalten ist. Von Chiavari lohnen sich Stippvisiten ins steile Hinterland mit seinen Bergdörfern und Waldgebieten.

Eine Route führt durch das Val Graveglia. Dort bieten einige Orte auch kulturhistorisch bedeutende Baudenkmäler, darunter Cogorno mit der romanisch-gotischen Basilika San Salvatore di Fieschi. Eine weitere Tour ins Hinterland führt durch das Val Fontanabuona, das seit dem Mittelalter durch den Abbau von Schiefer bekannt ist. Dem Abbau und der Weiterverarbeitung des Gesteins widmet sich das sehenswerte Eco Museo in Chiapparino di Cicagna.

❾ Rapallo
Bei der Weiterfahrt präsentiert sich die Riviera wieder von ihrer bis dahin gewohnten Seite. In Serpentinen windet sich die Küstenstraße von der Ebene von Chiavari hinauf, um dann in Rapallo wieder das Meer zu erreichen. Das Seebad umrahmt den Golfo di Tigullio mit seinem Jachthafen halbkreisförmig. Zu den Sehenswürdigkeiten gehört das Castello, das die Genuesen Mitte des 16. Jahrhunderts zum Schutz des Hafens errichteten.

❿ Santa Margherita Ligure
Luxuriöse Hotels, stattliche Adelspaläste, schmucke Kunstgalerien, prächtige Uferpromenaden und erlesene Geschäfte für den gehobenen Bedarf machen Santa Margherita Ligure zu einem der elegantesten Badeorte an der Riviera. Monarchen und auch

Die Burg von Rapallo wacht am Eingang des Hafens.

In Camogli locken Cafés an der Uferpromenade.

Kunstschaffende zog es in großer Zahl hierher. Die von schön gepflegten Grünanlagen umgebene prunkvolle Villa Durazzo (16. Jahrhundert) steht stellvertretend für die Erhabenheit des Orts. Die vom Adelsgeschlecht der Durazzi im Stil der Renaissance errichtete Villa kann besichtigt werden, sie wird zudem für kulturelle Veranstaltungen genutzt. Inmitten all des Glamours zeigt sich Santa Margherita Ligure jedoch auch als lebhafte Kleinstadt mit rund 8500 Einwohnern.

⑪ Portofino

Der noble Küstenort befindet sich an der südlichen Spitze der gleichnamigen Halbinsel. Von Santa Margherita

Ligure empfiehlt sich die Benutzung von Zug oder Bus, da in Portofino Parkplätze rar und teuer sind. Autofahrer werden in Paraggi, einem Ort etwa zwei Kilometer vor Portofino, über eine elektronische Anzeigetafel informiert, wie weit sich der Stau vor Portofino hinzieht. Eine gute Alternative ist auch die Anreise mit dem Boot. Bei der Einfahrt in den Hafen bietet sich eine der meistfotografierten Ansichten Norditaliens. Das Leben in dem pittoresken Hafenstädtchen spielt sich am Hafen um die mit Kieselsteinen gepflasterte Piazza Martiri dell'Olivetta ab. Kunstvoll bemalte Häuser mit Fassaden in Rosa, Orange und Gelb schaffen eine attraktive Sze-

nerie, die auch diversen Kinofilmen als Kulisse diente. Die Halbinsel ist ein beliebtes Wandergebiet. Ein viel begangener Weg führt zum ehemaligen Benediktinerkloster San Fruttuoso di Capodimonte.

⑫ Camogli

Zurück in Santa Margherita Ligure, verläuft die Via Aurelia über gebirgiges Gelände in bis zu rund 600 Meter Höhe. Dann windet sie sich wieder auf Meeresniveau hinab, wo sie Camogli erreicht. Der Ort am Golfo Paradiso erstreckt sich zu beiden Seiten einer Landzunge, die zwei Buchten voneinander trennt. Auf der einen Seite verläuft eine lange Uferpromenade, auf

Blick vom Hafen auf die Altstadt von Genua.

der anderen liegt der Fischerhafen. Hier findet jedes Jahr im Mai die »Sagra del Pesce« statt, das größte Fischerfest Liguriens. Dass der gemütlich wirkende Fischerort eine Vergangenheit als strategisch wichtige Bastion hinter sich hat, bezeugen zahlreiche Bauwerke wie zum Beispiel das genuesische Castello Dragone aus dem 16. Jahrhundert. Über Nervi und Boccadasse geht es anschließend auf die italienische Metropole Genua zu.

⑬ Genua

Einst Zentrum einer Seerepublik unter dem Geschlecht der Doria, ist die ligurische Metropole noch durch viele historische Gebäude geprägt. Genuas Altstadt bietet eine überwältigende Fülle an Baudenkmälern, welche die reiche und wechselvolle Geschichte von »La Superba« dokumentieren. Architektonische Meisterwerke sind Kirchenbauten wie die Kathedrale San

Lorenzo mit ihrem kostbaren Domschatz und die Kirche San Matteo mit dem Grabmal des genuesischen Admirals und Staatsmanns Andrea Doria (1466–1560). Genua ist auch berühmt für die prachtvollen Stadtresidenzen der reichen Adelsgeschlechter, etwa in der Via Garibaldi oder der Via Balbi (darunter Palazzo Ducale und Palazzo Doria). Spannend ist auch der Kontrast zwischen den prachtvollen Flaniermeilen und dem Labyrinth von engen Gassen in der Altstadt. Genua musste in der jüngeren Vergangenheit einen massiven Strukturwandel bewältigen (u. a. Schließung von Stahlwerken und Werften). Befeuert wurde der Wandel auch durch die Feierlichkeiten im Jahr 1992 aus Anlass des 500. Jahrestags der Entdeckung Amerikas durch den Genuesen Christoph Kolumbus sowie den Status als Kulturhauptstadt Europas 2004. Die Hafenanlagen erstrahlen seither in neu-

em Glanz. Das Acquario beherbergt einen der größten Meerwasserzoos Europas. Einen schönen Ausblick von oben genießt man vom sogenannten Bigo, einer 40 Meter hohen Metallkonstruktion mit Panoramaaufzug.

⑭ Savona

Hinter kleinen Ferienorten wie Varazze und dem für seine Tonwaren bekannten Albisola erreicht man Savona, die Hauptstadt der gleichnamigen Provinz. Auf den ersten Blick mag das Städtchen nüchtern wirken, doch wer sich näher auf es einlässt, wird es als gelungene Abwechslung zu bekannteren Orten schätzen. Nach einem Hafenbummel gelangt man zur Festung Priamar, die im 16. Jahrhundert zur mächtigsten Wehranlage der Genuesen ausgebaut wurde. Auch die Geschlechtertürme und die prächtigen Palazzi (u. a. Palazzo Pozzobonello in der Via Quadra Superiore), in denen

einst reiche Kaufleute residierten, dokumentieren die frühere Bedeutung Savonas.

⑮ Finale Ligure

Der Ort setzt sich aus den drei Teilen Finalpia, Finalmarina und Finalborgo zusammen, die völlig unterschiedlich sind. Von Savona aus erreicht man zunächst Finalpia; dieser Teil entwickelte sich um das sehenswerte Kloster Santa Maria di Pia (15. Jahrhundert) herum mit seiner Kirche (18. Jahrhundert), deren Rokokofassade aufwendig mit Stuck verziert ist. Touristisches Zentrum von Finale Ligure ist Finalmarina mit seinem Sandstrand, hinter dem eine prächtige palmengesäumte Promenade verläuft. Jenseits dieser Straße befindet sich die an drei Seiten von schmucken Bürgerhäusern umrahmte Piazza Vittorio Emanuele II mit monumentalem Triumphbogen. Der von alten Stadtmauern umgebene

Palmen säumen den Strand in Finale Ligure.

Nahe Sanremo lohnt der Botanische Garten der Villa Hanbury einen Besuch.

Die Strandpromenade von Sanrermo mit der Statua della Primavera.

Ortsteil Finalborgo erstreckt sich etwa zwei Kilometer landeinwärts. Das Auto lässt man am besten außerhalb stehen und betritt Finalborgo durch eines der Stadttore wie die Porta Reale. Die Häuser in den Gassen um die Piazza Garibaldi wurden restauriert und erstrahlen wieder in altem Glanz. Vorbei an weiteren Badeorten führt die Route nach Borghetto Santo Spirito, wo man nach einer Abzweigung ins Landesinnere zu den Grotte di Toirano kommt, einer der Hauptsehenswürdigkeiten der Riviera. Die faszinierende Höhlenlandschaft umfasst nicht nur bizarre Tropfsteinformen, sondern weist auch Spuren früher menschlicher Besiedlung (u. a. Abdrücke von Händen und Füßen) auf. Ein etwa ein Kilometer langer Rundgang erschließt die Höhlenwelt.

⑯ Albenga

Zurück auf der Via Aurelia, gelangt man nach Albenga, dessen historisches Zentrum noch gut erhalten ist. Die architektonischen Spuren weisen sogar bis in die Römerzeit zurück, einige Häuser sind auf römischen Fundamenten errichtet. Das zehneckige Baptisterium – von außen ein schlichter Bau, innen aber mit byzantinischen Mosaiken umso glanzvoller – stammt aus dem 5. Jahrhundert. Doch das Zentrum von Albenga wird vornehmlich von mittelalterlichen Bauwerken geprägt, darunter die Kathedrale San Michele (13. Jahrhundert). Einige Geschlechtertürme aus der Zeit vom 12. bis zum 15. Jahrhundert erreichen Höhen von bis zu 60 Metern. Auf der Straße entlang der Küste erreicht man nach etwa zehn Kilometern den Ferienort Alassio, der wegen seiner kilometerlangen feinen Sandstrände ein Dorado für Sonnenanbeter und Wassersportler ist. Im weiteren Verlauf befindet sich weit oberhalb der Straße Cervo, ein malerisches Dorf mit engen und winkligen Gassen sowie steilen Treppen.

Imperia wird vom größten Kirchenbau Liguriens überragt, der neoklassizistischen Basilica di San Maurizio.

⑰ Imperia

Die Hauptstadt der Provinz Imperia entstand aus zwei Teilen. Porto Maurizio ist von alter Bausubstanz geprägt, Oneglia weist eine hohe Dichte an Industriebetrieben auf. Die Silhouette Imperias wird von der zwischen 1781 und 1838 erbauten und in ihren Ausmaßen imposanten Basilica di San Maurizio bestimmt. Die Geschichte der ligurischen Seefahrt veranschaulicht das Museo Navale. Die Hauptattraktion von Oneglia ist das Olivenmuseum, in dem die Geschichte des Anbaus der Ölbaumfrucht dokumentiert wird. Kein Wunder, dass in der Umgebung von Imperia ausgedehnte

Olivenhaine das Landschaftsbild dominieren. Bei der Weiterfahrt nach Westen erreicht man Arma di Taggia, wo ein lohnender Abstecher ins Landesinnere nach Taggia führt. Von dort führt eine landschaftlich reizvolle Strecke durch das Valle Argentina.

⑱ Sanremo

In dem mondänen Badeort ist der Glanz vergangener Zeiten noch immer sichtbar. Prachtvolle Villen mit parkartigen Gärten, von Palmen gesäumte Strandpromenaden, das Spielcasino und noble Einkaufsstraßen machen den Charme Sanremos aus. Wahrzeichen der Stadt ist das Casino mit sei-

ner beeindruckenden Stuckfassade. Es ist schon aus architektonischer Sicht einen Besuch wert. Im Jugendstil gestaltet, ist das 1905 eröffnete Gebäude sowohl tagsüber als auch abends beeindruckend. Luxuriös wirkt der große Saal mit den riesigen Leuchtern und den Spielautomaten. Gut 500 davon sind in dem Komplex untergebracht. An zahlreichen Tischen wird amerikanisches sowie französisches Roulette, Poker und Black Jack gespielt. Hier beginnen auch Einkaufsstraßen wie etwa der Corso Matteotti. Einige Villen, z. B. die im Stil des Neoklassizismus erbaute Villa Ormond, sind öffentlich zugänglich.

Nach dem 5000-Einwohner-Städtchen Amalfi ist die gesamte Küste benannt.

Route 14 | Amalfitana, die schönste Küstenstraße der Welt

Schon in der Antike ließen sich wohlhabende Römer prächtige Sommersitze auf der grünen, bergigen Halbinsel von Sorrent errichten. Inzwischen ist die reizvolle und vielfältige Kulturlandschaft zu einer Art Mythos und zum Inbegriff des berühmten Dolce-Vita-Lebensgefühls geworden.

Die 1997 von der UNESCO zum Weltkulturerbe erklärte Kulturlandschaft Costiera Amalfi umfasst die Südseite der Halbinsel von Sorrent. Traumhafte Ausblicke auf das blaue Mittelmeer, auf herrliche Buchten und malerische, eng an die Felsen geschmiegte Ortschaften erlaubt die Straße entlang der Steilküste, die zu den schönsten Küstenabschnitten Italiens zählt. Etwa 45 Kilometer zieht sich die Straße in Serpentinen oberhalb des Meeres hin. Einziger Wermutstropfen: Zur Hauptreisezeit lockt sie so viele Touristen an, dass es immer wieder zu kilometerlangen Staus kommt. Der Schönheit der Strecke tut das jedoch keinen Abbruch. Hier ist Italien zweifellos das Land, wo die Zitronen blühen! Seit dem 19. Jahrhundert wussten Künstler wie der Komponist Richard Wagner, der Schriftsteller Walter Benjamin, die Schauspielerin Greta Garbo oder der Pianist Wilhelm Kempff die Reize dieser Küste zu schätzen und erkoren Orte wie Ravello, Atrani oder Positano zum zeitweiligen Feriendomizil oder gleich ganz zum Altersruhesitz.

Der Hauptort Amalfi, in der Mitte des Küstenabschnitts gelegen, glänzt mit seinem Jachthafen und dem Dom im normannisch-arabischen Stil, der durch seine prächtige Mosaikfassade und den majolikaverzierten Campanile besondere Aufmerksamkeit auf sich zieht. Eine weitere Perle der Amalfiküste ist Positano. Das einstige Fischerstädtchen mit seinen engen Gassen und steilen Treppen ist heute ein mondäner Badeort, über dessen Strand Spiaggia Grande die majolikaverkleidete Kuppel der Kirche Santa Maria Assunta aufragt. Und als stetiger Begleiter strahlt dem Besucher das Meer in allen möglichen Blau-, Türkis-, und Grüntönen entgegen.

ROUTE 14
Routenlänge:
ca. 70 Kilometer
Zeitbedarf:
3–5 Tage
Start/Ziel:
Meta – Salerno
Routenverlauf:
Meta, Positano, Praiano, Conca dei Marini, Amalfi, Ravello, Minori, Vietri sul Mare, Salerno

Der Blick von der Villa Rufolo in Ravello über die Küste und das Meer ist atemberaubend.

Die Häuser von Conca dei Marini verschmelzen beinahe mit dem Steilhang, in den sie gebaut sind.

❶ Meta

Das Städtchen mit knapp 8000 Einwohnern, auch Meta di Sorrento genannt, gilt vielen als Tor zur Halbinsel von Sorrent und zur Amalfiküste. Hier gibt es Bademöglichkeiten, die auf der Halbinsel ansonsten rar sind; neben versteckten Badebuchten zieht vor allem der lange Strand viele Besucher an. Meta teilt sich in eine steil in die Tuff-Felsen hineingebaute Oberstadt und eine von vielen kleinen Gässchen durchzogene Unterstadt, in der sich der Tourismus konzentriert. Sehenswert in der Oberstadt ist die große Basilica di Santa Maria del Lauro, die an der Stelle eines ehemaligen antiken Minerva-Tempels errichtet wurde. Hier soll im 8. Jahrhundert eine Madonnenstatue unter einem Lorbeerbaum (italienisch »lauro«) erschienen sein, die wundertätige Wirkung hatte.

❷ Positano

Einer der schönsten Flecken der Amalfiküste liegt gleich am Beginn der Amalfitana. Der Ort ist berühmt für seine malerische Lage an zwei Hängen des Monte Sant'Angelo a Tre Pizzi (1443 Meter). Bereits zu Zeiten der Römer war die Schönheit des Seefahrerortes entdeckt worden. Farbige Häuser kleben stufenartig an den steilen Berghängen, in den unzähligen engen Gässchen verstecken sich kleine Boutiquen, Cafés und Restaurants. Auch am Hafen Positanos lässt sich abends genüsslich speisen und flanieren. Das ehemalige Fischerstädtchen ist heute ein mondäner Badeort, über dessen Strand Spiaggia Grande die Kirche Santa Maria Assunta aus dem 10. Jahrhundert aufragt. Sie ist das Wahrzeichen der Stadt; ihre auffällige zentrale Kuppel ist kunstvoll aus gelben, grünen und blauen Majolika-Fliesen gearbeitet. »Besucht man einen Freund, dann läuft man nicht, sondern man klettert oder rollt«, schrieb der amerikanische Schriftsteller John Steinbeck über Positano, das ab den 1950er-Jah-

Meta hat unterhalb seiner Steilküste einen Sandstrand; eine Seltenheit auf der Halbinsel.

ren Künstler aus aller Welt anlockte. Aber auch der Opernregisseur Franco Zeffirelli hegte eine jahrzehntelange Liebe zu dem schönen Küstenflecken am Beginn der Amalfitana. In seiner Villa Treville war Maria Callas ebenso zu Gast wie Liz Taylor, Liza Minnelli, Elton John und Leonard Bernstein.

❸ Praiano

Schon im 13. Jahrhundert entdeckten die Dogen von Amalfi den ruhigen Ort am Saum des Monte Sant'Angelo a Tre Pizzi für ihre Sommervillen. Inzwischen staffeln sich seine Häuser weit himmelwärts und auch oberhalb des schmalen Strandes liegen immerhin

eine gute Handvoll kleiner Hotels. Von Praiano aus, so heißt es, genießt man die schönsten Sonnenuntergänge an der Amalfiküste – und einen wunderbaren Blick auf Positano. Darüber hinaus lädt die Bucht von Marina di Praia mit ihrem kristallklaren Wasser zum Tauchen ein.

❹ Conca dei Marini

Eng am steilen Küstenhang schmiegen sich die Häuschen der schon früh strategisch wichtigen Siedlung vom Meeressaum bis hinauf zu den Zitronengärten des Monte San Pancrazio. Berühmt ist sie vor allem für ihre Grotta dello Smeraldo, eine von sma-

ragdgrünem Licht durchflutete Tropfsteinhöhle. Kulinarischer Botschafter Concas ist die Sfogliatella Santa Rosa, ein luftiges Süßgebäck mit Ricottafüllung. Erfunden wurde es im 17. Jahrhundert von den Nonnen des Klosters Santa Rosa, das inzwischen zum Hotel umgewandelt wurde.

❺ Amalfi

Amalfi, heute ein hübscher Badeort mit knapp 5000 Einwohnern, war vom 9. bis zum 11. Jahrhundert eine bedeutende Seerepublik und stand in Konkurrenz zu Genua, Pisa und Venedig – damals zählte es 50 000 Einwohner. An den einstigen Glanz erinnert

Positano
Beinahe überirdisch schön liegt Positano an der Südküste der sorrentinischen Halbinsel – ein Inbegriff des Zaubers der Amalfiküste.

Der »Sentiero dei Limoni« (Zitronenweg) verbindet Minori und Maiori.

Der Domplatz von Amalfi ist ein beliebter Treffpunkt in der Stadt.

nur noch die alle vier Jahre ausgetragene Ruderregatta gemeinsam mit den einstigen Rivalen. Im 14. Jahrhundert wurde Amalfi durch eine Sturmflut weitgehend zerstört, weshalb wenig Historisches erhalten geblieben ist. Mitten im Gassengewirr mit seinen vielen Treppen steht der Dom, der auf das 9. Jahrhundert zurückgeht und 1203 im arabisch-normannisch-sizilianischen Stil umgebaut wurde. Zwei herrlich gelegene ehemalige Klöster beherbergen heute Luxushotels, in denen schon Henrik Ibsen und Ingrid Bergman nächtigten.

❻ Ravello

Luftlinie einen Kilometer von der Küste entfernt (über die Straße mit mehreren Spitzkehren sind es sechs Kilometer) thront Ravello in 350 Meter Höhe. Der Ausblick von hier über Küste und Meer ist fantastisch. Mehr als zwei Dutzend italienische Adelsfamilien ließen sich in Ravello Villen und Paläste bauen. Ein echtes und besonderes Schmuckstück ist die im 13. Jahrhundert errichtete und im 19. Jahrhundert veränderte Villa Rufolo mit ihren wunderschönen Gärten, die für die Öffentlichkeit zugänglich ist. In ihren Räumen finden zudem immer wieder Ausstellungen statt. Auch der Dom Ravellos, ein Meisterwerk arabisch-byzantinischer Mosaikarbeit, ist weithin bekannt. Der Reiz von Ravello hat Besucher seit Jahrhunderten verzaubert. Berühmte Schauspieler, Schriftsteller, Komponisten und Künstler haben hier Zuflucht und Inspiration gesucht; Richard Wagner zum Beispiel ließ sich von den Gärten der Villa Rufolo für das Bühnenbild seiner Oper Parsifal inspirieren.

❼ Minori

Nur einen Kilometer und eine bis ans Meer vorrückende Felsnase voneinander entfernt liegen die Zwillingsstädte Minori (die Kleinere) und Maiori (die Größere) östlich von Amalfi. Insbesondere Minori hat sich noch immer den alten Charme der typischen Städte der Amalfiküste bewahrt. Neben Strand und der schönen Promenade mit dem Löwenbrunnen aus dem 11. Jahrhundert ist vor allem die römische Villa aus dem 1. Jahrhundert ein Highlight. Hier kann man einen Einblick in das

Die Chiesa dell'Annunziata in Ravello gehört zur Villa Rufolo.

Im Park der Villa Comunale von Vietri sul Mare sind auch die Treppengeländer mit Majolika-Fliesen belegt.

Leben der alten Römer zur Zeit des Augustus bekommen. Das große Patriziergut mit etwa 30 Räumen, Garten und Viridarium (eine Freiluft-Kunstgalerie) war einst wohl nur vom Meer aus erreichbar, lag jedoch uneinsehbar für potenzielle Angreifer. Das der Villa angeschlossene Museum zeigt gut erhaltene Mosaike, Fresken und Tongefäße. Auch Feinschmecker dürfen sich freuen: Minori ist nämlich für seine Zitronen und für seine Pastaspezialitäten berühmt.

⓭ Vietri sul Mare

Nicht nur wegen seiner wunderbaren Lage, seiner reichen Geschichte und seiner erstklassigen Restaurants ist Vietri sul Mare ein Juwel der Amalfiküste. Das Städtchen ist insbesondere berühmt für seine handgefertigte, farbenfrohe Keramik, die an der ganzen Küste zu erwerben ist. Mit traditionellen Fliesen dieser Kunst dekoriert sind auch viele Häuser und Kirchen, vor allem im Zentrum. Im Museo Provinciale della Ceramica in der Villa Guariglia wird die Geschichte der Keramikkunst vom 17. bis ins 19. Jahrhundert anhand prachtvoller Exponaten beleuchtet. Der oberhalb gelegene Ortsteil Albori, dessen leuchtend bunte Häuser sich an den Monte Falerio drängen, gehört zu den »Borghi piu belli d'Italia«, den schönsten Dörfern Italiens.

⓮ Salerno

Die Hauptstadt der gleichnamigen Provinz hat auch dem Golf seinen Namen gegeben. Ihre Blütezeit erlebte sie unter normannischer Herrschaft im 11. und 12. Jahrhundert, als es hier noch die Scuola Medica gab, die erste medizinische Ausbildungsstätte in Europa. Aus dieser Zeit stammt auch der Dom San Matteo mit seinem 56 Meter hohen Campanile. Durch das romanische Löwenportal gelangt man in einen 36 mal 33 Meter großen Vorhof, dessen Arkaden von 28 antiken Säulen aus Paestum getragen werden. Ein Kleinod barocker Marmorintarsienkunst ist die Krypta. Überragt wird die Stadt vom Castello di Arechi.

Südlich von Salerno stehen die berühmten antiken Tempel von Paestum.

Das mittelalterliche Städtchen Vieste verzückt durch seine traumhafte Lage.

Route 15 | Sehnsuchtsziel Adriaküste

Eine Reise an die italienische Adria ist zu jeder Jahreszeit verlockend, selbst dann, wenn die Witterung und die Wassertemperaturen Badefreuden unmöglich machen. Die Küste und ihr Hinterland bergen eine Fülle von Sehenswürdigkeiten, die auch außerhalb der üblichen Reisesaison nichts von ihrer Attraktivität einbüßen.

INFO

ROUTE 15
Routenlänge:
ca. 1300 Kilometer
Zeitbedarf:
3–4 Wochen
Start/Ziel:
Grado – Brindisi
Routenverlauf:
Grado, Jesolo, Venedig, Chioggia, Porto Levante, Comacchio, Ravenna, Rimini, Pesaro, Ancona, Monte Conero, Termoli, Vieste, Monte Sant'Angelo, Castel del Monte, Ruvo di Puglia, Bari, Grotte di Castellana, Alberobello, Brindisi

Die Küsten des Adriatischen Meeres sind die meistbesuchte Fremdenverkehrsregion Europas, und die italienische Küste hat hieran den größten Anteil. Badeorte wie Grado, Lido di Jesolo, Rimini, Riccione und Cattolica sind im Sommer beliebte Urlaubsziele. Doch auch andere Jahreszeiten haben ihren Reiz, denn die Adriaküste weist ein gemäßigtes Klima auf. Die Sommer sind nicht ganz so heiß wie im Binnenland und die Winter fallen deutlich milder aus, wobei auch mit gelegentlichem Frost – zumindest nachts – gerechnet werden muss. Die Niederschlagsmengen sind mit 650 bis 700 Millimetern pro Jahr gering, wenngleich gelegentlich ein gewaltiger Wolkenbruch oder ein unangenehmer Dauerregen eine Schönwetter-

periode unterbricht. Viele Hotels in den Küstenorten haben im Winter geschlossen, die Strände sind verwaist. Aber ausgedehnte Strandspaziergänge bieten in der kühlen Jahreszeit ebenfalls Erholung. Wenn auch auf der »Rückseite« des italienischen Stiefels gelegen und von den kulturellen Hauptstädten wie Florenz, Rom und Neapel durch den Apennin getrennt, lag die Küstenregion der Adria doch nie in einem kulturellen Abseits. Ganz im Gegenteil: Die Nachbarschaft zu Griechenland und dem alten Byzanz sowie die Verbindungen zum Orient haben hier befruchtend gewirkt und einen Kulturraum besonderen Gepräges entstehen lassen. An erster Stelle sind Städte wie Ravenna und Venedig mit ihren weitreichenden kulturellen

Gondelfahrt durch Venedig.

und historischen Beziehungen zu nennen. Aber auch alte Hafenorte wie Rimini und Ancona mit ihrem weltoffenen Flair gehören hierzu. Nicht nur die unmittelbare Küstenregion lohnt einen Besuch. Vielfältig sind die Möglichkeiten zu kürzeren oder längeren Abstechern ins Hinterland mit seinen reizvollen Städtchen, in denen mittelalterliche Gassen und Plätze noch heute von Leben erfüllt sind. Hinzu kommen die prachtvollen Residenzstädte, die ihre Gestalt im Zeitalter der Renaissance erhalten haben, mit ihren großartigen Palazzi. Oft waren es Zentren kultureller Ausstrahlung, die über Italien hinaus in ganz Europa gewirkt haben. Das großartigste Beispiel hierfür ist wohl Urbino.

Die auf diesen Seiten vorgeschlagene Route führt von Grado am Nordufer des Mittelmeers bis nach Brindisi, wo die Adria in der Straße von Otranto in das Ionische Meer übergeht. Wo immer möglich werden die Autobahn und die viel befahrene Küstenstraße vermieden, denn auch die kleinen Straßen sind bestens ausgebaut. Dass man auf ihnen nicht ganz so schnell vorankommt, sollte bei einer solchen Reise nicht stören. Es gibt noch einen anderen Grund, das Hinterland der Küste nicht zu vergessen: nämlich die ausgezeichneten Weine und die Vielfalt der Küche. Wer neugierig auf Regionales ist, lernt dort vieles kennen.

❶ Grado

Das Städtchen am Nordende der Adria, das sich über eine lang gestreckte Laguneninsel hinzieht, war schon zu römischer Zeit Seebad, im Mittelalter sogar Sitz eines bedeutenden Patriarchen. Heute ist Grado einer der meistbesuchten Badeorte im Norden der italienischen Adria. Durch den großen Fischereihafen, das mittelalterliche Gepräge der Altstadt sowie die gepflegten Thermal- und Kuranlagen hebt sich Grado wohltuend von vielen anderen Badeorten der Adria ab.

❷ Jesolo

Die Stadt, die dem weltbekannten Lido di Jesolo den Namen gab, hat durch Verlandung der Küste schon vor Jahrhunderten ihren Meereszugang verloren und ist fast zur Bedeutungslosigkeit abgesunken. Am Lido hingegen ist aufgrund des Zustroms von Badegästen eine Touristenstadt entstanden, die sich mit Restaurants, Diskotheken, Surfschulen und Sportanlagen auf 15 Kilometer Länge parallel zum Strand erstreckt. Die Haupteinkaufsstraße Via Andrea Bafile wird all-

Der y-förmige Kanal beherbergt den alten Hafen von Grado.

abendlich zur Flaniermeile. Für die Weiterfahrt empfiehlt sich die Route über die Landzungen und Inseln der Lagune von Venedig. In Punta Sabbioni muss man mit der Fähre nach Porto di Lido übersetzen. Von dort bestehen Fährverbindungen in das Zentrum von Venedig.

❸ Venedig

Wer sich nicht gerade in der Hauptsaison mit Tausenden anderer Touristen in den engen Gassen rund um die Piazza San Marco drängt, wird von Venedig begeistert sein. Die traumhaft schöne Stadt im Meer – als Seemacht einst die Herrin des östlichen Mittelmeers – ist nicht zuletzt dank ihrer eigenständigen mittelalterlichen Architektursprache, einer Verschmelzung von byzantinischen, arabischen und gotischen Elementen, schlicht einzigartig. Schon im Mittelalter wurden benachbarte Inseln in die Bebauung einbezogen, anderweitig wurden Pfähle in den schlickigen Meeresboden gerammt, die als Fundament für den Bau großartiger Paläste und Kirchen, aber auch für einfache Wohnhäuser dienten. So entstanden allseitig von Wasser umgebene Gebäudeblöcke, zwischen denen eine Verbindung nur mit dem Boot möglich ist. Ungefähr 160 Kanäle durchziehen die Stadt. Hauptverkehrsader der Stadt ist der knapp vier Kilometer lange Canal Grande. Das monumentale Zentrum bildet die Piazza San Marco mit der gleichnamigen Basilika und dem Dogenpalast.

In den vielen Kanälen von Venedig gibt es auch ruhige Abschnitte.

❹ Chioggia

Die auf Inseln errichtete Lagunenstadt wird von zahlreichen Kanälen durchzogen. Malerische Brücken und alte Paläste – das alles erinnert an Venedig, und doch hält Chioggia den Vergleich mit der an Kunstschätzen so reichen Metropole nicht aus. Dafür ist Chioggia weniger von Touristen überlaufen und weist noch die Atmosphäre eines lebendigen Fischerhafens auf. Die Stadt hat zwei parallel zueinander verlaufende Achsen: Der breite Corso del Popolo, der die Stadt vom Dom bis zum Ponte Vigo durchzieht, ist die Flaniermeile. Parallel hierzu verläuft der von neun Brücken gequerte Canal Vena mit seinen bunten Booten.

Der alte Fischerort Chioggia liegt am südlichen Ende der Lagune von Venedig.

Venedig
Von der Rialtobrücke genießt man eine wunderbare Aussicht auf den Canal Grande, die Gondeln und die beeindruckende Parade der Paläste. Den sich s-förmig durch Venedig schlängelnden Canal Grande, die bekannteste Wasserstraße der Stadt, queren insgesamt vier Brücken.

Die Tiberius-Brücke über den Fluss Marecchia in Rimini geht auf römische Zeiten zurück.

❺ Porto Levante

Ein schmales Sträßchen, das kurz hinter Rosolina von der Hauptroute nach Osten abzweigt, führt parallel zum Po di Levante, einem nördlichen Arm des Flusses, weit in die flache Deltalandschaft hinein. Ein Gewirr von Schilfgürteln, Brackwasserseen, Hochwasserdämmen und Altwasserarmen geben der Deltalandschaft ihr eigenes Gepräge. An der Mündung des Flussarms liegt der Jachthafen von Porto Levante, wo auch Hausboote für mehrtägige Rundfahrten durch das Po-Delta gemietet werden können. Auch heute noch ist die amphibische Landschaft des Po-Deltas in stetem Wandel begriffen. Größere Teilgebiete stehen als Nationalpark unter Schutz. Wieder zurück an der Küstenstraße S 309 liegen weiter südlich die nächsten Orte der Adriaküste wie Perlen auf einer Kette aufgereiht.

❻ Comacchio

Nicht nur Ravenna, sondern auch mehrere andere Städte verloren durch die Abschnürung vom Meer einst ihre Bedeutung, die sie jahrhundertelang innehatten. Die Überreste der etruskischen Hafenstadt Spina, die im 6. Jahrhundert v. Chr. im Norden der Valli di Comacchio gegründet worden war, befinden sich heute rund zwölf Kilometer vom Meer entfernt. Unter meterdicken Schichten von Schlamm und Schlick begraben, wurde die Stadt erst 1953 mithilfe von Luftbildern entdeckt. Die einst auf 13 Inseln erbaute und durch Salzgewinnung reich gewordene Stadt Comacchio behielt ihre Funktion als Fischereihafen nur, weil ein künstlich offengehaltener Durchlass die Ausfahrt aus dem Strandsee auf das offene Meer ermöglicht. Außer der Kathedrale, dem Uhrturm und dem Fischmarkt ist der »Trepponti« als besondere Sehenswürdigkeit des Stadtzentrums zu nennen. Dieses aufwendig gemauerte Bauwerk von 1634 besteht aus fünf Treppenaufgängen, die sich zu einer Brücke über dem Kanal vereinigen. Die Fußgängerbrücke ist das Wahrzeichen der Stadt.

Ravennas Kirche San Vitale stammt aus frühchristlich-byzantinischer Zeit.

Wahrzeichen von Comacchio ist die Trepponti-Brücke.

❼ Ravenna

Ravenna war einst Hauptstadt des Weströmischen Reichs, später Residenz der Goten, dann Mittelpunkt des byzantinischen Teils von Italien, bis es 751 von den Langobarden erobert wurde. Die Welterbestätte umfasst acht nahezu unverfälscht erhaltene Bauwerke mit grandiosen Mosaiken. Die wichtigsten Kunstwerke liegen etwas abseits vom Zentrum der Altstadt. Im Nordwesten nahe der Stadtmauer befinden sich die Kirche San Vitale mit ihren großartigen Mosaiken und das gleichfalls mit Mosaiken verzierte Mausoleum der Prinzessin Galla Placidia. Nicht minder beeindruckend sind die Mosaiken in der Basilica

Sant'Apollinare Nuovo südöstlich der Piazza del Popolo. Hier füllen Heiligengestalten in zwei langen Prozessionen die Wände des Gotteshauses. Das Mausoleum des Gotenkönigs Theoderich, ein wuchtiger Bau aus Kalksteinblöcken, beeindruckt durch schlichte Monumentalität.

❽ Rimini

Rimini, das älteste der großen Seebäder an der italienischen Adria, kann mit einem wundervollen Sandstrand und einer riesigen Auswahl an Hotels und Restaurants aufwarten. Doch bietet die Stadt, deren Geschichte bis in römische Zeit reicht, auch eine Reihe architektonischer Sehenswürdigkei-

ten. Die zwei wichtigsten finden sich an den beiden Enden des Corso d'Augusto: die 27 v. Chr. eingeweihte Tiberiusbrücke über den Fluss Marecchia und der wenig später errichtete Triumphbogen zu Ehren des Kaisers Augustus. Daneben gibt es auch Paläste, Brunnen sowie Denkmäler aus der wechselvollen Zeit zwischen dem 13. und 16. Jahrhundert.

❾ Pesaro

Die zweitgrößte Stadt der Region Marken wurde 184 v. Chr. als römische Bürgerkolonie gegründet. Die Großstadt hat sich mit ihrem historischen Zentrum, der Altstadt um die Piazza del Popolo mit dem zinnengekrönten

Blick auf die Altstadt und den Hafen von Ancona.

Palazzo Ducale (15./16. Jahrhundert) einen architektonischen Schatz bewahrt. Am Hof der kunstsinnigen Herzöge della Rovere verkehrten die berühmtesten Dichter ihrer Zeit. Lange war die Stadt eines der wichtigsten Zentren der Majolika-Produktion in Italien. Das Museo Civico präsentiert eine bemerkenswerte Sammlung italienischer Keramik aus Renaissance, Barock und Moderne. Festspiele und ein kleines Museum erinnern an den bedeutendsten Sohn der Stadt, den Komponisten Gioacchino Rossini, der hier 1792 geboren wurde. Auch das Opernhaus von Pesaro, ein fünfstöckiges Logentheater, trägt den Namen des Komponisten.

⑩ Ancona

Die heutige Hauptstadt der Region Marken wurde 390 v. Chr. als Ankón von Syrakusern gegründet. In römischer Zeit war es ein bedeutendes Handelszentrum. Der 115 n. Chr. errichtete Trajansbogen erinnert an den Ausbau des Hafens. Im Mittelalter bildete Ancona eine unabhängige Stadtrepublik, die weitreichende Handelskontakte unterhielt. 1532 kam die Stadt unter päpstliche Herrschaft. Aus dieser Zeit stammt der Arco Clementino, ein Triumphbogen zu Ehren von Papst Clemens XII. Das weithin sichtbare Wahrzeichen Anconas ist der romanische Dom auf dem Monte Guasco. Zwei auf das Meer blickende

Löwen, die den Zugang flankieren, tragen einen baldachinartigen Portalvorbau (um 1200). Sehenswert ist auch die romanische Kirche Santa Maria della Piazza aus dem 12. Jahrhundert, die in der unvollendet gebliebenen Blendfassade deutlichen byzantinische Einfluss aufweist. Der Ausbau der Fährverbindungen von Ancona zur dalmatinischen Gegenküste und vor allem nach Griechenland hat zur Entwicklung der heute über 100 000 Einwohner zählenden Stadt wesentlich beigetragen.

⑪ Monte Conero

Kurz hinter Ancona wird das sonst überwiegend flache Küstenland der

Adria durch den schroff aufragenden Kalkklotz des Monte Conero unterbrochen. Seine Felshänge reichen bis fast ans Meer und trennen eine Reihe reizvoller Buchten voneinander ab. Sie geben der Riviera del Conero ihre besondere Note. Um eine einmalig weite Aussicht über das Adriatische Meer, die Küstenebene und das bergige Hinterland genießen zu können, biegt man kurz hinter Portonovo nach links zum Gipfel des Monte Conero ab. Der markante Felsklotz ist nichts anderes als ein isolierter Vorposten des Apennin, dessen Jurakalkschichten hier noch einmal bis 572 Meter Höhe aufragen. Seit 1987 ist das Gebiet als regionaler Naturpark geschützt.

Herrliche Ausblicke auf die Adria bietet der Monte Conero bei Ancona.

Träge dümpeln die kleinen Fischerboote in Termoli vor sich hin.

Die spektakuläre Lage von Vieste zieht im Sommer viele Besucher an.

⑫ Termoli

Termoli liegt malerisch auf einer ins Meer vorstoßenden Halbinsel. Die alte Bischofsstadt zeigt noch manche baulichen Reste aus dem Mittelalter, darunter die im Zerfall begriffene Hohenstaufen-Burg aus dem 13. Jahrhundert. Mehr aber als die Stadt selbst bezaubert die Aussicht, die sich bei klarem Wetter von hier auf die Bergwelt der Abruzzen bietet. Der Hafen von Termoli ist wichtigster Ausgangspunkt für den Ausflugsverkehr zu den Tremitischen Inseln. Über die S 16 und 89 erreicht man die Halbinsel Gargano.

⑬ Vieste

Etwa 27 Kilometer südlich thront Vieste auf einem Felsvorsprung in bis zu 43 Meter Höhe über dem Meer. Der Pizzomunno, ein markanter Kreidefelsen, der sich wenige Meter vor der Küste aus dem Wasser erhebt, ist das Wahrzeichen der Stadt. Die Geschichte von Vieste lässt sich bis zu den Zeiten der griechischen Kolonisation in Süditalien zurückverfolgen. Die Burg aus dem 13. Jahrhundert, das beherrschende Bauwerk der Kleinstadt, wurde im 16. Jahrhundert in der Substanz stark verändert. Vom Burgberg aus hat man einen herrlichen Blick auf den langen Sandstrand, die Altstadt und den Hafen. Gut zu Fuß sollte man allerdings sein, wenn man die engen Gassen und steilen Treppen erkunden will. Südlich von Vieste beginnt der sicherlich schönste Abschnitt der berühmten Küstenstraße des Gargano. In unzähligen Windungen führt die Strecke mit überraschenden Ausblicken auf die Küste und das Meer nach Süden. Hinter Mattinata biegt nach etwa fünf Kilometern eine Straße nach rechts ab und führt in vielen Kurven steil bergauf nach Monte Sant'Angelo in fast 800 Meter Höhe.

⑭ Monte Sant'Angelo

Mit 12 000 Einwohnern ist es nach Vieste die zweitgrößte Stadt des Gargano. Berühmt ist Monte Sant'Angelo als Wallfahrtsort. Eine Grotte und die über ihr errichtete Kirche des Erzengels Michael sind das Ziel der Pilger. Auch die Kirche Santa Maria Maggiore (12. Jahrhundert) mit ihrem schö-

Das Teatro Margherita ist ein Blickfang in Baris altem Hafen.

nen Portal und den üppigen Fresken im Inneren ist hervorzuheben. Die Stadt ist Ausgangspunkt für Touren in den Gargano-Nationalpark.

⑮ Castel del Monte

Ein kurzer Abstecher führt von Barletta über Andria zum 28 Kilometer entfernten Castel del Monte, der sicher eindrucksvollsten mittelalterlichen Burg Süditaliens. Weithin sichtbar überragt das aus hellem Kalkstein in 540 Meter Höhe erbaute Kastell die kahle Hügellandschaft der Murgia. Kaiser Friedrich II. ließ es ab 1240 erbauen. Die wuchtige, von acht Türmen umschlossene Anlage war wohl als Jagdschloss geplant. Soweit sich aus dem erhaltenen Bauwerk erschließen

lässt, war das Kastell mit allem Luxus der damaligen Zeit ausgestattet. 1996 wurde es von der UNESCO zum Weltkulturerbe erklärt.

⑯ Ruvo di Puglia

Rund 20 Kilometer führt die Route von Castel del Monte in östliche Richtung zum Städtchen Ruvo di Puglio. Es liegt inmitten fruchtbarer Olivenhaine, Obst- und Weingärten auf einem Hügel in 256 Meter Höhe. Die prächtige Kathedrale mit schönen Fenstern, darunter einer Rosette von 1273, wurde gegen Ende des 12. Jahrhunderts über einer älteren Basilika errichtet. Die freigelegten Mauern der Vorgängerkirche unter der heutigen Kathedrale sind zu besichtigen. Der

Campanile diente einst den Bürgern der Stadt als Wehrturm.

⑰ Bari

Mit seinen rund 320 000 Einwohnern ist Bari, die Hauptstadt Apuliens, nach Neapel und Palermo die größte Stadt des italienischen Südens und ein bedeutender Hafen; schon das antike Barium war als wichtige Hafenstadt bekannt. Der interessanteste Teil der Stadt liegt auf einer Landzunge zwischen dem alten und neuen Hafen. Hier steht die romanische Kathedrale, die nach 1156 über den Fundamenten der älteren Bischofskirche errichtet wurde. Ebenfalls in der Altstadt befindet sich die Basilika San Nicola (erbaut ab 1087), eine Wallfahrtskirche

Tremiti: Paradiesinseln in der Adria

Die Tremitischen Inseln mit einer Gesamtfläche von nur etwa drei Quadratkilometern liegen 25 Kilometer vor der Küste und sind von Termoli und im Sommer auch von den kleinen Häfen an der Nordküste des Gargano aus per Schiff zu erreichen (das Auto muss man auf dem Festland zurücklassen). Die im 12. Jahrhundert zur Festung ausgebaute Abtei diente dem Schutz vor Piratenüberfällen, spielte aber auch eine wichtige Rolle im Kampf um die Vorherrschaft im Adriatischen Meer. Gegen Ende des 18. Jahrhunderts wurde das Kloster aufgehoben, und die Inseln dienten als Strafkolonie. Eine Besichtigung der Abtei sollte kein Besucher versäumen. Ein größeres Angebot an touristischen Einrichtungen findet sich auf der Insel San Domino. Vor allem für Freunde des Tauchsports bieten die Inseln mit ihren zahlreichen Grotten und einsamen Buchten ideale Möglichkeiten.

In Alberobello baut man auch heute noch Trulli, wie die traditionellen Rundhäuser in Apulien heißen.

Auch unter der Erde trifft man in Apulien auf großen Formenreichtum: Grotte di Castellana.

Der Hafen von Brindisi ist einer der wichtigen Industrie- und Handelshäfen an der Adria.

mit den Reliquien des heiligen Nikolaus. Überragt wird die Altstadt von einem mächtigen Kastell, das 1233 bis 1240 auf alten Fundamenten errichtet und im 16. Jahrhundert der veränderten Kriegstechnik baulich angepasst wurde. Ein Gang über die teilweise noch erhaltenen Stadtmauern ermöglicht interessante Einblicke in das Leben der Altstadt. Deutlich hebt sich die Neustadt mit ihrem schachbrettartigen Grundriss und den klassizistisch geprägten Bauten von der Altstadt ab. Die Via Sparano, die die Neustadt quert und vom Bahnhof über die Piazza Umberto I. auf die Altstadt zuläuft, ist die Hauptgeschäftsstraße mit eleganten Läden, Cafés und Restaurants. Die klassizistischen, teils schon überladen wirkenden Prachtbauten des 19. Jahrhunderts geben der Straße ihr besonderes Gepräge.

⑱ Grotte di Castellana

In dem für Apulien charakteristischen Kalkgestein sind Karsterscheinungen keine Seltenheit, doch nirgendwo zeigen sie sich so ausgeprägt wie in den Grotten von Castellana. Die Höhlen beeindrucken durch den Formenreichtum der Dome und Tropfsteine, die sich zu einer fantastischen unterirdischen Landschaft zusammenfügen.

⑲ Alberobello

Nirgendwo sonst in Apulien haben sich die Trulli, die typischen Rundbauten der Region, in solcher Zahl erhalten wie in und um Alberobello. Felssteine, die nur grob behauen sind, werden ohne Mörtel sorgfältig zu Mauern aufgeschichtet. Für das Dach setzen die Erbauer flache Steinplatten in immer enger werdenden Kreisen so übereinander, dass jeder Stein etwa zur Hälfte von einem darüberliegenden bedeckt wird. Allein durch dessen Gewicht wird er gehalten. Innen weisen die Trulli einen quadratischen Grundriss auf, je nach Platzbedarf werden mehrere Trulli miteinander verbunden. 1996 hat die UNESCO diese besonderen Bauwerke zum Weltkulturerbe erklärt. Bei einem Spaziergang durch die schön gepflasterten Gassen der Stadt stößt man auf Schritt und Tritt auf diese weißen Steinbauten, von denen es allein in Alberobello an die 1000 gibt.

⑳ Brindisi

Seit 190 v. Chr. ist das antike Brundisium der Endpunkt der Via Appia, damals symbolisiert durch zwei 19 Meter hohe Marmorsäulen. Schon in der Antike bildete Brindisi eine Art Tor zum östlichen Mittelmeer; von hier war es nicht mehr weit nach Griechenland und Kleinasien. Eine tief eingreifende Bucht bietet Platz für einen geschützten Hafen. Eine Gedenktafel an der Colonna Romana erinnert an den römischen Dichter Vergil, der hier im Jahr 19 v. Chr. starb. Nahe der Colonna Romana liegt das sehenswerte Ensemble des Domplatzes. Das Kastell am Seno di Ponte wurde unter dem Stauferkaiser Friedrich II. erbaut. Die lebhaften Mittelpunkte von Brindisi sind heute die Piazza del Popolo sowie die Piazza della Vittoria mit der Fontana de Torres (1618), dem sicherlich schönsten unter den nicht wenigen Brunnen der Stadt.

Die kurvenreiche Jadranska Magistrala gilt als eine der schönsten und malerischsten Küstenstraßen weltweit.

Route 16 | Immer am Meer entlang auf der Jadranska Magistrala

Die legendäre Jadranska Magistrala schlängelt sich in vielen Kurven an der kroatischen Küste bis nach Montenegro. Die Straße sollte von Nord nach Süd befahren werden, denn so hat man rechter Hand immer das Meer vor Augen.

Die Geschichte der kroatischen Küstenstraße Jadranska Magistrala (Adria-Magistrale) beginnt schon kurz nach der Gründung des sozialistischen Staatenbundes Jugoslawien. Präsident Josip Broz Tito wollte die in den Nachkriegsjahren wieder aufkommenden Urlaubsströme von der italienischen auf die gegenüberliegende Adriaküste lenken. Die Idee einer durchgehenden Verbindung des gesamten Küstenstreifens war geboren.

Entgegen landläufiger Meinung verläuft die Jadranska Magistrala nicht ausschließlich entlang der kroatischen Küste, sondern zieht sich auch durch Slowenien, Bosnien-Herzegowina sowie Montenegro bis kurz vor Albanien. 1964 war sie vollendet: Beinahe 1000 Kilometer Asphaltstraße waren der Küste abgetrotzt worden. Bis heute unterliegt die Magistrala stetigen Veränderungen. Offiziell beginnt die Straße in der slowenischen Grenzstadt Škofije südlich von Triest. Diese Anfangskilometer sind allerdings wenig erbaulich. Der eigentlich lohnende Einstieg beginnt erst tief im Süden der istrischen Halbinsel, auf ihrem abknickenden Verlauf zur Kvarner Bucht. In ganzer Pracht entfaltet sich die Schönheit der kroatischen Adriaküste auf dem Abschnitt zwischen Rijeka und Dubrovnik; Städte wie Zadar, Šibenik und Split bieten kulturelle Highlights. Bei Neum wird kurz Bosnien-Herzegowina durchfahren, bis mit Dubrovnik ein touristischer Höhepunkt erreicht ist. Noch einmal spektakulär wird die Fahrt, wenn hinter Kotor die Straße ansteigt und großartige Ausblicke über die Bucht von Kotor gewährt. Cetinje, Montenegros ehemalige Hauptstadt, beeindruckt mit Palästen, die auf ihre reiche Geschichte verweisen. Standesgemäß endet die Jadranska Magistrala schließlich an der Adria in Ulcinj, der südlichsten Stadt Montenegros.

INFO

ROUTE 16
Routenlänge:
ca. 940 Kilometer
Zeitbedarf:
3 Wochen
Start/Ziel:
Rijeka – Ulcinj
Routenverlauf:
Rijeka, Crikvenica, Senj, Karlobag, Novigradsko More, Zadar, Šibenik, Primošten, Split, Omis, Makarska, Neum, Dubrovnik, Kotor, Cetinje, Budva, Ulcinj

Auf drei Seiten vom Meer umschlossen, macht Dubrovnik seinem Namen »Perle der Adria« alle Ehre.

Rijekas Hafen ist überseeischer Umschlagplatz für Süd-, Mittel- und Osteuropa.

Die Mariä-Himmelfahrts-Kirche ist die älteste Kirche in Crikvenica.

❶ Rijeka

Am nördlichen Ende der Kvarner Bucht mündet die D 66 bei Matulji nach knapp 180 Kilometern in die D 8, unter der die Jadranska Magistrala den meisten geläufig sein dürfte. Bevor sie sich aber zu einem kurvenreichen Lindwurm entwickeln kann, zwängt sich die Straße erst durch das seit jeher als Nadelöhr bekannte Rijeka. Es ist Kroatiens drittgrößte Stadt und der wichtigste Hafen des Landes. Erst mit dem Schlenker um die Bucht von Bakar herum eröffnen sich zaghaft die ersten grandiosen Ausblicke auf die Berge und das wunderbar blaue Meer, die sich im weiteren Verlauf der Jadranska Magistrala noch häufen werden.

❷ Crikvenica

Bald schon werden die hübschen Badeorte Crikvenica sowie Novi Vinodolski durchfahren. In ihrem Umfeld wurde die D 8 in der jüngsten Vergangenheit grundsaniert, aber nicht begradigt. Überhaupt gibt man sich in Kroatien alle Mühe, die gesamte Straße hinsichtlich Zustand und Belag immer sicherer zu machen, ohne sie auch nur im Geringsten ihres Charmes zu berauben.

❸ Senj

Wahrzeichen von Senj ist die über der Stadt thronende mittelalterliche Festung Nehaj. Sie kann besichtigt werden, vor allem aber fasziniert der Ausblick vom Burgberg über die Kvarner

Die wie eine Treppe gestaltete Meeresorgel in Zadar lässt die Wellen erklingen.

Bucht und zur Insel Krk. Die historische Altstadt bezaubert mit verwinkelten Gässchen, historischen Stadthäusern und romantischen Plätze. Der Roman »Die rote Zora und ihre Bande« spielt in Senj, und die darauf beruhende Fernsehserie von 1979 wurde an den Originalschauplätzen gedreht. Auf ihrem weiten Weg nach Süden präsentiert die D 8 dann immer häufiger nahezu entvölkerte Gebiete. So gibt es beispielsweise am norddalmatinischen Abschnitt zwischen Senj mit seinem hübschen historischen Zentrum und Zadar im Prinzip kaum nennenswerte Ortschaften. Der positive Nebeneffekt: Es ist nur wenig los auf der Straße. Das gilt besonders für den wohl schönsten Abschnitt überhaupt, der nun folgt.

🄯 Karlobag

Gemeint sind die gut 64 kurvenreichen Kilometer zwischen Karlobag und der Maslenica-Brücke am Meeres-

arm von Novigrad. Die pastellfarbenen Altstadthäuser von Karlobag säumen eine kleine Halbinsel, an deren südlicher Spitze die Ruine der Pfarrkirche Sveti Karlo Boromejski an die Bombardements im Zweiten Weltkrieg erinnert.

🄯 Novigradsko More

Nirgendwo anders empfindet man die Nähe zwischen Bergen und Meer intensiver. Links hat man stets das mächtige Velebit-Gebirge an seiner Seite. Auf der Küstenseite ist das Gebirge äußerst kahl, über Kilometer hinweg ist kaum einmal ein Strauch, geschweige denn ein Bäumchen zu sehen. Erst kurz vor Starigrad wird es allmählich grüner – hier befindet man sich dann auch schon auf Höhe des Paklenica-Nationalparks. Zur Rechten dagegen sieht man auf diesem Teilstück die blaue Adria mit ihren vielen vorgelagerten Inseln schimmern. Eine davon ist Rab, die nächste ein weite-

res, optisch recht karg wirkendes Areal: die fast 60 Kilometer lange Insel Pag. Die Straße überquert die Meerenge von Maslenica, die das »Novigrader Meer« mit der Adria verbindet. Bleibt man auf der Magistrala, erreicht man wenig später Zadar.

🄯 Zadar

Diese Stadt hat etwas Besonderes an sich. Das durften in den letzten zwei Jahrtausenden schon viele erfahren. Nach den Illyrern kamen die Römer, bauten ein Kapitol, Befestigungsanlagen, Thermen und einen Aquädukt. Einen Bummel ist die auf einer Landzunge gelegene Altstadt mit den römischen Überresten daher auf jeden Fall wert. Nach einem Besuch schwärmte Alfred Hitchcock einst davon, dass Zadar den schönsten Sonnenuntergang der Welt habe. Er scheint recht zu haben. Wenn sich die Sonne abends am Horizont verabschiedet, mischt sie den himmlischen Tuschkasten mit

Die Maslenica-Brücke überquert den schmalen Kanal, der das Novigradsko More mit der Adria verbindet.

bombastischem Rot und Orange auf. Die passende musikalische Begleitung liefert die weltweit einzige Meeresorgel beim Fähranleger. Direkt daneben zieht ein ebenerdiges, kreisrundes Lichtspiel mit einem Durchmesser von 22 Metern die Aufmerksamkeit auf sich: der »Gruß an die Sonne«.

❼ Šibenik

Bis Šibenik schließt sich auf der Küstenstraße eine dicht bebaute touristische Infrastruktur an. Dieser Küstenabschnitt ist im Hochsommer sehr staugefährdet. Šibenik selbst glänzt mit 1000-jähriger Geschichte, einer wunderschönen Altstadt und der beeindruckenden Kathedrale des Heiligen Jakob, erbaut von 1431 bis 1535, die einschließlich der dominierenden weißen Kuppel freitragend aus Kalkstein und Marmor errichtet wurde. Sie gehört zum UNESCO-Weltkulturerbe, ebenso wie die vier Festungen aus der Zeit, als Šibenik unter venezianischer

Am Hafen von Karlobag sind noch Reste der alten Befestigungen zu sehen.

Taucher-Dorado Dugi Otok

Wie ein Aal liegt Dugi Otok, die »lange Insel«, am Rand des Archipels von Zadar. Der Name passt, denn Dugi Otok ist 43 Kilometer lang und maximal fünf Kilometer breit. Taucher finden hier beste Bedingungen. Das Wasser leuchtet blau, golden oder smaragdgrün, und die Licht- und Schattenspiele in den Kaminen, Höhlen und Grotten haben ihre eigene Dramaturgie. Seepferdchen, gescheckte Leopardenschnecken und Oktopusse bevölkern die Tiefen. Beliebt, aber auch ein wenig gruselig sind Tauchgänge in die alten U-Boot-Stollen im Norden der Insel. Sali ist der Hauptort des Eilands, der Tourismus konzentriert sich auf Božava nahe der südseeblauen Sakurun-Bucht. Vom hübschen Veli Rat lohnt ein Ausflug zum Leuchtturm Punta Bjanca am Nordkap der Insel.

Bekannt ist der Rotwein Babič aus der gleichnamigen Traube, die in der Umgebung von Primošten angebaut wird.

Piraten bauten Omiš im Mittelalter zum wehrhaften Seeräubernest aus.

Herrschaft war. Wer die Stadt anschauen möchte, sollte gut zu Fuß sein, schließlich hat sie die meisten Treppen Kroatiens zu bieten.

❽ Primošten

Im Grunde ist die Stadt ein mit kleinen Fischerhäuschen bebauter Hügel mitten im Meer – und nur durch einen schmalen Damm mit dem Festland verbunden. Früher verband eine Zugbrücke das Inselchen mit dem Festland, der sie auch ihren Namen verdankt, »primoštiti« heißt »überbrücken«. Im Alltag war das Hoch- und Runterziehen sicher lästig, doch im Krieg bot die Brücke Schutz vor feindlichen Truppen. Im Labyrinth aus engen Gassen erwarten den Besucher alte dalmatinische Steinhäuser, liebevoll gestaltete Hinterhöfe sowie kleine gepflegte Gärten.

❾ Split

Split ist mit seinen etwa 160 000 Einwohnern nach der Hauptstadt Zagreb die zweitgrößte Stadt Kroatiens. Größter Anziehungspunkt ist der antike Palast des Diokletian, seit 1979 UNESCO-Weltkulturerbe. In nur zehn Jahren ließ sich Kaiser Diokletian für die Zeit nach seiner Abdankung (305) einen Palast nahe der römischen Stadt Salona errichten, der mit turmbewehrten Mauern befestigt wurde. Nach einem Einfall von Awaren und Slawen etwa 614/615 floh ein Teil der Bewohner Salonas in die Ruinen des altrömischen Palastes, dessen Areal auf diese Weise zur Keimzelle des heutigen Split wurde. Das achteckige Mausoleum Diokletians wurde durch den Anbau einer Eingangshalle und eines Glockenturms zum christlichen Dom, die kostbare Ausstattung der Grabstätte blieb jedoch unverändert. In der ganzen Stadt finden sich Gewölbe, Säulen, Bögen und Fresken, die auf die Palastanlage zurückgehen. Aus der Blütezeit der mittelalterlichen Handelsstadt stammen der spätgotische Papali-Palast mit einem stilvollen Innenhof sowie das Cindro- und das Agubio-Palais, die wohl schönsten Barockpaläste Splits. Splits Uferpromenade ist von einer Allee aus Palmen gesäumt und erstreckt sich entlang der Front des Diokletianpalastes. Hier herrscht stets geschäftiges Treiben – sie ist zur Shopping- und Restaurantmeile geworden.

⑩ Omiš

Einen besseren Stützpunkt für ihre Kaperfahrten hätten die Freibeuter von Omiš nicht wählen können. Kurz vor der Mündung in die Adria zwängt sich hier der Fluss Cetina durch ein schmales, von hohen Klippen gebildetes Felsentor. Die schnellen, schlanken Ruderboote der Omiš-Piraten schossen durch die Felsenenge hinaus aufs Meer, attackierten vorbeikommende Handelsschiffe, raubten sie aus und waren ebenso schnell im sicheren Flusshafen hinter der Felswand verschwunden. Venedig versuchte mehrmals, dieses Treiben zu beenden, schaffte es aber erst im 15. Jahrhundert. Heute ist Omiš geprägt von den venezianischen Bauten der Serenissima und von den Strandhotels, die gegenüber der Altstadt den schönen Sandstrand säumen. Ausflugsfahrten führen den Fluss Cetina hinauf zu dem urigen Ausflugslokal »Radmanove mlinice«, wo im kühlen Schatten Lamm vom Grill serviert wird. Alljährlich im August wird in Omiš ein großes, mehrtägiges Piratenfest organisiert, bei dem historische Schlachten von Hunderten von Teilnehmern nachgespielt werden.

⑪ Makarska

Im weiteren Verlauf der Jadranska Magistrala sind es dann wieder die landschaftlichen Eindrücke, die begeistern. Mit Brela hat man den Küstenabschnitt namens Makarska Riviera erreicht. Zur Rechten blickt man auf die Inseln Brač und Hvar und zur Linken auf das dramatisch ansteigende Biokovo-Gebirge mit seinen insgesamt 16 Gipfeln über 1400 Metern. Die Makarska Riviera wird gern mit der französischen Côte d'Azur verglichen. Wer das Strandleben mit Kultur verbinden möchte, ist in der Stadt Makarska richtig, der die etwa 45 Kilometer lange Riviera ihren Namen verdankt. Ihre Lage in einer Bucht der Halbinsel Sveti Petar machte sie be-

Der antike Palast des Diokletian ist heute die Kathedrale von Split.

Narona – griechisches Erbe

In der Stadt Vid können seit einigen Jahren die Überreste der antiken Stadt Narona, einer einst bedeutenden Handelsstadt und römischen Kolonie, besichtigt werden. Narona wurde vermutlich um 400 v. Chr. von den Griechen gegründet. Nach der römischen Eroberung im Jahr 33 v. Chr. wurden hier ein Forum, diverse Tempel, Thermen und auch ein Theater erbaut. Teile dessen sind im 2007 eröffneten Museum zu bewundern, das sich auf dem historischen Grund befindet.

Die Strände bei Makarska gehören zu den schönsten Kroatiens.

»Kroatisches Athen«, »Perle der Adria« – Dubrovnik hat viele Namen.

gehrt, sodass die Bewohner mit wechselnden Machthabern vorliebnehmen mussten: Mal hatten die Römer, dann die Kroaten, lange Zeit die Türken, aber auch die Venezianer und die Habsburger hier das Sagen. Im Gegensatz zu den anderen dalmatinischen Stränden aus Kies oder Felsen gibt es hier etwa 50 Kilometer Sand – was die Riviera von Makarska zum beliebtesten Badeort Dalmatiens macht. Sehenswert ist die palmenumsäumte Uferpromenade, die schöne Altstadt mit zahllosen kleinen Geschäften sowie der Franziskanerkonvent, der um 1400 entstand. Das Malakologische Museum verfügt über einen außergewöhnlichen Bestand: eine umfangreiche Muschel- und Schneckensammlung mit vielfältigen Exponaten aus aller Welt.

In Gradac endet die Makarska Riviera, spektakulär geht es aber noch bis Ploče weiter. Dann führt die D 8 ins Landesinnere und schlängelt sich parallel zum Fluss Neretva, der hier in die Adria mündet. In Jahrmillionen von Jahren ist hier eine ungewöhnliche Landschaft entstanden, die sich über mehrere Flussarme zieht und aus weitläufigen Sumpfgebieten besteht. Dieses Gebiet gehört zu den fruchtbarsten Regionen ganz Kroatiens. Neben Oliven, Pfirsichen und Orangen wachsen und gedeihen hier vor allem Man-

darinen. In Duboko trifft die Adria-Magistrale dann wieder aufs Meer, und nur einen Katzensprung später ist die Grenze zu Bosnien und Herzegowina erreicht.

⑫ Neum

Hier trifft man auf ein Kuriosum, denn der Küstenstreifen, den die Kroaten als Kriegszugeständnis an ihre Nachbarn abtreten mussten, ist nur knapp über neun Kilometer lang: Kaum eingereist, ist man auch schon wieder aus Bosnien und Herzegowina heraus. Dabei passiert man die bosnische Stadt Neum, die genau in der Mitte des Küstenstreifens liegt. Bei der Passage muss unbedingt an die entsprechenden Dokumente gedacht werden. Neben einem gültigen Pass oder Personalausweis ist die Internationale Versicherungskarte vorgeschrieben. Wer sie nicht dabeihat, muss an der Grenzstation umkehren oder vor Ort eine (teure) Kurzhaftpflichtversicherung abschließen. Man kann das Ganze umgehen, indem man über die neue Brücke auf die Halbinsel Pelješac fährt, diese einmal längs durchquert und an ihrem Ende wieder auf die Küste trifft. Doch die Idee ist es ja, auf der Jadranska Magistrala zu bleiben. Auf der Weiterfahrt nach Dubrovnik ebnet die beeindruckende Franjo-Tudman-Brücke den Weg.

⑬ Dubrovnik

Die viel besuchte mittelalterliche Altstadt thront, an drei Seiten vom Meer umgeben, auf einer Felseninsel, die roten Dächer der Häuser leuchten schon von Weitem. Dass es überwiegend neue Ziegel sind, stört dabei niemanden. Denn nachdem 1667 ein schweres Erdbeben die Stadt verwüstet hatte, machte man sich an den Wiederaufbau. Es sollte alles werden, wie es war, als Ragusa – so hieß Dubrovnik bis 1921 – noch in vollem Glanz erstrahlte. Wer heute über den Stradun schlendert, auf das blaue Meer schaut, die Renaissance-Paläste bewundert oder in den engen Gassen auf Entdeckungstour geht, wird dem Charme der Stadt erliegen, denn: »Wer das Paradies auf Erden sucht, komme nach Dubrovnik«, schrieb der Schriftsteller George Bernard Shaw einst.

Den besten ersten Eindruck von Dubrovnik gibt es von oben bei einem Spaziergang auf der Stadtmauer, die einmal rund um die ganze Stadt führt. Von dem fast zwei Kilometer langen Bauwerk eröffnen sich viele tiefe Einblicke in die zwischen den roten Dächern verborgenen Gassen, die unter UNESCO-Weltkulturerbe stehen. Dubrovniks Himmelfahrtkathedrale geht der Legende nach auf Richard Löwenherz zurück. Er hatte nach einem Schiffbruch 1192 ein Gelübde geleistet.

Eine noch in Teilen erhaltene Stadtmauer umgibt die Altstadt von Budva.

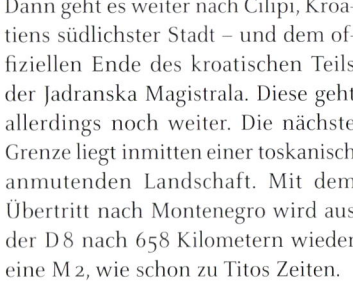

Die Vlaška crkva (1450) ist das älteste Gebäude von Cetinje.

Dann geht es weiter nach Čilipi, Kroatiens südlichster Stadt – und dem offiziellen Ende des kroatischen Teils der Jadranska Magistrala. Diese geht allerdings noch weiter. Die nächste Grenze liegt inmitten einer toskanisch anmutenden Landschaft. Mit dem Übertritt nach Montenegro wird aus der D8 nach 658 Kilometern wieder eine M2, wie schon zu Titos Zeiten.

Kotor

»Als unser Planet entstand, muss sich die schönste Begegnung zwischen Meer und Land an der montenegrinischen Küste zugetragen haben. Und als die Perlen der Natur verteilt wurden, wurden sie mit vollen Händen in dieses Gebiet gestreut.« Diese treffende Beschreibung der Bucht von Kotor notierte der englische Dichter Lord Byron, als er 1809 die knapp 30 Kilometer lange Bucht besuchte, die sich wie ein Fjord ins Landesinnere windet. Die steilen Felswände schützen das Land vor den tosenden Bora-Stürmen und machen es zu einer mediterranen Oase in Montenegro. Solch eine landschaftliche Perle blieb in der Historie nicht unentdeckt, und so sind die Einflüsse verschiedener Herrscher zu finden: Vor allem die Venezianer prägten die Kultur der Bucht von Kotor. Die Einheimischen, deren Vorfahren als stolze Seefahrer den Weltmeeren trotzten, nennen sie Boka kotorska, kurz »Boka«. Der Ort selbst war im Mittelalter eine bedeutende Handelsstadt, Zentrum der Ikonenmalerei sowie der Steinmetzkunst.

Cetinje

Spektakulär schmiegt sich die Stadt Cetinje auf 670 Meter Höhe an den Fuß des Lovćen-Massivs. Nur wenige wissen, dass Cetinje bis heute der Amtssitz des montenegrinischen Präsidenten ist, der im »Blauen Palast« residiert. Noch weniger bekannt dürfte sein, dass die Stadt bis 1918 die Hauptstadt Montenegros war. Kein Wunder, dass in ihr viele alte Stadtpaläste stehen, die heute teilweise Kunstgalerien und Museen beherber-

Die Bucht von Kotor mit ihren sieben Inseln gilt als eine der schönsten der Adriaküste.

gen. Bekannte Sehenswürdigkeiten sind das Kloster Sveti Petar Cetinski, ein Zentrum der serbisch-orthodoxen Kirche in Montenegro, die Kirche Vlaška crkva und das Nationalmuseum von Montenegro. Cetinje ist auch ein guter Ausgangspunkt für Ausflüge in den Lovćen-Nationalpark, wo in einzigartiger Lage auf einem Berggipfel das Mausoleum von Petar II. Petrović-Njegoš (1813–1851) steht. Er war Fürstbischof von Montenegro, gilt vor allem aber als einer der größten Dichter serbischer Sprache.

⓰ Budva

Mit Budva erreicht man einige Kilometer später auch wieder den blau-schimmernden Jadran, der dieser Küste seinen Namen gab. Rote Dächer, steingraue mittelalterliche Häuser und davor azurblaues Meer – Budva entführt seine Gäste in ein Märchenpanorama. Die Stadt zählt zu den ältesten an der Adria und war eigentlich eine Insel. Doch die Abgeschiedenheit hat sich inzwischen aufgehoben, eine Sandbank mit einem daraufliegenden Damm verbindet Festland und alte Halbinsel. An manchen Stellen verläuft die Stadtmauer fast senkrecht über dem Meer, schöne Panoramablicke sind garantiert. Mit dieser Lage lockt Budva viele Besucher, die die idyllischen Ausblicke sehr zu schätzen wissen. Dabei müssen sie weder auf Kultur noch auf Strandleben verzichten, denn Budva bietet beides. Einer der bekanntesten Strände Montenegros, der Mogren, vereint durch einen Tunnel zwei Strände, die nur wenige Minuten Fußweg von der Innenstadt entfernt sind.

⓱ Ulcinj

Über Petrovac und Bar gleitet die Jadranska Magistrala unaufhaltsam ihrem Ende zu, das viele am Abzweig zur Altstadt von Ulcinj sehen. Manche meinen aber, es läge 15 Kilometer weiter auf der Insel Bojana. Wenn dem so ist, so hätte das durchaus seinen Reiz, denn die Stichstraße endet an einem tollen Strand.

Das kleine Kirchlein Panagia Eleistria thront auf den Klippen vor Koroni.

Route 17 | Die Kraft der Stille: südlicher Peloponnes

Der auf der Landkarte betrachtet wie eine Hand geformte Peloponnes mündet im Süden – ähnlich wie in Chalkidiki – in drei fingerförmige Halbinseln, die auf Reisende seit jeher eine besondere Anziehungskraft ausüben. Wilde Küsten, attraktive Badebuchten und mediterrane Hügellandschaft prägen die griechische Region.

Spektakulär liegt Monemvasia über den Klippen. Der östliche Finger des Peloponnes wird auf einer schmalen, kurvigen Panoramastraße über Foutia gequert. Alternativ kann auch die etwas breitere, aber ebenfalls kurvenreiche und ohne Mittelstreifen daherkommende Strecke über Kalives gewählt werden. Anschließend ist der Hafenort Neapoli durch flaches Olivenanbaugebiet rasch erreicht. Vom nahe gelegenen Pounta setzt die Fähre nach Elafonisos über. Wegen des kaum vorhandenen Straßennetzes auf der Insel sind Fahrräder von großem Vorteil. Eine längere Fahrt, die zügige Passagen über die EO 86, später auch schmalere Bergstrecken beinhaltet, führt zum mittleren und wildesten Peloponnes-Finger, der Mani. Hin- und Rückfahrt nach Vathia an der Südspitze dieser Halbinsel auf recht schmalen Straßen können sich recht abenteuerlich gestalten. Die berühmte Olivenstadt Kalamata ist dann wieder durch eine breitere, oft der Küste folgende Straße angeschlossen. Abstecher zu einer der Strandbuchten dort bieten erfrischende Bademöglichkeiten. Etwas landeinwärts liegt in fast 800 Meter Höhe der antike Ort Messene, zu dem sich ein wiederum recht schmales Sträßchen hinaufschraubt. Hinab geht es ebenso eng und aussichtsreich auf einer anderen, weiter westlich verlaufenden Route. Nach Koroni kommt man dann auf einer breiteren Küstenstraße, wieder an vielen Buchten mit schönen Stränden vorbei. Dieser Ort ist ebenso wie das gleichfalls im Süden des westlichen Fingers gelegene Methoni touristisch bestens erschlossen. Methoni eignet sich als Ausgangspunkt für Bootsexkursionen auf die vorgelagerten Inseln des Inousses-Archipels. Von dort sind es dann nur noch wenige Kilometer auf der EO 9 nach Pylos mit den Überresten eines mykenischen Königspalastes.

INFO *

ROUTE 17
Routenlänge:
ca. 465 Kilometer
Zeitbedarf:
1 Woche
Start/Ziel:
Monemvasia – Pylos
Routenverlauf:
Monemvasia, Neapoli, Insel Elafonisos, Mani, Vathia, Kalamata, Messene, Koroni, Methoni, Pylos

Die Voidokilia-Bucht bei Pylos hat die Form eines perfekten Halbkreises.

Monemvasia, das »Gibraltar des Ostens«, wirkt wie in den Fels geschnitzt.

❹ Mani

Vom Rest des Landes durch die bis zu 2400 Meter hohe Kette des Taygetos-Gebirges abgeriegelt, gilt der unwirtliche »Mittelfinger« des Peloponnes als wild und archaisch. Seine Bewohner boten vielen Herrschern erfolgreich die Stirn und bewahrten lange ihre alten Bräuche – auch jene der Miralogia, der Totengesänge, des Volkstanzes Maniatiko sowie der Blutrache. Sie boten Freiheitskämpfern, Schmugglern, Piraten und Verfolgten ein sicheres Versteck. Erst im 9. Jahrhundert bekehrten sich die rebellischen Manioten endgültig zum Christentum – wovon bis heute unzählige Kirchlein mit herrlichem Freskenschmuck zeugen. Mani birgt aber auch neolithische Höhlen sowie die einzigartigen Turm-

❶ Monemvasia

Einzigartig liegt das mittelalterliche Städtchen an der Flanke eines riesigen Felsens, der nur durch einen schmalen Steindamm mit dem neuen Ort Gefira auf dem Festland verbunden ist. Von einer Festung gekrönt, war Monemvasia, dessen Name »einziger Zugang« bedeutet, im byzantinischen Reich ein wichtiger Stützpunkt und galt als uneinnehmbar. Nach der Eroberung durch die Osmanen 1715 verlor die vielumkämpfte Burgstadt allerdings an Bedeutung. Wie in den hohen Fels geschnitzt wirken ihre Bauten. 40 Gotteshäuser gab es einst in Monemvasia; zwei Dutzend sind erhalten, mitunter spektakulär an die Klippen geklammert wie die Agia Sofia. Auch venezianische Villen liegen auf dem Weg zur Zitadelle – von der sich ein herrliches Panorama bietet.

❷ Neapoli

Einst lag auf dem Gebiet des heutigen Küstenortes im Süden der lakonischen Halbinsel Malea die antike Stadt Boeae, von deren zahlreichen Tempeln im 2. Jahrhundert Pausanus berichtet. Erhalten sind allerdings nur die Relikte einer spätbyzantinischen Burg – Paraskevi, aber oft auch Vatika genannt, wie die gesamte Region um Neapoli und der Ort selbst. Das einstige Kastro liegt auf einem Hügel etwa drei Kilometer landeinwärts und beeindruckt bis heute durch seine mächti-

gen Mauern, Gewölbe und einen trutzigen Turm. Die »neue Stadt« zu Füßen der Festung geht zurück auf die Zeit von Otto I. Der Wittelsbacher war nach der Befreiung Griechenlands von der osmanischen Herrschaft hier König geworden. Einer seiner bayerischen Baumeister zeichnete 1837 die Pläne. Neapoli Voion eignet sich gut als Ausgangspunkt zur Erkundung der maleanischen Bergwelt mit ihren traditionellen Dörfern; sein Hafen ist das Tor zu den Inseln des Südpeloponnes wie Kythera und Elafonisos.

❸ Insel Elafonisos

Der Name dieses kleinen, aber wundervollen Naturparadieses bedeutet »Hirsch« oder »Reh«. In der Antike war Elafonisos noch eine Halbinsel, auf der man der Jagdgöttin Artemis huldigte. Neu besiedelt wurde die osmanische Seeräuberbasis erst ab 1850. Heute besticht Elafonisos durch eine Handvoll prächtiger Dünenstrände und eine außergewöhnliche Flora und Fauna. Die von seltenen Meereskiefern umzäunte Lagune Stroggili steht als Biotop unter Naturschutz; sie bietet Flamingos und anderen Zugvögeln Zuflucht. Im weißgoldenen Sand am Saum der Insel wachsen Sandlilien, Trichternarzissen und andere (endemische) Pflanzen. Auch Unechte Karettschildkröten nisten hier. In den lediglich vier Inseldörfern wohnen zusammen nur 1000 Menschen.

dörfer. Und der Schriftsteller Nikos Kazantzakis versuchte hier 1916/17, mit einem Freund ein Bergwerk zu betreiben – der Zündfunke für seinen legendären Roman »Alexis Sorbas«.

❾ Vathia

Weithin sichtbar thront das Dorf auf einem terrassierten, im Frühling von Wildblumen malerisch getupften Hügel an den Ausläufern des Sangias-Gebirges. Zwar schon 1597 von venezianischen Diplomaten erstmals erwähnt, ist Vathia jedoch vor allem berühmt für seine historischen Turmhäuser. Es ist das größte und wichtigste Dorf mit dieser so typischen innermanischen Architektur. Die mehrgeschossigen Bruchsteinquader dienten ihren Bewohnern einst sowohl als Schutz vor

Neapoli hat schöne Cafés in einer bezaubernden Altstadt zu bieten.

Frisches Obst und Gemüse werden in der Altstadt Kalamatas feilgeboten.

Durch die schmalen Gassen von Koroni blitzt das azurblaue Meer hindurch.

Piraten, fremden Herrschern und rivalisierenden Clans als auch als Statussymbol. Die mächtigsten Familien hatten die höchsten Türme – und sorgten oft auch dafür, dass im Zuge einer erbitterten Fehde der Gegner nur noch eine Ruine statt seines Domizils vorfand. Inzwischen ist ein Teil der Turmhäuser (vor allem um den Kirchplatz) restauriert und dient vorwiegend als Urlaubsunterkunft.

❻ Kalamata

Vor allem die in ihrer Umgebung wachsenden Oliven trugen den Ruf der erstmals 1142 erwähnten, an der Stelle des antiken Pharai gegründeten Hafen- und Handelsstadt weit über ihre Festungsmauern hinaus. Unterhalb des von Kreuzfahrern im 13. Jahrhundert erbauten Kastros liegt das 1796 auf mittelalterlichen Fundamenten gegründete, einst für seine Seidenweberei und heute für handgemachte Taschentücher bekannte Nonnenkloster St. Konstantinos und St. Eleni. Auch die auf das 11. Jahrhundert zurückgehende Kirche der Heiligen Apostel, das älteste der zahlreichen Gotteshäuser von Kalamata, steht in der Altstadt. Da Kalamata schon 1899 an das Schienennetz des Peloponnes angeschlossen wurde, gibt es in der »Stadt der tausend Gesichter« (ein

neoklassizistisches ist auch dabei) außer der Archäologischen und der Volkskundlichen Sammlung natürlich ein Eisenbahnmuseum, dem man einen Besuch abstatten kann.

❼ Messene

Nach der Befreiung Messeniens von den Spartanern ließ Epameinondas, der Feldherr und größte Staatsmann Thebens, Messene als Akropolis am Ithome-Berg gründen. Die Ruinen der antiken Metropole liegen nahe des heutigen Bergdorfs Mavromati. Das Museum an dessen Ausgang birgt zahlreiche Funde der Ausgrabungsstätte. Erhalten sind von Messene u. a. Reste des einst acht Kilometer langen Mauerrings, Relikte des arkadischen Tores und des Theaters sowie der Agora, des Stadions und des Gymnasions. Auch Spuren des Asklepieions, des Tempels der Limnatis, weiterer Heiligtümer sowie von Wehrtürmen, der Nekropolis und einer frühchristlichen Basilika sind erhalten. Nahe des einstigen Lakonischen Tores der Stadt beginnt der Weg zum Gipfel des 800 Meter hohen Ithome, auf dem man (an der Stelle des heutigen Klosters Hagiou Vourkanou) seit Langem Zeus Ithomatas verehrte.

❽ Koroni

Der ehemalige Fischerort an der Ostseite des kürzesten Peloponnes-Horns ist vor allem bekannt für seine auf einer üppig grünen Landzunge liegende mittelalterliche Festungsanlage. Ihr zu Füßen scharen sich nördlich die bunten Häuser der kleinen alten Hafensiedlung mit hübscher Promenade sowie vielen Läden und Tavernen. Eine steile Straße führt von hier hinauf zum hohen, spitzbogigen Eingangstor des Kastro. Südlich der Bastion zieht sich der drei Kilometer lange Zaga-Memi-Strand. Das Meer ist hier derart klar, dass man bis auf seinen Grund schauen kann. Im 11. Jahrhundert spielte Koroni, zusammen mit Methoni, eine Schlüsselrolle in der Geschichte des Handels sowie der venezianisch-byzantinischen Beziehungen. In neuerer Zeit, zwischen 1966 und 1989, war der 1700-Seelen-Ort Startplatz für Höhenforschungsraketen, u. a. zur Untersuchung einer ringförmig-totalen Sonnenfinsternis.

❾ Methoni

Wie Koroni ist auch das an der Westküste in einer halbmondförmigen
Bucht gelegene Methoni geprägt von
seiner Festung aus der Zeit der venezianischen Herrschaft. Bereits in Ho-
mers »Ilias« wird die Siedlung als
Pedasos erwähnt; wegen ihres natürlichen Hafens war sie ebenso bedeut-
sam wie umkämpft. Zu Zeiten der Venezianer war Methoni berühmt für
seine Oliven, seinen Wein und seinen
Schinken. Zudem gab es damals eine
ausgeprägte Seidenproduktion. Während der Griechischen Revolution
wurde Methoni verwüstet, im Zweiten
Weltkrieg erneut schwer beschädigt.
Die neue Stadt, die heute gut 2500 Einwohner hat, erstreckt sich mit ihren
niedrigen Häusern und hübschen
Gärten landeinwärts nördlich der Festung. Bekannt ist Methoni auch für
seinen schönen weiten Sandstrand,
die in den Fels gehauenen St.-Onou-
frios-Katakomben aus dem 3. Jahrhundert sowie den archäologischen Unter-
wasserpark an der Ostseite der Bucht,
wo 4000 Jahre alte Siedlungsreste gefunden wurden.

Die äußerste Spitze der Methoni-Festung bildet der markante Turm Bourtzi.

❿ Pylos

Vom Südeingang der durch die Insel
Sphaktiria besonders geschützten
Bucht von Navarino zieht sich das
spätestens seit der gleichnamigen
Schlacht im Peloponnesischen Krieg
bekannte, quirlige Städtchen steil
hangwärts. An der Flanke des Ortes
erhoben sich einst zwei Festungen,
von der älteren (Paliokastro), in deren
Nähe auch die sagenhafte Nestorhöhle
liegt, ist nur noch ein Turm zu sehen;
die neuere (Neokastro) aus dem Jahr
1537 indes ist gut erhalten. Den Osmanen verdankt Pylos auch sein Äqua-
dukt. In der Nähe des Admiralsplatzes
birgt das Archäologische Museum
Funde aus dem antiken Areal um den
Nestorpalast. Von dem Agios-Nico-
laos-Kirchlein auf einem Berg südlich
von Pylos bietet sich ein traumhaftes
Panorama. Und nördlich des Schutz-
gebietes Divarisou-See bezaubert die
wie eine riesige, perfekte Variante des
griechischen Buchstabens Omega geformte Voidokilia-Bucht. Ihr Spitzname wird ihrer ästhetischen Form
allerdings weniger gerecht, sie lautet
»Ochsenbauchbucht«.

Höhlen von Pirgos Dirou

Vor allem mit dem Boot geht es auf Entdeckungsreise durch eine der
schönsten Tropfsteinhöhlen Europas. Der von abwechslungsreichen
Stalaktiten- und Stalagmiten-Formationen geprägte Wasserparcours
mit engen Durchfahrten und großen Hallen erstreckt sich über bis zu
drei Kilometer. Ein Teil des Anfang des 20. Jahrhunderts entdeckten,
aber erst ab 1950 erforschten Labyrinths lässt sich zu Fuß erkunden. Die
Glyfada, wie die Höhle auch heißt, ist die längste und tiefste Griechenlands. In ihrer Nähe liegen zwei weitere, bereits im Neolithikum besiedelte Höhlen, wie Felsritzungen und Funde bewiesen: die 1958 entdeckte, lange durch einen Felssturz blockierte Alepotrypa-Höhle und die bis
in die Neuzeit als Schutzort dienende Katafyga-Höhle. Das Neolithikum-
Museum Dirou erhellt die Geschichte, die eng verknüpft ist mit dem
Handel von Obsidian aus Milos.

Europas Enden der Welt

Landspitzen, hinter denen augenscheinlich nur noch der Ozean lag, erschienen den Menschen früher als Ende der Welt. Daher stammen Namen wie Finisterre in Spanien (Bild oben) oder Finistère in Frankreich – abgeleitet vom lateinischen »finis terrae«: Ende der Welt.

Kap Tenaro am südlichen Peloponnes

Die Landschaft im Süden der archaischen Mani wird immer karger, bis schließlich nur noch ein nackter Felsen aus dem Meer ragt: Kap Tenaro (auch Kap Matapan) mit seinem verlassenen Leuchtturm ist einer der südlichsten Punkte des europäischen Festlands. Glaubt man der Mythologie, ist hier einer der Eingänge zur griechischen Unterwelt.

Geografische Endpunkte des europäischen Festlands

- Nördlichster Punkt: Die Felsspitze Kinnarodden auf der Nordkinnhalbinsel, Norwegen.
- Südlichster Punkt: Punta de Tarifa, Spanien (Bild rechts).
- Westlichster Punkt: Cabo da Roca, Portugal.
- Östlichster Punkt: Kap vor der Halbinsel Mys Ngartissalja in der Baidaratabucht, Russland.

Jedem sein eigenes Ende der Welt.
Kaum betreten Sie es, wissen Sie: Es ist hier.

Roger Willemsen

Finistère in der Bretagne

In Département Finistère präsentiert sich die Bretagne wie im Bilderbuch: Der Atlantik tost und bricht sich an der wild zerklüfteten Felsenküste.

Ab auf die Insel – Europas Inselküsten

Auf einer Insel hat man es niemals weit bis zur nächsten Küste, und Europas Inseln präsentieren sich immer faszinierend, seien sie rau und schroff wie hoch im Norden, üppig grün wie die britischen Inseln oder sonnenverwöhnt wie im Mittelmeer. Ob auf Islands Ringstraße, an der milden Südküste Englands, auf Korsika, der Insel der Schönheit, in den schottischen Highlands, auf Gotland, Kreta, Bornholm, Irland, Sizilien oder in der Kvarner Bucht in Kroatien: Einzigartig ist hier jede Tour, jede Inselumrundung.
Bild: Dunnottar Castle steht auf einem 50 Meter hohen Kliff an der schottischen Nordseeküste.

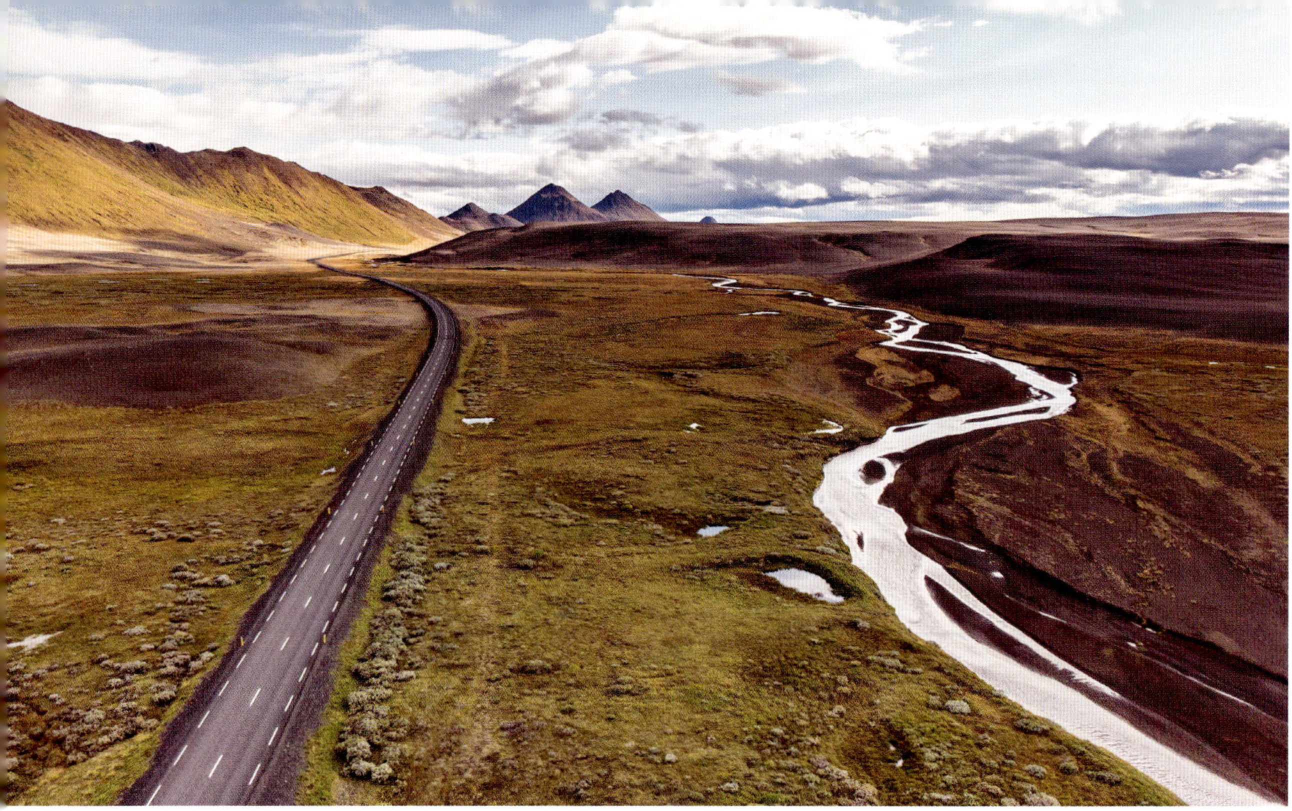

Islands Ringstraße verbindet alle wichtigen Orte und führt zu vielen der großen Sehenswürdigkeiten der Insel.

Route 18 | Islands Ringstraße, ein Roadtrip um die Insel aus Feuer und Eis

Umrundet man Islands längste Fernstraße erfährt man die Landschaft der Insel mit ihren zerklüfteten Küstenlinien, heißen Quellen und Vulkanen hautnah. Abzweigungen führen in pittoreske Städte wie Akureyri oder Vík, in Nationalparks wie Skaftafell, zu Gletscherseen wie den Jökulsárlón und Wasserfällen wie den Goðafoss.

INFO *

ROUTE 18
Routenlänge:
ca. 1500 Kilometer
Zeitbedarf:
2–3 Wochen
Start/Ziel:
Reykjavík – Þingvellir
Routenverlauf:
Reykjavík, Hraunfossar, Akureyri, Goðafoss, Mývatn, Krafla, Tjörnes und Húsavík, Jökulsárgljúfur und Dettifoss, Egilsstaðir und Fjorde, Stafafell, Jökulsárlón, Nationalpark Skaftafell, Vík í Mýrdal, Skógafoss, Þingvellir-Nationalpark

Die Ringstraße führt auf einer Länge von rund 1340 Kilometern einmal um die ganze Insel herum, schneidet aber die großen Halbinseln ab. Auf Isländisch heißt sie Hringvegur oder Þjóðvegur Nr. 1 (Nationalstraße Nr. 1). Je nach Landesteil, durch den sie verläuft, kann sie aber auch Suðurlandsvegur, Vesturlandsvegur, Norðurlandsvegur oder Austurlandsvegur heißen. Erst 1974 wurden die letzten Abschnitte im Süden bei Skaftafell fertiggestellt und der Kreis geschlossen. Heute ist die Ringstraße bis auf ganz wenige Bereiche durchgehend asphaltiert; ein Luxus, der auf Island nicht selbstverständlich ist. Die gesamte Ringstraße lässt sich mit einem normalen Pkw befahren, man kann auf ihr aber auch Island mit dem Bus umrunden. Im Süden, im Bereich des Vatnajökull, kommt es immer wieder zu Gletscherläufen, die Teile der Straße oder auch Brücken wegreißen. Doch damit haben die Isländer viel Erfahrung, sodass die wichtigste Lebensader des Landes selten mehr als ein paar Tage unterbrochen ist. Eine Islandumrundung auf der Ringstraße ist äußerst abwechslungsreich. Mal führt die Straße direkt am Meer entlang, dann wieder durchs Landesinnere – auch ohne Abstecher sieht man schon viele der größten Sehenswürdigkeiten. Vor der Abfahrt sollte man sich unbedingt über Tankstellen informieren: Es gibt sie in jeder größeren Siedlung, doch gerade bei schlechtem Wetter oder im Winter sollte der Benzinvorrat vorausschauend kalkuliert sein.

Im Skaftafell-Nationalpark leuchet die Ebene im Frühling und Sommer mit einem Teppich aus Wildblumen.

❶ Reykjavík

Islands Hauptstadt, die zugleich als Kultur-, Verkehrs- und Wirtschaftszentrum des Landes fungiert, liegt am nördlichen Rand einer Halbinsel an der klimatisch vom Golfstrom begünstigten Südwestküste. Als sie Ende des 18. Jahrhunderts das Stadtrecht erhielt, siedelten in der »Rauchbucht« (Reykjavík) gerade 200 Menschen. Heute ist sie mit ihren Vor- und Nachbarstädten zu einem Ballungsraum verschmolzen, in dem rund 200 000 Einwohner leben. Am Hauptplatz Austurvöllur stehen das älteste Parlament der Welt, die Domkirche und das altehrwürdige Hotel Borg. Geprägt wird das Zentrum vom Tjörnin, dem Stadtteich. An seinem Ufer liegen das neue Rathaus, die Nationalgalerie sowie vornehme Villen. Südlich davon finden sich das Nationalmuseum und das Árni-Magnússon-Institut, das die mittelalterlichen Handschriften der Sagas aufbewahrt. Näher am Hafen stehen das Ministerratsgebäude und die Bronzestatue Ingólfur Arnarsons, des ersten Siedlers. Auf einem Hügel im Südosten wacht die Hallgrímskirche als Wahrzeichen über die Stadt, daneben erhebt sich das Leif-Eríksson-Denkmal. Besuchenswert sind außerdem das Naturhistorische Museum und die Sammlung des Bildhauers Einar Jónsson, das Freilichtmuseum Árbaer und das Schwimmbad Laugardalslaug.

❷ Hraunfossar

Von der Ringstraße bei Borganes führt ein Abstecher in das grüne, landwirtschaftlich genutzte und von sanften Hügeln eingeschlossene Reykholtsdalur. An mehreren Stellen treten heiße Quellen an die Oberfläche und versorgen die Bauern mit Energie. Nahe dem kleinen Ort Húsafell befindet sich das Lavafeld Hallmundarhraun mit den größten isländischen Höhlen. Doch die schönste Sehenswürdigkeit sind die Hraunfossar. Auf rund einem Kilometer Länge ergießen sich Dutzende kleine Wasserfälle, die unter dem Lavafeld Hallmundarhraun hervorquellen, in den Fluss Hvítá. Grund ist, dass der obere Teil des steilen Flussufers aus wasserdurchlässiger Lava, der untere aus wasserundurchlässigem Basalt besteht. Wasser, das durch die Lava sickert, fließt unterirdisch auf der Basaltschicht, tritt dann am Steilufer der Hvítá aus und ergießt sich schließlich in Kaskaden in den Fluss.

❸ Akureyri

Die am Ende des Eyjafjördur und nur 50 Kilometer südlich des nördlichen Polarkreises gelegene »Perle des Nordens« gehört mit 19 000 Einwohnern zu der zweitgrößten Stadt Islands und ist dank ihrer Schiffswerft sowie des Flug- und Seehafens das Versorgungszentrum der Nordküste. Ihren heutigen Namen Akureyri erhielt die Stadt wegen der sandigen Landzunge, die weit in den Fjord ragt. Auf einem Hügel erhebt sich weithin sichtbar das Wahrzeichen, die moderne Akureyrarkirkja. Den schlichten Betonbau entwarf, ebenso wie die Hallgrímskirche in Reykjavík, Staatsarchitekt Guðjón Samúelsson (1887–1950). Ebenfalls auf einer Anhöhe über dem Fjord liegt der Botanische Garten, in dem dank des milden, sonnigen Klimas nicht nur einheimische, sondern auch viele ausländische Pflanzenarten gedeihen. Im alten Ortskern gibt es noch ein paar liebevoll gepflegte Holzhäuser, sehenswert sind das Kunstmuseum und das im Jahr 1850 erbaute Nonna hús, in dem der berühmteste Bürge der Stadt, der Schriftsteller Jón Sveins son (1857–1944) alias Nonni, aufge wachsen ist. Akureyri dient zudem al Ausgangspunkt für Wanderunge und Bergtouren in das landschaftlic reizvolle Hinterland, beispielsweis das bis zu 1200 Meter hohe Gebiet un den Hlidarfjall.

❹ Goðafoss

40 Straßenkilometer östlich von Aku reyri donnert der Fluss Skjálfandafljó auf seinem Weg Richtung Meer übe eine zehn Meter hohe Geländestufe Dank seiner Breite und seiner Wasse masse zählt er trotz der vergleichs weise geringen Fallhöhe von zwöl Metern zu den beeindruckendste Wasserfällen der Insel. Seinen Na men – »Götterwasserfall« – soll er im Jahr 1000 erhalten haben, als in Islan friedlich das Christentum als Staats religion eingeführt wurde. Angeblic hatte der Gode Þorgeir auf der Alþin giversammlung als Gesetzessprecher für das Christentum gestimmt und da nach seine Götterbilder in diesen Was

Die Konzert- und Kongresshalle Harpa prägt das Bild des alten Hafens von Reykjavík.

Blau leuchtet das Wasser der Hvítá, in das die Hraunfossar strömen; die Farbe wechselt in immer wieder andere Töne.

Der Víti-See am Vulkan Krafla mit Dampfschwaden aus dem Geothermalkraftwerk Kröfluvirkjun.

serfall werfen lassen. Der norwegische König Olaf nämlich hatte den Isländern mit einem Holzembargo gedroht, wenn sie nicht zum Christentum übertreten würden, was einem Ende des für Island lebenswichtigen Schiffbaus gleichgekommen wäre. In der Domkirche von Akureyri erinnert ein Fensterbild an den Goden Þorgeir und seine Götterbilder.

❺ Mývatn

Der 30 Kilometer östlich vom Goðafoss gelegene »Mückensee« wurde erst vor ungefähr 3500 bzw. 2000 Jahren bei zwei Vulkanausbrüchen durch austretende Lava aufgestaut. Er ist 37 Quadratkilometer groß, aber nur vier bis fünf Meter tief und wird von warmen Quellen gespeist. Kaum irgendwo sonst auf der Welt findet sich so weit nördlich eine ähnliche Vielfalt an Fauna und Flora. Entlang der Ufer und auf den zahlreichen Inseln wachsen Moose, Gräser, Farne, Kräuter und Birken. Während der Sommermonate stehen über dem sich rasch erwärmenden Wasser riesige Mückenschwärme. Sie bilden gemeinsam mit den Insektenlarven im Wasser die Nahrungs-

grundlage für reiche Fischbestände sowie für Wasservögel, die zu Abertausenden in den verästelten Buchten nisten und die Region zu einem Paradies für Ornithologen machen. Als eine der spektakulärsten Landschaften Islands gilt der Mývatn aber auch durch seine Lage in einer bis heute vulkanisch höchst aktiven Zone. Entlang der bestens ausgeschilderten Wanderwege stößt man allerorten auf ungewöhnliche Lavaformationen. Besonders bizarr sind die Dimmuborgir (»Dunkle Burgen«) – fantasieanregende Gebilde mit kleinen Höhlen und Bögen. Den besten Überblick im und am Mývatn genießt man vom Ringwall des Explosionskraters Hverfjall.

❻ Krafla

Die Landschaft um den nur wenige Kilometer nordöstlich des Mývatn gelegenen 818 Meter hohen Vulkan ist eine der tektonisch labilsten Zonen Islands. Nachdem die Krafla fast 1000 Jahre als erloschen gegolten hatte, erstickte der Vulkan Anfang des 18. Jahrhunderts nach einer gewaltigen Explosion die gesamte Region unter einer dicken Lava- und Aschenschicht. Zu-

rück blieb ein smaragdgrün schillerndes Maar, ein Kratersee mit 320 Metern Durchmesser. Die bis jetzt letzte aktive Phase, das sogenannte Krafla-Feuer, dauerte von 1975 bis 1984. Seine seither blubbernden und dampfenden Schwefelquellen sind eine viel besuchte Attraktion und das sichtbarste Zeichen für einen nach wie vor aktiven Vulkanismus. Mitten in diesem unruhigen und von Erdbeben bedrohten Gebiet steht das Geothermalkraftwerk Kröfluvirkjun, das von Anfang an mit großen Schwierigkeiten zu kämpfen hatte: Erst lieferten die Bohrlöcher nicht genug heißen Dampf, dann zerstörten aggressive Dämpfe die Rohre.

❼ Tjörnes und Húsavík

Statt östlich des Mývatn auf kürzestem Weg der Ringstraße zu folgen, empfiehlt sich ein Abstecher rund um die insbesondere geologisch äußerst reizvolle Halbinsel Tjörnes. Gut 30 Kilometer nach dem Abzweiger bei Reykjahlíð passiert man Grenjadarstadur, ein um 1870 erbautes und 1949 aufgelassenes Torfgehöft, das mittlerweile ein Volkskundemuseum beherbergt.

Die sogenannten Pseudokrater am Mývatn entstanden vor 3500 Jahren.

Beeindruckend wirkt er aus der Ferne, doch ein Fußweg macht den Goðafoss auch von oben bequem zugänglich.

Häuschen und Hafen fast wie aus der Puppenstube: Húsavík erstreckt sich malerisch an den Ufern seiner Bucht.

Das Städtchen Húsavík, ein Zentrum des Fischfangs und der Fischverarbeitung, hat sich touristisch vor allem als Whale-Watching-Spot einen Namen gemacht. Nachdem der kommerzielle Walfang in Island seit etlichen Jahren nur noch eingeschränkt möglich ist, nehmen die Fischer nun auf ihren Kuttern im Sommer seefeste Urlauber zu mehrstündigen Walbeobachtungen mit. Sehenswert sind der Hafen, das Museum Safnahúsið, die 1907 geweihte Kirche und das Walmuseum. Nördlich bietet der 417 Meter hohe Húsavíkurfjall eine schöne Aussicht auf die Bucht und die umliegenden Berge.

❽ Jökulsárgljúfur und Dettifoss

Bei Ásbyrgi, der »Burg der Götter«, ist das Klima außerordentlich mild, die Landschaft geradezu lieblich. Ein Birkenwald bedeckt das Tal, in dem, so jedenfalls die Sage, das sechsbeinige Pferd Odins mit seinem Huf eine mächtige, halbrunde Felsstufe hinterließ. Von den beiden Straßen, die von hier nahe dem Rand der Hochebene dem Verlauf des Canyon zum Dettifoss flussaufwärts folgen, ist die östliche besser ausgebaut, die westliche, buckligere dafür weniger befahren. Der 1973 gegründete Nationalpark Jökulsárgljúfur umfasst den canyonartigen Talabschnitt des Jökulsá á Fjöllum zwischen Ásbyrgi und dem Wasserfall Dettifoss. Der »Gletscherfluss aus den Bergen«, so die Übersetzung, ist mit 206 Kilometern Islands zweitlängster Fluss. Er wird vom nördlichen Eisrand des Vatnajökull gespeist und kreuzt bei Grímsstadir die Ringstraße. Etwa 20 Kilometer flussabwärts stürzt er sich dann im Dettifoss über fünf gewaltige Geländestufen in eine Schlucht.

Island besitzt eine Reihe grandioser Wasserfälle, aber keiner prägt sich dem Betrachter so unauslöschlich ins Gedächtnis wie der Dettifoss: Auf einer Breite von rund 100 Metern fallen die graubraunen Fluten des Jökulsá á Fjöllum hier rund 45 Meter tief in eine von senkrechten Basaltwänden begrenzte Schlucht. Im Sommer beträgt die Durchflussmenge bis zu 1500 Kubikmeter pro Sekunde. Damit ist der Dettifoss der mit Abstand mächtigste und energiereichste Wasserfall Europas. Ein lohnender Abstecher ist eine Fahrt zu den Vulkanen Herðubreið und der Caldera der Askja.

❾ Egilsstaðir und Fjorde

Das Verwaltungs- und Versorgungszentrum Ostislands liegt an der Ringstraße inmitten eines landwirtschaftlich stark genutzten und teilweise regelrecht bewaldeten Tals. Der Ort blickt auf eine lange Geschichte zurück. Dort, wo heute Supermärkte stehen, wurden früher Verbrecher hin-

Der Blick reicht über den Lögurinn fast bis nach Egilsstaðir.

Tal des Gletscherflusses Jökulsá í Lóni mit Blick auf die Bergregion der Lónsöræfi.

gerichtet. Die alte Ortsbezeichnung Galgaás (»Galgenberg«) erinnert noch an die Zeit des historischen Þing-Platzes. Erst ab Mitte des 20. Jahrhunderts entwickelte sich Egilsstaðir von einem großen Gutshof zum Verkehrsknotenpunkt und Dienstleistungszentrum. Ein lohnendes Ziel in seiner Umgebung ist der über 100 Meter hohe Wasserfall Hengifoss am Nordufer des lang gestreckten Sees Lögurinn (auch Lagarfljót). In Letzterem wohnt Legenden zufolge der monströse Seewurm Lagarfljótsormurinn. Ab Reydarfjördur verläuft die Ringstraße entlang der Küste und bietet spektakuläre Ausblicke auf das Meer.

⑩ Stafafell

Etwa 30 Kilometer vor Höfn, dem einzigen Hafen entlang der gesamten Südküste, steht am Rande des schottrigen Deltas des Jökulsá í Lóni ein historisches Gehöft. Der einstige Pfarrhof

Ein wahres Spektakel ist Europas stärkster Wasserfall, der Dettifoss.

Stetig im Wandel begriffen ist die Gletscherlagune Jökulsárlón.

dient heute als Jugendherberge, von der aus man zu Wanderungen in die abwechslungsreiche Bergwelt der Lónsöræfi (auch Stafafellsfjöll genannt) aufbricht, eines der größten Schutzgebiete Islands. Neben tiefen, zerklüfteten Schluchten weist die Landschaft aufgrund der bunten Rhyolithberge eine breite Palette von Farben auf. Das Gebiet ist durch zahllose Wanderwege erschlossen. Die Region ist nach der Bucht Lón benannt, die durch Sandzungen geschützt ist. Am östlichen Ende der Lagune brütet eine große Kolonie von Singschwänen.

⓮ Jökulsárlón

70 Kilometer hinter Höfn, wo die Eiszunge des Breidarmerkurjökull bis auf wenige hundert Meter an das Meer heranreicht, führt die Ringstraße direkt am Gletschersee vorbei. Riesige, vom Gletscherrand abgebrochene Eisberge, die blau-weiß schimmernd in der beeindruckenden Gletscherlagune

treiben, verbreiten grönländische Atmosphäre. Durch seine Nähe zur Ringstraße ist der Jökulsárlón am Südrand des Vatnajökull eine der meistbesuchten Sehenswürdigkeiten Islands. Ein zweites Highlight liegt auf der anderen Seite der Ringstraße: Auf dem schwarzen Diamond Beach glitzern die dort liegenden Eisbrocken in der Sonne wie Diamanten.

⓯ Nationalpark Skaftafell

Der im Jahr 1967 eingerichtete Skaftafell-Nationalpark ist seit 2008 ein Teil des größeren Vatnajökull-Nationalparks. Benannt wurde der Nationalpark nach dem Berg Skaftafell, einem erloschenen und erodierten Vulkan. Am Südwestrand des Vatnajökull gelegen, wird er von den drei Gletscherzungen Skaftafellsjökull, Skeiðarárjökull und Öræfajökull eingerahmt. Aufgrund der Lage in unmittelbarer Nähe der Ringstraße, des gut organisierten Visitor Centers, der hervorra-

genden Infrastruktur und des sonnigen Mikroklimas erfreut sich die Gegend großer Beliebtheit. Vielerorts wirkt Skaftafell wie eine grüne Oase am ewigen Eis. Die Vegetation gedeiht besonders gut, seit mit der Gründung des Nationalparks das Weiden von Schafen verboten ist. im Nationalpark gibt es ausgedehnte Birken- und Ebereschenwälder, einige Bäume erreichen sogar die für Island stattliche Höhe von zehn Metern.

⓰ Vík í Mýrdal

Der südlichste Ort Islands besitzt keinen Hafen und lebt deshalb seit jeher vom Handel. Sehenswert sind die moderne Kirche in fotogener Lage auf einem Hügel und das maritime Museum Brydebúð in einem schönen alten Handelshaus. Berühmt ist der kilometerlange schwarze Sandstrand direkt im Ort. Im Sommer brüten auf den Wiesen hinter dem Strand Küstenseeschwalben, die ihre Nester laut-

Ursprünglich war Kap Dyrhólaey nahe Vík í Mýrdal eine dem Festland vorgelagerte Insel.

Die Landschaft des Skaftafell beeindruckt mit starken Kontrasten.

Die Trollfelsen von Reynisfjara

Der schwarze Lavasand ist übersät von schön geschliffenen Basaltsteinen. Es sind ovale Handschmeichler, Murmeln in allen Größen. An Islands südlichstem Saum wirft sich der Ozean gewaltig gegen die Küste, schleift unablässig, mahlt, formt das Land. Zartes und Zerbrechliches hält dem nicht stand. Lediglich die Reynisdrangar, drei schwarze Felsnadeln, die vor der Küste aus dem Meer aufragen, trotzen der Willkür der Wellen: Der Legende nach wollten die Trolle Skessudrangur, Landdrangur und Langsamur hier ein Schiff an Land bringen, wurden aber von der aufgehenden Sonne überrascht und versteinerten. Sehenswert ist auch ein erkalteter Lavastrom aus markantem Säulenbasalt.

Der Skógafoss ist einer der bekanntesten Wasserfälle an der südlichen Ringstraße und gut zu erreichen.

stark und mit akrobatischen Schein-angriffen gegen jeden Eindringling verteidigen. Aus dem Meer ragen die Reynisdrangar. Wer ein wenig die Fantasie spielen lässt, erkennt viel-leicht, dass es sich bei der markanten Felsgruppe um einen Dreimaster, ein Trollweib und ihren Begleiter handelt. Der Legende nach sollen die Trolle versucht haben, das Schiff an Land zu bringen, trödelten aber so lange, dass sie vom Sonnenaufgang überrascht wurden und zu Stein erstarrten. Große Attraktion des »Südkaps« von Island ist der rund 20 Kilometer ent-fernte Vogelfelsen bei Dyrhólaey. Hier leben auf verschiedenen Stockwerken viele nordatlantische Seevogelarten:

ganz oben Papageitaucher, die ihre Gänge in die Grasnarbe graben, dar-unter auf Felsbändern Dreizehenmö-wen sowie Eissturmvögel. Auf den schwarzen Lavastrand gelangt man an Bord eines Amphibienbootes. Mehr als 100 Meter darüber markiert ein Leuchtturm einen berühmten Aus-sichtspunkt.

🔟 Skógafoss

Das Einzugsgebiet des Flusses Skógar, der südöstlich des mächtigen Mýdals-jökull die Ringstraße quert, verdient aus zweierlei Gründen einen Stopp: zum einen wegen des Skógafoss, eines rund 60 Meter hohen und 25 Meter breiten, von Wiesen gesäumten Was-

serfalls, den man, eine Besonderheit, sowohl an seinem Ende als auch auf Höhe seiner Oberkante besichtigen kann; zum anderen wegen des höchst interessanten und äußerst liebevoll gestalteten Volkskundemuseums in Skógar. Das Museum ist das Lebens-werk eines Mannes: Þórður Tómasson (1921–2022). Er brachte nicht nur alte Torfhäuser, eine Schule und eine Kir-che nach Skógar und richtete sie ein, auch unzählige Gebrauchsgegenstän-de überließ er dem Museum.
Sieben Kilometer hinter Hella lohnt ein Abstecher zum Vulkan Hekla und dem Thermalgebiet Landmannalau-gar, dessen Farbenvielfalt der Berg-hänge fasziniert.

Der þingvellir-Nationalpark zieht jährlich rund eine halbe Million Besucher an.

Zurück auf der Ringstraße bietet sich noch ein Umweg über die Straße 30 an, die zum Wasserfall Gullfoss und dem Geysir Strokkur führt, der zuverlässig alle paar Minuten eine 30 Meter hohe Fontäne ausspuckt. Auf der Straße 35 geht es zurück auf die Ringstraße. Zuvor sollte man sich in Skálholt, das im Mittelalter ein Zentrum der Wikinger war, die Kirche mit ihren Glasfenstern ansehen. Die Hauptroute führt am See Þingvallavat vorbei nach Þingvellir, der letzten Station.

⑮ Þingvellir-Nationalpark

Der 2004 zum UNESCO-Welterbe ernannte Nationalpark ist nicht nur historisch, sondern auch in geologischer Hinsicht ein bedeutender Ort. Die Versammlung der freien Männer hieß bei den Germanen »Thing«. Man traf sich an einem Platz unter freiem Himmel und beriet über Gesetze und andere Angelegenheiten. Seit dem Jahr 930 war das Þingvellir, wörtlich übersetzt »Tal des Thing«, Versammlungsort aller freien Männer Islands. Das jeweils gültige Recht wurde von einem »Gesetzessprecher« vorgelesen. Dann entschied man über Neuerungen und Änderungen, die das ganze Volk betrafen. Eine der wichtigsten war die Annahme des Christentums im Jahr 1000. 1798 fand das letzte Althing (Alþingi) statt, trotzdem behielt Þingvellir seine fast mythische Bedeutung. 1944 wurde hier die Republik und damit die vollständige Unabhängigkeit des Landes ausgerufen.

Das Gebiet, das 1928 zum Nationalpark erklärt wurde, liegt auf der sogenannten isländischen Dehnungszone, einem geologischen Riftgraben zwischen der Eurasischen und der Nordamerikanischen Kontinentalplatte. In der rund fünf Kilometer langen westlich gelegenen Schlucht namens Almannagjá, der »Allmännerschlucht«, fand das Althing statt, weil die steilen Wände die Sprache verstärkten, ohne ein störendes Echo hervorzurufen. Darüber hinaus gibt es hier viele Spuren der Besiedlungsgeschichte der letzten 1000 Jahre.

Superlative Wasser

Dettifoss

Der Gletscherfluss Jökulsá á Fjöllum stürzt am Dettifoss über eine Breite von etwa 100 Metern rund 45 Meter in die Tiefe. Er zählt mit rund 200 Kubikmetern in der Sekunde und aufgrund seiner Fallhöhe zu den energiereichsten Fällen Europas.

Hafragilsfoss

Nur rund zwei Kilometer nördlich des Dettifoss überwindet der Jökulsá á Fjöllum eine weitere, etwa 91 Meter breite sowie 27 Meter tiefe Stufe, den Hafragilsfoss. Im Durchschnitt ergießen sich hier um die 200 Kubikmeter Wasser in der Sekunde. Der Hafragilsfoss liegt ebenfalls im Jökulsárgljúfur-Nationalpark. Nach dem Dettifoss ist er der zweithöchste Fall im Flussverlauf des Jökulsá á Fjöllum.

Wasser ist die treibende Kraft in der Natur.

Leonardo da Vinci

Glymur

Er galt mit stolzen 198 Metern als der höchste Wasserfall Islands, bis im Jahr 2007 der Morsárfoss (227 Meter) entdeckt wurde.

Selfoss

Ein paar hundert Meter südlich des Dettifoss befindet sich der Selfoss. Hier verengt sich der Jökulsá á Fjöllum, dessen Name »Gletscherfluss aus den Bergen« bedeutet. Auf einer Breite von 183 Metern stürzen durchschnittlich 200 Kubikmeter Wasser in der Sekunde etwa 11 Meter in die Tiefe, ehe der Fluss kurz darauf den Dettifoss und anschließend den Hafragilsfoss erreicht.

Wildromantisch präsentieren sich Gotlands Küsten. Windzerzaust stehen die Bäume in der ersten Reihe.

Route 19 | Gotland, eine Runde über Schwedens größte Ostseeinsel

Wer sich für Sandstrände, Kalksteinklippen, mysteriöse Felsformationen und verwunschene Efeuwälder begeistern kann, ist auf Gotland goldrichtig. Die Insel bietet aber auch jede Menge kulturhistorische Schätze. Visby, die Hauptstadt Gotlands, glänzt zum Beispiel als mittelalterliches Weltkulturerbe. Durch einen schmalen Sund im Nordosten von Gotland getrennt liegt Fårö, die kleine Insel des großen Ingmar Bergmans.

INFO

ROUTE 19
Routenlänge:
ca. 330 Kilometer
Zeitbedarf:
5 Tage
Start/Ziel:
Visby – Fårö
Routenverlauf:
Visby, Högklint, Gnisvärd, Klintehamn, Stora Karlsö, Naturreservat Ekstakusten, Hoburgen, Grynge, Roma, Dalhem, Bro, Stenkyrka, Lärbro, Fårö

Gotland ist vor allem eine Insel für Golfer. Doch das 3140 Quadratkilometer große Eiland hat noch viel mehr zu bieten. Geologisch gesehen hat Gotland eine echte Vergangenheit, ist es doch rund 400 Millionen Jahre alt und einst aus einem Korallenriff entstanden. Zu Wahrzeichen sind die seltsam geformten Felsennadeln, die »Raukar«, geworden. In der letzten Eiszeit entstanden, haben Wind und Wetter sie bizarr geschliffen. Kein Wunder, dass sich Mythen um sie ranken. Eine der schönsten Küsten der Insel ist die im Westen gelegene Ekstakusten, die sich vom Kap Hammarudda nach Norden zieht. In dem Naturschutzgebiet gedeihen duftende Kräuter, blühen Orchideen in Lila und Blau – rund 40 verschiedene Arten sind auf dem Eiland zu finden. Die hier vorkommende Orchideenart Spitzels Knabenkraut ist eine absolute Rarität in ganz Mitteleuropa. Auch Vogelkundler werden aufgrund der Artenvielfalt ihre helle Freude haben. Die Ekstakusten ist geprägt von Kiesstränden und den bizarren Kiefern, die sich dem Wind zwar beugen, aber nicht brechen. Das Klima ist so warm und sonnig wie sonst nirgends in Schweden. Wie eine kleine Schwester liegt im Norden die Insel Fårö vor Gotland. Mit 113,3 Quadratkilometern ist sie zwar deutlich kleiner, doch die Natur hat es in sich. Kiesstrände, karge Böden und mehrere Binnenseen machten Landwirtschaft seit jeher schwierig.

Typisch für Gotland ist sein Mix aus lieblicher Natur und mächtigen Zeitzeugen der Vergangenheit.

Visby mit seinen zahlreichen mittelalterlichen Bauten ist seit 1995 Teil des Weltkulturerbes der UNESCO.

❶ Visby

Visby ist die »Stadt der Rosen und Ruinen«. Dank des milden Klimas blühen Erstere überall, und Ruinen gibt es hier auch viele. Denn von den einst 17 Kirchen steht nur noch eine, die restlichen sind verfallen. Schuld daran war ein Brand im Jahr 1525, der fast die ganze Stadt zerstörte. Nur etwa 150 Häuser blieben verschont und gehören heute zum Weltkulturerbe der UNESCO. Sie vermitteln noch heute einen Eindruck, wie die mittelalterliche Hansestadt einmal ausgesehen hat. Visbys größter Schatz ist seine Stadtmauer: Mehr als drei Kilometer lang und im 13. Jahrhundert errichtet, umgibt sie beinahe die gesamte Altstadt. Das schafft eine romantische Atmosphäre in den kleinen Kopfsteinpflastergassen mit Straßencafés und gepflegten, urigen Häuschen. Tipp: Der Botanische Garten von Visby ist berühmt für seine Rosen, Magnolien und Bäume sowie für die verwunschene, von Efeu umrankte Ruine von Sankt Olofs kyrka.

❷ Högklint

Die Felsspitze an der Westküste der Insel Gotland ist nicht zu unterschätzen. Wer die Markierungen im Boden ignoriert, der kann auf diesem Riffkalkstein-Felsgebilde ganz böse abstürzen. Immerhin steigt die Kliffspitze Högklint gut 46 Meter aus dem Meer auf – und zwar fast senkrecht, wohlgemerkt. Es ist eine spektakuläre Ansicht, die man sich auf gar keinen Fall entgehen lassen sollte. Abgesehen davon ist der grandiose Küstenabschnitt, der gut sieben Kilometer von Visby entfernt ist, Teil eines Naturreservates. Eine winklige Holztreppe führt hinunter an das Ufer. Spannender ist und bleibt aber der weite Blick von oben über die Südwestküste bis nach Visby.

Högklint und sein langer Kliffküstenabschnitt bilden ein Naturreservat.

Die größere Schiffssetzung bei Gnisvärd hat eine Länge von 47 Metern.

❸ Gnisvärd

Auf den ersten Blick bietet Gnisvärd nichts Außergewöhnliches. 40 Hütten, 126 Einwohner, und das war es so ziemlich. Doch das Örtchen auf Gotland ist zum einen dafür bekannt, die größte Fischerstelle der Insel zu sein, zum anderen sind die Besucher vor allem von den Schiffssetzungen fasziniert. Bereits aus der Bronzezeit, also zwischen 1300 und 800 v. Chr., stammen die beiden Schiffssetzungen bei Gnisvärd. Die Steinstelen, die den Umriss eines Bootes skizzieren, stellten das Schiff dar, das die Verstorbenen ins Totenreich bringen sollte. Sie dienten auch als Begrenzungen der Gräber. Fischerstellen waren einst nur zeitweise im Jahr betriebene Dörfer mit Hütten, Trockenplätzen für die Netze und manchmal, wie in Gnisvärd, auch einer Kapelle. Heute werden die Häuser oft als Ferienwohnungen genutzt.

❹ Klintehamn

Klintehamn auf Gotland ist ein alter Ort unmittelbar in der Nähe eines ehemaligen Hafens. Wer auf der Suche nach schwedischem Inselalltag ohne touristische Klischees ist, der findet hier ein alteingesessenes Arbeiterdorf. Schließlich haben sich schon vor Generationen etliche Industriebetriebe in Klintehamn angesiedelt, die für ein stabiles Einkommen der Einwohner sorgen. Im Nordwesten von Klintehamn führt ein Waldweg, der nach etwa einem Kilometer nach Norden abbiegt, zu den vier in einer Reihe liegenden bronzezeitlichen Schiffssetzungen bei Rannarve.

❺ Stora Karlsö

Von Klintehamn setzt ein Boot auf die »Große Karlsinsel« über. Jeder sollte hier unbedingt einmal übernachten, denn die Ruhe und Atmosphäre des Inselchens sind einfach unvergleich-

Die steilen Klippen an der Küste von Hoburgen bestehen aus Riffkalkstein.

lich. Vor allem dann, wenn man auf die Jugendherberge verzichtet und sich stattdessen ein Bett im Leuchtturmgebäude oder in einem der alten Leuchtturmwärterhäuschen gönnt. Hier ist man ganz nah an den Vogelfelsen, an denen es von Wasservögeln wie beispielsweise der Trottellumme nur so wimmelt. Stora Karlsö misst 2,5 Quadratkilometer und ist vollständig als Naturschutzgebiet ausgewiesen. Am besten erkundet man die Insel mit einem Führer und idealerweise Anfang Juni. Dann nämlich stehen viele der tausend Orchideen in Blüte, und der würzige, rosa blühende Thymian ist auch schon zur Stelle.

❻ Naturreservat Ekstakusten

Was begeistert die meisten Menschen an Inseln? Ganz einfach: das Meer und die zahlreichen Küsten. Eine der schönsten Küsten Gotlands ist die an der Westküste gelegene Eksta, die sich vom Kap Hammarudda nach Norden zieht. In dem Naturschutzgebiet gedeihen duftende Kräuter, hier blühen Orchideen in lila und blau – rund 40 verschiedene Arten sind auf dem Eiland zu finden. Die Ekstakusten ist geprägt von Kieselstränden und bizarren Kiefern, die sich dem Wind zwar beugen, aber nicht brechen. Und von Wein. Einen Abstecher zum Gut Vin-

gård sollte man sich nicht entgehen lassen. Und zum Sonnenuntergang ein Blick auf die Karlsinseln: Wie Tafelberge liegen sie in der Ostsee, die große der beiden, die Stora Karlsö, ziert gut sichtbar eine Kirche. Die kleine Karlsinsel, Lilla Karlsö, ist unbewohnt, kann im Sommer jedoch für einen Rundgang besucht werden.

❼ Hoburgen

Im Gegensatz zu Högklint liegt Hoburgen nahe der Südspitze der Insel. Die Vegetation ist relativ flach, die felsige Küste rau. Schon aus diesem Grund erinnert das Gebiet von Hoburgen ein wenig an Irland. Etwas ande-

Kiesstrände und Leuchttürme kennzeichnen die Küste Eksta.

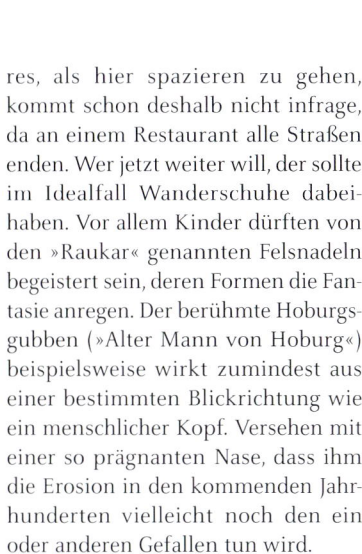

res, als hier spazieren zu gehen, kommt schon deshalb nicht infrage, da an einem Restaurant alle Straßen enden. Wer jetzt weiter will, der sollte im Idealfall Wanderschuhe dabeihaben. Vor allem Kinder dürften von den »Raukar« genannten Felsnadeln begeistert sein, deren Formen die Fantasie anregen. Der berühmte Hoburgsgubben (»Alter Mann von Hoburg«) beispielsweise wirkt zumindest aus einer bestimmten Blickrichtung wie ein menschlicher Kopf. Versehen mit einer so prägnanten Nase, dass ihm die Erosion in den kommenden Jahrhunderten vielleicht noch den ein oder anderen Gefallen tun wird.

Die ganze Insel Stora Karlsö ist ein Naturschutzgebiet.

Jeden Sommer werden in der Klosterruine von Roma Theaterstücke von Shakespeare aufgeführt.

⑧ Grynge

Einst eine Fischerstelle, dienen die alten Häuser des Ortes heute dem Tourismus. Die 21 Hütten aus dem 18./19. Jahrhundert wurden längst zu Ferienhäusern umgebaut, in denen die Gäste von der »guten alten Zeit« träumen können. Wobei diese Zeiten für die Fischer wohl nicht nur gut, sondern vor allem hart waren. Noch heute zeugen die sogenannten Fischgärten, wo die Netze zum Trocknen und Flicken aufgehängt wurden, von der Vergangenheit. Die Fremden kommen aber nicht nur aus nostalgischen Gründen, sondern vor allem, um sich zu erholen. Dafür bietet die Umgebung der eins-

tigen Fischerstelle beste Gelegenheit: Der feine, weiche Gotlandsand verleiht dem naturbelassenen Strand einen ganz besonderen Charme – für Strandwanderer ein kleiner Traum.

⑨ Roma

Gut 500 Einwohner, eine Klosterruine und eine Whiskybrennerei: Roma ist schon ein ganz besonderer Ort auf der Insel Gotland. Dabei hatte Roma wirtschaftlich bis 1997 sogar noch ein bisschen mehr zu bieten – doch dann schloss die lokale Zuckerfabrik. In ihren Räumen wird heute der »Isle of Lime« gebrannt. Das einstige Kloster ist längst eine Ruine. Es wurde im Jahr

1164 von Zisterziensermönchen gegründet und im 16. Jahrhundert aufgegeben. Noch heute vorhanden ist allerdings die Ruine der Klosterkirche, eine dreischiffige Basilika mit Querschiff. Schon davor war Roma als »Thingplatz« Mittelgotlands bekannt: Volksversammlungen und Gerichtsverfahren wurden hier abgehalten.

⑩ Dalhem

Der Ort ist vor allem für seine imposante Kirche bekannt. Das im romanischen Stil gebaute Gotteshaus hat eine lange Geschichte. Bereits im 13. Jahrhundert entstanden der Chor, das Langhaus und die Sakristei der Kir-

Der heutige Museumsbahnhof in Dalhem war einst der größte Zwischenbahnhof auf der Strecke zwischen Slite und Roma.

che, die zu den größten Landeskirchen auf Gotland gehört. Interessant ist auch das Kircheninnere: Kalkmalereien mit mittelalterlichen Motiven sind auf den Wänden zu sehen, faszinierend sind aber auch die Glasmalereien der Fenster im Chor. Schließlich gelten sie als die bedeutendsten dieser Zeit auf ganz Gotland. Dalhem ist zudem Startpunkt der Gotlandbahn. Die historischen Waggons werden von einer knapp 100 Jahre alten Dampflok gezogen. Von Hesselby, ein wenig außerhalb des Ortskerns, geht es nach Roma und wieder zurück, das Ganze nur in den Sommermonaten und auch nicht jeden Tag. Es ist daher sinnvoll,

sich vorher über die Fahrzeiten zu informieren. Fährt die Bahn im Sommer nicht, kann man sich eine Draisine leihen. An der Hesselby Station gibt es das Jernvägskafé, das für seine hausgemachten Kuchen und Sandwiches weithin bekannt ist.

⓫ Bro

Wenn von einer »Socke« die Rede ist, handelt es sich in Schweden mitunter nicht um ein Bekleidungsstück, sondern um ein ländliches Gebiet in einem Landkreis, das einer Gemeinde ähnelt. Meist zog es sich (und nun sind wir doch wieder bei der Fußbekleidung) wie eine Socke um eine Kir-

che herum. Bro ist, wie auch Stenkyrka, solch eine »Socke«. Von daher steht konsequenterweise die Kirche geografisch im Mittelpunkt der Gemeinde. Die alte, vor allem für Seeleute gebaute Votivkirche hat aber eine nicht alltägliche Besonderheit: ein sogenanntes Inklusorium. Das ist ein abgeschiedener Raum, in dem ganz besonders der Welt abgewandte Kleriker isoliert lebten und durch einen Mauerdurchbruch dennoch die Messe verfolgen konnten.

⓬ Stenkyrka

Stenkyrka ist weniger ein Ort, denn ein dünn besiedeltes Gebiet mit einer

Die Fischerstelle Helgumannen auf Fårö wird immer noch aktiv genutzt.

Kirche und ein paar Straßen, an denen Häuser oder Höfe zu finden sind. Dennoch lohnt es sich, Stenkyrka auf dieser Tour anzusteuern. Immerhin ist hier eines der größten Gräberfelder der Insel zu sehen. Mehr als 1000 Gräber aus der Stein- und Bronzezeit wurden hier entdeckt. Gut 700 davon sind als Hügel über der Erde sichtbar. Teilweise wurden Grabkugeln in die Beisetzungsstätten gegeben, andere Gräber besitzen Vertiefungen oder kleine Steinquadrate, die sie einschließen. Eine Besonderheit ist das Radgrab – ein aus zwei Steinkreisen bestehendes Grab mit einer »Speiche«. Faszinierend, solche Kulturdenkmäler einmal live zu sehen!

⑬ Lärbro

Lärbro lebt heute vor allem vom Tourismus. Die Gäste kommen insbesondere, um sich das Gräberfeld von Domarlunden anzusehen. Neben den bronze- und steinzeitlichen Funden ist auch der sogenannte Richterwald bekannt. Hier sind, wie auch an anderen Orten der Insel, Schiffssetzungen zu finden, die einst Gräber markierten. Wer seine Mitreisenden beeindrucken will, kann schon im Vorfeld den »oktogonalen« Turm der gotischen Kirche von Lärbro erwähnen – er ist, es sei hier verraten, in achteckiger Form erbaut. Eine weitere Besonderheit ist der Grabstein von Nicolaus Taksten im Boden des Chors: Er war so unbeliebt,

dass selbst die Nachkommen die Bitte in den Stein ritzen ließen, Takstens Missetaten zu beklagen.

⑭ Fårö

Er gehörte zu den ganz Großen und erhielt den Oscar, den Goldenen Bären und wurde in Cannes für sein Lebenswerk geehrt: Ingmar Bergman. In Uppsala ist er geboren, in Fårö gestorben, wo er 2007 auf dem Kirchhof von Fårö kyrka beerdigt wurde. Bergman, der sicher zu den berühmtesten Regisseuren aller Zeiten gehört, ist seiner Heimat Schweden immer treu geblieben. Sein filmisches Erbe verwaltet jetzt das Bergman Center auf der kleinen Ostseeinsel. Doch nach Fårö zieht

es nicht nur Bewunderer des Filme-
machers. Das Eiland liegt vor der
Nordostspitze Gotlands, nur knapp
600 Einwohner leben das ganze Jahr
über dort. Es ist vor allem ein Som-
merziel der Stockholmer, die auf Fårö
ihre Häuschen haben. Pulsierendes
Leben sollte niemand erwarten, der
mit der Fähre von Fårösund aus übersetzt, denn auf dem Eiland herrscht
Stille. Die Vegetation hat es auf den
kargen Sandsteinböden im Westen
schwer, der Süden dagegen ist fruch-
bar und lockt Wanderer in seine Kie-
fernwälder. Badegäste zieht es an die
Nordspitze: Der Ort Sudersand besitzt
breite Strände und Dünen mit feinem,
fast weißem Sand.

Der Wehrturm neben der Kirche diente dem Schutz der Einwohner von Lärbro.

Raukar, steinerne Riesen

Vor allem an den Küsten von Gotland, aber auch in den Wäldern im Landesinneren ragen bizarre, bis über zehn Meter hohe Kalksteinsäulen, im Schwedischen »Raukar« genannt, in den Himmel. Die staunenswertesten Exemplare stehen im Norden von Gotland und auf Fårö. Die »Jungfrau« an der Steilküste bei Lickershamn ist mit sieben Metern der größte Rauk Gotlands, weitere findet man in den Kiefernwäldern. Der bekannteste Rauk ist der an der Südwestspitze in Hoburgen befindliche Hoburgsgubben (»Alter Mann von Hoburg«). Auf Fårö sollte man sich das mehrere Kilometer lange Naturreservat Digerhuvud nicht entgehen lassen. Die Rauksteine stehen hier in großer Zahl und unterschiedlichsten Formen zum Teil im Wasser. Auch im Naturreservat Langhammars auf Fårö findet man ein großes Raukgebiet.

Der Leuchtturm von Hammerodde liegt am Rand der einzigartigen Fjell-Landschaft an der Nordspitze Bornholms.

Route 20 | Bornholm, »Mallorca des Nordens«

Mit ihren Feigenbäumen und weiß getünchten Schornsteinen wirkt die Insel nahezu mediterran. Geografisch liegt sie weiter von Dänemark entfernt als von Schweden, Polen oder Deutschland. Während der Süden von kilometerlangen weißen Sandstränden und kleinen Badebuchten eingenommen wird, zeigt sich die Nordküste steil und zerklüftet.

Eine Insel von nicht einmal 600 Quadratkilometern und eine Gesamtstrecke von nicht einmal 150 Kilometern: Natürlich stellt sich da die Frage, ob es

INFO ✱

🇩🇰

ROUTE 20
Routenlänge:
ca. 115 Kilometer
Zeitbedarf:
2–4 Tage
Start/Ziel:
Rønne
Routenverlauf:
Rønne, Jons Kapel,
Hammershus, Allinge-Sandvig,
Helligdomsklipperne, Østerlars,
Svaneke, Dueodde, Rønne

sich lohnt, nach Bornholm überzusetzen. Doch das tut es! Bornholm ist so vielfältig und reizvoll, dass sich auf kleinem Raum ein abwechslungsreicher Urlaub verbringen lässt. Mit ihren Feigenbäumen und weiß getünchten Schornsteinen wirkt die »Perle der Ostsee« nahezu mediterran. Im Gegensatz zum restlichen Dänemark ist Bornholm eine Granitinsel, deren Felsküste im Norden und Osten mit spektakulären Steinformationen aufwarten kann. Dafür sind die weißen Sandstrände im Süden noch weiter und feiner als sonstwo im Königreich. In der Mitte rund um den höchsten Berg lädt eines der größten zusammenhängenden Waldgebiete Dänemarks zu ausgedehnten Wanderungen ein. Unbedingt einen Besuch wert sind auch die tiefen Spalttäler wie das Ekkodalen und das Døndalen, in de-

nen sich – vor Kälte und Trockenheit geschützt – eine besonders üppige Vegetation angesiedelt hat. Auch Reste von Heide und Moor tragen zur vielfältigen Landschaft bei. Man kann die Insel in Tagestouren oder auch mit dem Rad erkunden – dazu gibt es Radwege von fast 250 Kilometer Länge ohne große Steigungen. Wer es gemütlicher angehen will, kann das gute Busnetz nutzen. Von Deutschland aus kommt man mit der Fähre von Sassnitz nach Bornholm. Wer von Seeland anreist, kann die Nachtfähre von Køge aus nehmen oder auf der Autobahn über Kopenhagen und Malmö nach Ystad fahren und von dort die mehrmals täglich verkehrende, nur 80 Minuten dauernde Schnellfähre nutzen. Die eignet sich auch für alle, für die Bornholm nur ein Zwischenstopp auf dem Weg nach Schweden ist.

Der feinsandige Srand von Dueodde ist zwölf Kilometer lang.

Græsholm Tat
Frederiksø Christiansø
  Christiansø
Ertholmene

Hammer Odde
Sandvig
Hammeren B2
Hammeren
③ Allinge
Sandkås
Vang
② 158
Tejn
Olsker Kås Stammershalle
124 Bådsted
Teglkås 159
Egeshøj Humledal
Helligpeder 127
Vysteby Rø
Hasle Rutsker Krummeled
Risby Spydelund Krashave Røbro
127 125 Gudhjem
Risby 119 Melsted
Tofte Splitsgård Huse
Muleby 159 Klemensker Krækket Gamlevælde Himmerigsport
Sorthat Mæby Asseregårds Kongens- Gildesbo Saltuna
Nyker Huse mark Østerlars Randkløve Skår
Skarpeskade Årsballe Studeby Skrulle Risen Randkløve
Næbbe Bugt Tingsted Glappe Hvidhat
Gøngeherred Bjérgebakke Østermarie Ypnasted
① Møllevangen 102 Åløse Staggehuse Bølshavn
RØNNE Knudsker Rytterknægten Vestermarie 162 Elleby Listed
Grisby Ringeby 127 Gadeby Lyrsby ⑦
Kærby 102 Dalslunde Grisby Svaneke
Smørenge Myreby Aakirkeby 110 Paradisbakkerne Hullehavn
Nylars Kalby Nyby 113 Årsdale
Arnager Sose Strøby Kællingeby Årsdale Mølle
Værmelandshuse Hundshale Smålyngen Gadeby 158
Arnager Boderne Grødby Stenseby Slamrehuse Malkværn
Bugt Pedersker Rispebjerg Bodilsker 38
Vester Sømarken Dyndeby Arnager Kannikegærdet Nexø
Æggebjerg Tjørneby Balka
Øster 26 Salthammer Odde
Sømarken Snogebæk
Dueodde Broens Odde
⑧

0 10 km

In Rønnes Altstadt bestimmen niedrige, oft in kräftigen Farben gestrichene Fachwerkhäuser das Bild.

Wie klein doch das Fischerboot vor der Felsformation Jons Kapel wirkt!

❶ Rønne

Mit rund 14 000 Einwohnern ist die an der Westküste Bornholms gelegene Stadt der größte Ort der Insel und zugleich ihr Verwaltungszentrum. Sie präsentiert sich als zauberhaftes kleines Landstädtchen. In der Altstadt rund um den lang gestreckten Store Torv bestimmen niedrige, oft in kräftigen Farben gestrichene Fachwerkhäuser das Stadtbild. Vielerorts laden gemütliche Restaurants zum Schlemmen und Kunsthandwerksläden zum Stöbern ein. Das Bornholms Museum verfügt über naturkundliche und kulturhistorische Sammlungen, die über alle Aspekte des Insellebens einen fundierten Einblick geben. Gleich hinter dem Fährhafen ragen zwei Wahrzeichen des Ortes in die Höhe: Der achteckige weiße Leuchtturm, eine Eisenkonstruktion, wurde 1880, der Turm der St.-Nicolai-Kirche um das Jahr 1917 errichtet. Das im Süden der Stadt gelegene Kastell beherbergt heute ein Waffenmuseum.

❷ Jons Kapel

An besonderen Felsformationen fehlt es Bornholm nicht. In den Höhlen des hohen, frei stehenden Felsens aus Granit, »Jons Kapelle«, soll der Mönch Jon als Eremit gelebt haben. Über eine Treppe mit über 100 Stufen gelangt man zur zum Meer hin offenen Grotte, der »Predigerkanzel«. Von dort aus soll Jon den Fischern seinen Segen gegeben haben. Am höchsten im Felsen gelegen ist »Jons Höhle«, daneben liegen weitere Unterschlupfe. Neben der Gesteinsformation liegt die »Weiße Klippe«, eine schroffe, 41 Meter hohe Steilwand, an der Klettern nicht erlaubt ist. Ausgewiesene Kletterrouten befinden sich aber ganz in der Nähe. Eine Wanderung zu Jons Kapel kann man von Teglkås aus beginnen oder vom Parkplatz oberhalb der Klippen.

❸ Hammershus

Im Norden Bornholms liegt die ehemalige Festung Hammershus, das Wahrzeichen der Insel. Gebäudefrag-

Opalsøen

Auf Bornholm gibt es mehrere Seen, die nach Edelsteinen benannt sind: der Saphirsee, der Smaragdsee und eben der Opalsee, der je nach Lichteinfall blau-grün schimmert. Er ist durch einen großen Steinbruch entstanden. Nachdem der Abbau 1970 beendet wurde, füllte man das entstandene Loch mit Süßwasser. Der Opalsøen ist heute ein Badesee, allerdings ein sehr tiefer und daher nur für Schwimmer geeignet. Rund um das Gewässer verlaufen schöne Wanderpfade durch das Naturgebiet Hammerknuden.

Hammershus ist eine von Europas größten Burgruinen.

Dänemarks großes Polit-Festival

Inspiriert vom 1968 gegründeten schwedischen Demokratiefestival »Almedalsveckan«, wurde im Hafenstädtchen Allinge 2011 das Volkstreffen »Folkemødet« ins Leben gerufen. Hier diskutieren Politiker, Geschäftsleute, Vertreter von NGOs, Lobbyisten und Bürger, was das Zeug hält. Ziel ist es, mehr Vertrauen zwischen Bürgern und Entscheidungsträgern aufzubauen. Rund 65 000 Interessierte besuchen mittlerweile die fast 3000 kleineren und größeren Veranstaltungen an drei Tagen Mitte Juni. Wer selbst etwas sagen möchte und idealerweise Dänisch spricht, steigt in die sogenannte Ølkassen, eine Holzbühne, die wie eine dänische Bierkiste aussieht.

mente aus rotem Backstein bilden die größte Burgruine Nordeuropas. Im Besucherzentrum gibt es viel Interessantes über die Geschichte zu erfahren. Der Anblick bei Sonnenuntergang, wenn die Ruine in verschiedenen Rottönen leuchtet, bleibt unvergesslich. Ebenso eindrucksvoll sind die Felsformationen in der Bucht vor Hammershus: Aus dem Wasser ragen verschiedene Tierköpfe! Die »Kamelköpfe« sieht man am besten bei einem Spaziergang entlang des Küstenpfades. Den »Löwenkopf« erkennt man mit etwas Fantasie besser vom Strand aus. Beide Felsen sind durch das ständige Umspülen des porösen Gesteins der Klippen entstanden und zählen zu den beliebtesten Fotomotiven der Insel.

❶ Allinge-Sandvig

Die hübschen einstigen Fischerorte sind heute vom Tourismus geprägt. Zwar ist der Sandstrand im Norden von Sandvig nach Bornholmer Maßstäben eher bescheiden, dafür sind die Wandermöglichkeiten exzellent. Denn im Nordwesten schließt sich der Naturpark Hammerknuden an, der sich bis zu Bornholms Nordspitze Hammerodde mit ihrem malerischen Leucht-

Bis zu 22 Meter hoch sind die Klippen der zerklüfteten Helligdomsklipperne.

Østerlars ist die größte und älteste Rundkirche der Insel.

turm hinzieht. Der Hammersø, ein gefluteter Steinbruch, lädt zum Baden ein, während im Steinbruch Moseløkken ein Museum über den ehemals so wichtigen Granitabbau informiert. Kletterer finden an den Wänden zahlreiche attraktive Routen. Sehenswert sind auch die urzeitlichen Felsritzungen auf dem Madsebakke westlich von Allinge.

❽ Helligdomsklipperne

Die scharfkantigen »Heiligtumsklippen« im Nordosten Bornholms sind eine markante Granitformation. Bis zu 22 Meter ragen die Felsen, die einmal unter dem Meeresspiegel lagen, heute in die Höhe. Ihren Namen tragen sie, weil im Mittelalter zu ihren Füßen eine Quelle entdeckt wurde.

Besonders zum Mittsommernachtsfest des heiligen Hans zogen zahlreiche Pilger zur Kapelle am heilenden Wasser. In den Klippen befinden sich zudem einige Grotten, die man besuchen kann. Die Felsen lassen sich erwandern: entweder vom Parkplatz des Bornholmer Kunstmuseums aus oder aber als längere Wanderung über den Küstenweg von Gudhjem oder Båsted aus. Alternativ werden im Sommer Bootsausflüge angeboten, auf denen man einen schönen Gesamtblick bekommt. Außerdem lohnt sich ein Abstecher in das nahe Døndalen mit seinem Wasserfall.

❾ Østerlars

Rundkirchen sind ein Wahrzeichen der Insel Bornholm. Gleich vier dieser seltenen Bauwerke stehen hier, in ganz Dänemark gibt es nur drei weitere. Die weiß getünchten Gotteshäuser mit ihren kegelförmigen Dächern waren viel mehr als Andachtsstätten. Sie sind aus solidem Granit gebaut und sollten die Bevölkerung gegen Angriffe von Piraten schützen. Die größte dieser Kirchen liegt in Østerlars inmitten eines Friedhofs. Im Inneren hat sie drei Stockwerke und ist mit Fresken aus dem 14. Jahrhundert verziert, die sorgfältig restauriert wurden. Noch üppigere Malereien findet man in der Kirche von Nylars zwischen Aakirkeby und Rønne. Auch die Ny Kirke nordöstlich von Rønne ist prächtig ausgemalt, während die Kirche von Olsker bei Allinge als die eleganteste gilt.

Der Leuchtturm von Svaneke an der steinigen Küste ist heute in Privatbesitz und wird als Ferienhaus vermietet.

❼ Svaneke

Dies ist eine der hübschesten alten Städte Dänemarks und mehrfach preisgekrönt. Der Hafen ist ihr Herz geblieben, und es haben sich Hotels und Restaurants niedergelassen. Die traditionelle Heringsräucherei bietet regionale Spezialitäten, ein Süßwarengeschäft selbst hergestellte Lakritze und andere Bonbons. Auf dem gemütlichen Wochenmarkt lohnt es sich, nach Kunsthandwerk aus Glas Ausschau zu halten, das auf Bornholm produziert wird. Im Innenhof des Kaufmannshauses Svanekegaarden finden Ausstellungen und Konzerte statt. Svanekes Wahrzeichen sind die rote Kirche und der ehemalige Leuchtturm, aber auch der futuristische, dreibeinige Wasserturm des dänischen Architekten Jørn Utzon (1918–2008), der einen modernen Kontrast bildet.

❽ Dueodde

Als Dueodde wird sowohl die kleine Region als auch der traumhafte Strand ganz im Süden Bornholms bezeichnet.

Die Heringsräucherei in Svaneke serviert die Bornholmer Spezialität.

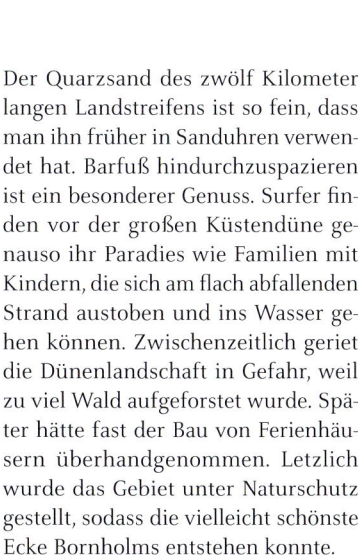

Der Quarzsand des zwölf Kilometer langen Landstreifens ist so fein, dass man ihn früher in Sanduhren verwendet hat. Barfuß hindurchzuspazieren ist ein besonderer Genuss. Surfer finden vor der großen Küstendüne genauso ihr Paradies wie Familien mit Kindern, die sich am flach abfallenden Strand austoben und ins Wasser gehen können. Zwischenzeitlich geriet die Dünenlandschaft in Gefahr, weil zu viel Wald aufgeforstet wurde. Später hätte fast der Bau von Ferienhäusern überhandgenommen. Letzlich wurde das Gebiet unter Naturschutz gestellt, sodass die vielleicht schönste Ecke Bornholms entstehen konnte.

❾ Rønne

Zurück in Rønne sollte man der Keramikfabrik der Familie Hjorth noch einen Besuch abstatten, die mittlerweile in ein Museum umgewandelt wurde. Es zeigt wertvolle Keramiken vom 17. Jahrhundert bis heute und führt seinen Besuchern überdies die Kunst des Töpferns praktisch vor.

Ein über 500 Meter langer Holzsteg führt an den Strand von Dueodde.

Die Küstenklippen von Noss Head an der Ostküste der Northwest Highlands.

Route 21 | Schottlands herbe Schönheit

Ob Romantiker, Naturfreund oder Kulturliebhaber, Schottlands grandiose Landschaften berühren die Seele eines jeden Reisenden. Wer sich auf die Natur, die reiche Kultur und Geschichte des Landes mit allen Sinnen einlässt, wird mit unvergesslichen Eindrücken belohnt.

INFO *

ROUTE 21
Routenlänge:
ca. 1200 Kilometer
Zeitbedarf:
2–3 Wochen
Start/Ziel:
Edinburgh – Glasgow
Routenverlauf:
Edinburgh, Stirling, Halbinsel Fife, St Andrews, Montrose, Dunnottar Castle, Aberdeen, Inverness, Ostküste der Northwest Highlands, John o'Groats, Nordküste, Nordwestküste bis Ullapool, Inverewe Gardens, Eilean Donan Castle, Ben Nevis, Loch Rannoch, Glencoe, Kilchurn Castle, Inveraray, Loch Lomond, Glasgow

Schroffe Felsmassive, tiefe Seen und reißende Flüsse bestimmen das Bild der Highlands und ganz Schottlands. Dabei besteht Schottland nicht nur aus dem Hochland im Norden, sondern zeichnet sich vor allem im Westen durch eine interessante Inselwelt aus. In Glasgow und der Hauptstadt Edinburgh lockt das moderne Großstadtleben mit kulturellen Events, einem attraktiven Einkaufsangebot und namhaften Festivals, während auf den Western Isles einsame Traumstrände auf Entdecker warten. Schottland nimmt das nördliche Drittel Großbritanniens ein. Seine vielen Inseln werden größtenteils den Hebriden, den Orkneys und den Shetland-Inseln zugerechnet. Gletscher formten während der letzten Eiszeit tief eingeschnittene Täler und hinterließen bei ihrem Abschmelzen Lochs (Seen) und Firths (Fjorde) entlang der 3700 Kilometer langen Küste. Zu den Charakteristika der Highlands, der am dünnsten besiedelten Region Schottlands, zählen Steilklippen, mit Moorheide bewachsene Plateaus, tiefe Lochs und reißende Gebirgsbäche. Die Grabensenke Great Glen teilt die Highlands in zwei Teile. Südlich der Highlands erstrecken sich die Lowlands, eine fruchtbare und dicht besiedelte Region mit den beiden Großstädten Glasgow und Edinburgh. Die Southern Uplands bilden die Grenzregion zu England. Nur selten kommt es in Schottlands ozeanischem Klima zu Witterungsextremen. Dafür kann das Wetter innerhalb von Minuten zwischen Sonne und Regen wechseln. Schottland zeichnet sich in weiten Gebieten durch eine typische Flora (Heidekraut, Nadelbäume, Farne) und eine große Artenvielfalt aus. Etwa 5,5 Millionen Menschen leben in Schottland. Neben Englisch wird in den Highlands und auf den Hebriden auch Gälisch gesprochen.

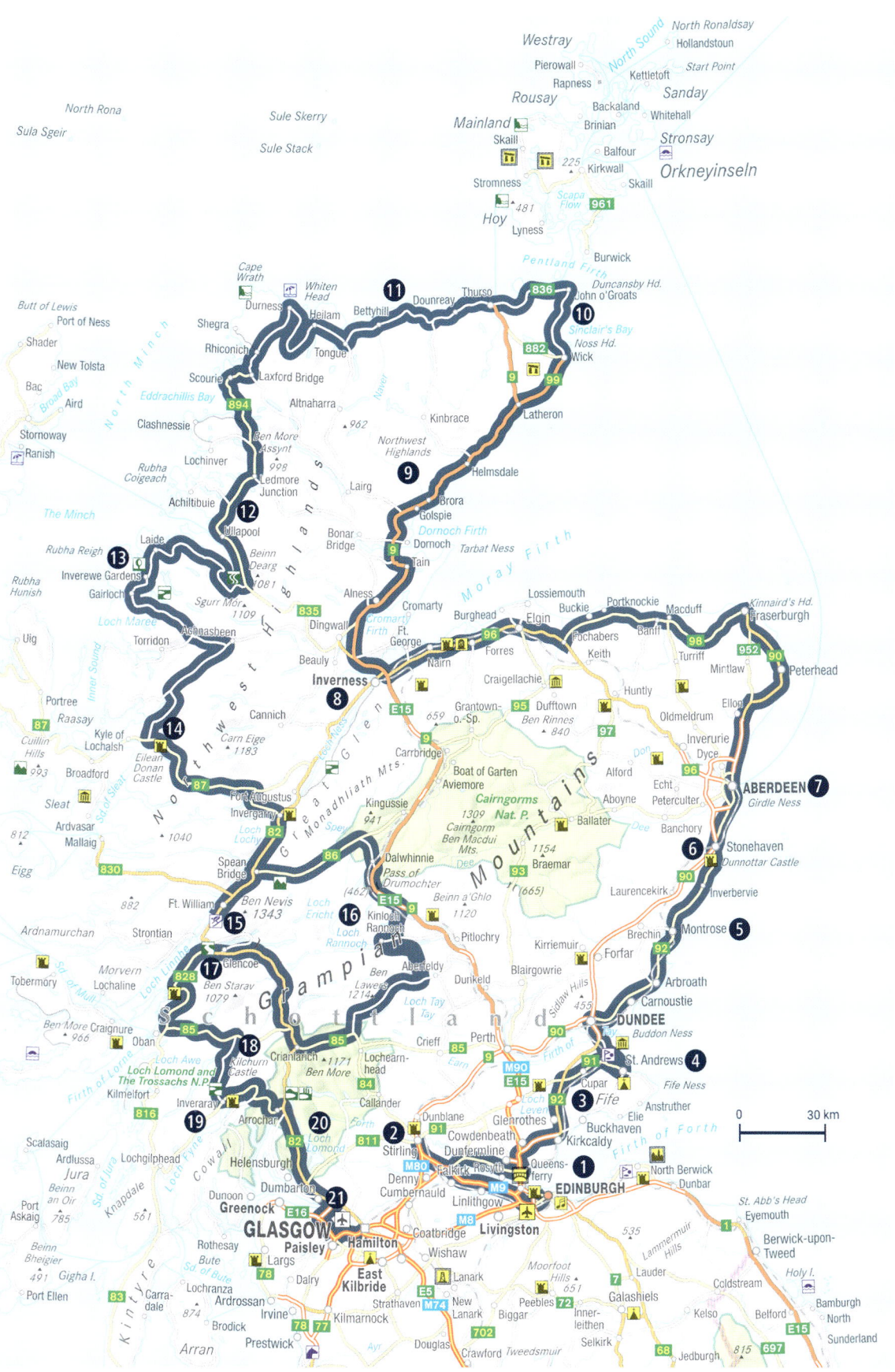

Vom Calton Hill aus eröffnet sich ein schöner Blick über die Altstadt von Edinburgh.

❶ Edinburgh

Die schottische Hauptstadt fasziniert durch ihre architektonische Geschlossenheit und ein höchst lebendiges Kulturleben – vor allem im Sommer während des berühmten Musik- und Theaterfestivals. Bereits während des 18. und 19. Jahrhunderts bildete Edinburgh das kulturelle Zentrum des Nordens. Berühmte Autoren wie Robert Burns und Sir Walter Scott lebten hier. Besonders sehenswert in Old Town sind Edinburgh Castle, eine weitläufige Anlage mit Bauteilen unterschiedlicher Epochen. Im Crown Room befinden sich die schottischen Königsinsignien, und Holyroodhouse ist die schottische Residenz des britischen Königs. Zwischen ihr und dem Castle verläuft die Royal Mile, von der 66 Gässchen ins mittelalterliche Edin-

burgh abzweigen. Ein Besuch in der Ende des 18. Jahrhunderts entstandenen New Town lohnen die National Gallery of Scotland mit einer der bedeutendsten Gemäldesammlungen Europas, das Museum of Antiques für Früh- und Kunstgeschichte sowie die Scottish National Gallery of Modern Art (Kunst des 20. Jahrhunderts).

❷ Stirling

Das 58 Kilometer westlich von Edinburgh an den Ufern des Forth gelegene Stirling wird von einer Burg dominiert. Der älteste Teil von Stirling Castle stammt aus dem 14. Jahrhundert. In der reizvollen Altstadt ist die Church of the Holy Rude eine kunsthistorische Besonderheit: Sie ist eine der wenigen erhaltenen mittelalterlichen Kirchen Schottlands.

❸ Halbinsel Fife

Zwischen den Meeresarmen Firth of Forth und Firth of Tay erstreckt sich die Halbinsel Fife. Die Region war im 4. Jahrhundert n. Chr. eines der sieben schottischen Königreiche. An der Nordküste des Firth of Forth entlang geht es zuerst nach Culross. Der malerische kleine Ort erlebte seine Blütezeit als Handelszentrum im 16. Jahrhundert. Die bis heute unbeschädigten Bürgerhäuser dieser Zeit bilden ein zauberhaftes Ensemble. Elf Kilometer östlich von Culross liegt Dunfermline. Lange Zeit war die Stadt die Residenz der schottischen Könige. Ein Stück weiter östlich, hinter der Landspitze Chapel Ness, reihen sich zwischen den Orten Elie und Crail pittoreske Fischerdörfer, Burgruinen und alte Kirchen aneinander.

Dean Village am Water of Leith ist eine der schönsten Ecken von Edinburgh.

❹ St Andrews

An der Ostküste der Region Fife, zehn Kilometer nördlich von Crail, liegt St Andrews, das Mekka des Golfsports. Hier wurde 1754 der erste Golfclub gegründet. Noch heute kann man auf dem berühmten Old Course spielen. Sehenswert sind die Ruinen der Blackfriars Chapel aus dem 16. Jahrhundert, die einst zur größten Kirche Schottlands gehörte. Vom St Rule's Tower aus, der neben der beeindruckenden Ruine von St Andrews Cathedral steht, genießt man eine grandiose Aussicht.

❺ Montrose

Wie ein Riegel ist die auf einer Halbinsel gelegene Hafenstadt Montrose einer Naturbucht vorgelagert. Am Ufer des Montrose Basin steht das

Eine der Hauptresidenzen der schottischen Könige war Stirling Castle.

Dunnottar Castle nahe Stonehaven wirkt wie eine perfekte Kulisse.

Inverness ist die Hauptstadt der Highlands.

Dunrobin Castle ähnelt einem französischen Schloss.

georgianische Herrenhaus House of Dun, das im Jahr 1730 errichtet wurde. Ab November überwintern riesige Scharen von Wildgänsen aus der Arktis im Montrose Basin. Die zerklüftete Küstenlandschaft südlich und nördlich von Montrose beeindruckt durch kilometerlange Sandstrände und steile Klippen.

❻ Dunnottar Castle

Das auf einem über 50 Meter hohen Felsen im Meer thronende Dunnottar Castle, eine der faszinierendsten Ruinen Schottlands, ist nur durch einen schmalen Grat mit dem Festland verbunden. In der Festungsanlage wurden im 17. Jahrhundert die schottischen Reichsinsignien (Krone, Zepter und Schwert) aufbewahrt. Aufgrund ihrer spektakulären Lage diente die Burgruine schon häufig als Filmkulisse, etwa für »Hamlet« mit Mel Gibson.

❼ Aberdeen

Die Stadt ist Europas Zentrum der Ölindustrie und einer der größten europäischen Häfen. Zu den historischen Sehenswürdigkeiten zählen die St Andrew's Cathedral, die St Machar's Cathedral, das King's College und das Maritime Museum. Schottlands drittgrößte Kapitale wird auch »Stadt aus Granit« genannt.

❽ Inverness

Das moderne Industriezentrum am Nordende des Loch Ness ist der ideale Ausgangspunkt für Ausflüge zum Loch Ness (mit Urquhart Castle) und in die wildromantische Landschaft der Highlands. Inverness war aufgrund seiner exponierten Lage immer wieder in kriegerische Auseinandersetzungen verwickelt, sodass heute nur noch sehr wenige der alten Gebäude erhalten sind, die meisten Bauten stammen aus dem 19. Jahrhundert.

❾ Ostküste der Northwest Highlands

Entlang der Ostküste gen Norden laden verschiedene Sehenswürdigkeiten wie Dunrobin Castle, Helmsdale Castle oder die geheimnisvollen Steinreihen aus der Bronzezeit bei Greg Cairns zu einem kurzen Stopp ein. Vom ehemaligen Fischerort Wick kann man einen längeren Spaziergang

Der nördlich von Aberdeen gelegene Küstenabschnitt trumpft mit spektakulären Felsformationen auf.

zu den malerischen Küstenklippen von Noss Head unternehmen. Ganz in der Nähe stehen die Burgruinen von Sinclair und Girnigoe, in denen es angeblich spukt.

⑩ John o'Groats

Das Dorf John o'Groats liegt 17 Kilometer nördlich von Wick am Nordostzipfel von Caithness. Kurz davor bietet sich bei der Fahrt über den Warth Hill eine grandiose Aussicht. Von John o'Groats aus verkehren Fähren zu den Orkneyinseln und zu den vor der Küste gelegenen Seehundkolonien.

⑪ Nordküste

Entlang der Nordküste geht es vorbei an einsamen Stränden bis Dunnet Head, dem nördlichsten Punkt des schottischen Festlands. Der beliebte Urlaubsort Thurso war im Jahr 1040 der Schauplatz einer denkwürdigen Schlacht zwischen Wikingern und Schotten. Westlich von Bettyhill führt die Straße über den beeindruckenden Fjord Kyle of Tongue weiter nach Durness. Kurz vor Durness liegt die Cave of Smoo, die schon von den Pikten genutzt wurde und später Wikingern und schottischen Schmugglern als Un-

terschlupf diente. Von Durness aus werden geführte Ausflüge zum Cape Wrath, der Felsnase im äußersten Nordwesten Schottlands, angeboten.

⑫ Nordwestküste bis Ullapool

Der wilde Nordwesten von Sutherland ist keine typische Urlaubsregion, zu abgeschieden ist die Landschaft mit ihren steilen Bergen und Fjorden, den tiefblauen Seen und glitzernden Wasserfällen. Unwegsame Täler und verlassene Küstenstriche wurden daher zum Paradies für Jäger, Angler und

Eilean Donan Castle ist über einen Damm mit dem Festland verbunden.

Wanderer. Hier können Naturliebhaber Seevögel, Robben und Delfine, manchmal auch Wale beobachten. Unzählige kleine Buchten laden zu einer Rast ein. Eine enge Straße, die A 838, verläuft von Durness nach Südwesten; kurz vor Scourie zweigt die A 894 ab: Handa Island bei Scourie ist ein Seevogelschutzgebiet mit imposanten Klippen. Auf der A 837 und A 835 geht es weiter Richtung Süden nach Ullapool. Die wunderschöne Strecke führt am Loch Assynt und der Ruine von Ardvreck Castle vorbei. Von Ullapool am Loch Broom verkehren Fähren auf

die Äußeren Hebriden nach Lewis sowie Dampfer zu den nahe gelegenen Summer Isles.

⓭ Inverewe Gardens

Am Little Loch Broom und der Gruinard Bay vorbei geht es zum Loch Ewe, wo sich die 1862 angelegten Inverewe Gardens mit u. a. herrlichen Rhododendron- und Hibiskusbüschen befinden. Am Ende des Loch Maree liegt Kinlochewe. Am Fuße des rauen Liathach-Massivs entlang führt die Route bis Shieldaig und zu der gleichnamigen Insel mit einer geschützten

Seevögelkolonie. Abenteuerlustige können ab Shieldaig der winzigen Küstenstraße folgen.

⓮ Eilean Donan Castle

Malerisch erhebt sich die wuchtige Natursteinburg auf der Insel St Donan im Loch Duich. Die in den Jakobitenkriegen schwer beschädigte Anlage wurde erst zu Beginn des 20. Jahrhunderts wiederaufgebaut. Vom Eilean Donan Castle geht es auf der A 87 Richtung Osten, und bei Invergarry biegt man auf die A 82 gen Süden nach Fort William ab.

⓫ Ben Nevis

Der mit 1344 Metern höchste Berg der Britischen Inseln erhebt sich majestätisch in den Grampian Mountains. Während der Nordwesthang des Berges für geübte Wanderer relativ einfach zu besteigen ist, sollte der steile Nordosthang mit seiner 460 Meter hohen Felswand nur erfahrenen Kletterern vorbehalten bleiben. Vor der Weiterfahrt nach Glencoe kann man auf der A 828 noch einen rund 15 Kilometer langen Abstecher zur Inselburg Castle Stalker im Loch Laich bei Portnacroish unternehmen.

Beim Aufstieg auf den Ben Nevis ist stets mit Wetterwechseln zu rechnen.

![Das Rannoch Moor wird von der Bergkette Black Mount begrenzt.](image)

Das Rannoch Moor wird von der Bergkette Black Mount begrenzt.

Das Glencoe-Tal und seine Bergwelt sind ein herrliches Wanderziel.

⑯ Loch Rannoch

Fort William ist der Ausgangspunkt für einen kleinen Abstecher mit der Eisenbahn ins unwegsame Rannoch Moor. Rannoch Station, ein winziges Häuschen in der weiten Landschaft des Moores, ist einer der entlegensten Bahnhöfe Großbritanniens. Kleine Tümpel und forellenreiche Bäche durchziehen die von zahllosen Felsen übersäte Moor- und Sumpflandschaft. Östlich des Moors liegt der beeindruckend ruhige Loch Rannoch.

⑰ Glencoe

Das kleine Dorf liegt in der spektakulären Landschaft des Glencoe-Tals, einer der Schicksalsorte Schottlands. Das Tal wird mit dem grausamen Massaker in einer Winternacht des Jahres 1692 in Verbindung gebracht, bei dem Dutzende Männer, Frauen und Kinder verfeindeter Clans ermordet wurden. Daran erinnert heute eine eindrucksvolle Gedenkstätte.

⑩ Kilchurn Castle

Wer von der A 82 auf die A 85 nach Westen abbiegt, erreicht an der Nordspitze von Loch Awe die Ruine von Kilchurn Castle, eine Wohnburg aus dem 15. Jahrhundert. Die Ruine wurde im 18. Jahrhundert von einem Blitz getroffen. Der Außenbereich der Ruine kann besichtigt werden. Restaurierte Dampfschiffe fahren auf Loch Awe, der mit 40 Kilometern einer der längsten Süßwasserseen Schottlands ist.

Kilchurn Castle war lange Stammsitz der mächtigen Campbells von Glenorchy.

Die Hebriden, Schottlands äußerer Rand

Die westlich von Schottland im Atlantik gelegenen Inseln unterteilen sich in die südlichen Inneren Hebriden in der Nähe des schottischen Festlands und die Äußeren Hebriden, die sogenannten Western Isles, nordwestlich von Skye, der größten Insel der Inneren Hebriden. Die Hauptinseln der Äußeren Hebriden sind von Norden nach Süden die Doppelinseln Lewis und Harris, die über einen Damm miteinander verbundenen Eilande North Uist und South Uist sowie Barra. Hier ist das Leben noch immer stark von den Naturgewalten und der Abgeschiedenheit im rauen Atlantik geprägt. Die Geschichte hat in der Moor- und Heidelandschaft deutliche Spuren hinterlassen. Steinzeitgräber, christlich-keltische Ruinen, Wikingersiedlungen und schottische Burgen finden sich überall. Neben historischen Sehenswürdigkeiten ist es aber vor allem die grandiose Natur mit ihren Seen und einsamen Tälern, den weißen, unberührten Sandstränden und der reichen Tier- und Pflanzenwelt, die jedes Jahr Besucher anzieht.

Inveraray Castle ist bis heute Familiensitz der Herzöge von Argyll und kann besichtigt werden.

⑲ Inveraray

Das 15 Kilometer südlich am Loch Fyne gelegene Städtchen Inveraray wurde im 18. Jahrhundert nach Plänen des Duke of Argyll entworfen. Sein Schloss ließ er in einer künstlich angelegten Gartenlandschaft errichten. Interessant ist auch das Gefängnismuseum im alten Inveraray Jail. Man kann dort vor Gericht erscheinen und sich sogar einsperren lassen.

⑳ Loch Lomond

Der See ist mit rund 40 Kilometer Länge der größte Binnensee Schottlands. Die Gegend ist bei Wanderern ebenso beliebt wie bei Wassersportlern oder Familien, die eine Dampferfahrt zu einer der Inseln unternehmen. Im Jahr 2002 wurde östlich des Sees der Nationalpark Loch Lomond and The Trossachs eröffnet.

㉑ Glasgow

Die Stadt gilt unter Kulturfans als eines der lohnendsten Reiseziele in Europa. Renommierte Museen und Galerien sowie unzählige Kulturprogramme wetteifern um die Gunst der Besucher. Zugleich ist die Millionenstadt am Clyde auch ein bedeutendes Industriezentrum.

Nur wenige Gebäude in Schottlands größter Stadt stammen noch aus der Zeit vor dem 18. Jahrhundert, darunter die gotische St Mungo's Cathedral mit der angrenzenden Nekropole und das klassizistische Pollok House. Einen Besuch lohnen das Hunterian Museum (unter anderem mit Werken des Jugendstilkünstlers Charles Rennie Mackintosh), die Burrell Collection (Kunst und Kunsthandwerk) sowie die Gallery of Modern Art. Etwas außerhalb der Stadt liegt die Textilfabriksiedlung New Lanark aus dem 18. Jahrhundert, die von der UNESCO zum Weltkulturerbe erklärt wurde.

Trossachs nennt sich die bewaldete Umgebung rund um Loch Lomond, die aus idyllischen Hügeln und Tälern besteht.

Das Hunterian Museum befindet sich im historischen Gilbert-Scott-Gebäude der Universität Glasgow.

Blick auf die beeindruckende Felsformation Seven Sisters zwischen Eastbourne und Brighton.

Route 22 | Der sonnige Süden Englands

Der Süden Englands ist ein toller Einstieg für einen Urlaub auf den Britischen Inseln. Die endlos lange Küste besticht nicht nur durch ihr mildes Klima, sondern auch durch ihre zahlreichen Sehenswürdigkeiten.

Standesgemäß reist man natürlich mit der Fähre nach Großbritannien. Gut, es gäbe als Alternative den 50 Kilometer langen Kanaltunnel. Aber ohne Aussicht auf Küsten und Meer in einem Zug durch den längsten Unterwassertunnel der Welt zu brausen wäre atmosphärisch enttäuschend. So kann man bei der Ankunft schon einmal den Anblick auf die berühmten weißen Klippen von Dover genießen, wo die Route beginnt. Es geht Richtung Westen nach Hastings mit seinem legendären Schlachtfeld und ins mondäne Seebad Brighton mit seinem Glanz längst vergangener Epochen. Wo man länger verweilen und ein paar Tage faulen Badeurlaub einlegen möchte, hängt ganz vom eigenen Geschmack ab. Als Alternative bietet sich immer der Küstenwanderweg, der die Route die ganze Zeit begleitet und es jederzeit erlaubt, die landschaftlichen Schönheiten auf einer längeren oder auch kürzeren Wanderung zu genießen. In der traditionsreichen Hafenstadt Portsmouth kann man Seefahrergeschichte erleben, aber auch gut shoppen und essen. Unbedingt lohnend ist der Abstecher auf die Isle of Wight. Hier und im weiteren Verlauf der Küste lässt es sich nach Herzenslust wandern, baden und bummeln. Trubelige Seebäder mit Fahrgeschäften auf dem Pier und anderen Vergnügungen sucht man westlich von Bournemouth vergebens. Stattdessen kann man sich auf dem Weg nach Exeter an schönen kleinen Orten freuen, die malerisch in enge Einschnitte der Steilküste gebaut sind. Vorbei an der »englischen Riviera« um Torquay geht es nun in die Hafenstadt Plymouth und weiter nach Cornwall, wo bei Land's End das westliche Ende Englands erreicht ist. Längs der cornischen Nordküste sind Tintagel, Barnstaple und der Exmoor-Nationalpark die nächsten Etappen. Die bezaubernde Stadt Bath, deren Thermalquellen bereits die Römer nutzten, bildet den Endpunkt der Reise.

INFO ✳

ROUTE 22
Routenlänge:
ca. 1150 Kilometer
Zeitbedarf:
10–14 Tage
Start/Ziel:
Dover – Bath
Routenverlauf:
Dover, Hastings, Brighton, Portsmouth, Isle of Wight, Bournemouth, Exeter, Plymouth, Land's End, Isles of Scilly, Tintagel, Barnstaple, Exmoor-Nationalpark, Bath

Das Deckengewölbe der Kathedrale von Exeter schlägt fast jeden Besucher in den Bann.

Die weißen Klippen von Dover sind schon von Weitem zu erkennen.

Cliff auf – hier spielt eine Szene des Dramas »King Lear«. Im Osten erhebt sich das imposante Dover Castle. Der Kalkstein unter der normannischen Burg ist durchzogen von Gängen. Darin befand sich 1940 die Kommandozentrale Winston Churchills während der »Battle of Britain«. In unmittelbarer Nachbarschaft liegt Folkestone, früher selbst als Fährhafen genutzt. Doch das ist vorbei, seit 1994 der Kanaltunnel seine Portale öffnete und seither Dutzende Züge pro Tag zwischen Dover und dem französischen Calais verkehren. Sie bilden die einzige Landverbindung – wenn auch weitgehend unter Wasser. 37 der 50 Tunnelkilometer verlaufen unter der Straße von Dover. Die weiteren Orte der Cinque Ports sind Sandwich, Hythe, Romney und Hastings.

❶ Dover

Die Cinque Ports, eine Handvoll Hafenstädte an Englands Südküste, sind die Tore zur britischen Inselwelt. Dover ist eine davon und bis heute die beliebteste. Wenn die Sonne scheint, erglänzen die Kreidefelsen zu beiden Seiten der Hafenstadt in strahlendem Weiß und begrüßen die Gäste, die vom Festland aus über den Ärmelkanal geschippert kommen. An der Westseite ragt mächtig Shakespeare's

❷ Hastings

In der Nähe des Ortes Battle, zu dem das Schlachtfeld gehört, auf dem im Oktober 1066 der legendäre Kampf zwischen den Truppen des Normannen Wilhelm dem Eroberer und den Mannen rund um König Harold von England stattfand, liegt das heutige Seebad Hastings, in dem William the Conqueror erstmals englisches Land betrat. Berühmt ist hier vor allem der Hastings Pier an der fünf Kilometer langen Strandpromenade, der bereits 1872 eröffnet wurde und nach langer Renovierung seit 2016 wieder für die Öffentlichkeit zugänglich ist. Der Herzog der Normandie wurde nach seinem Sieg in Westminster zum König gekrönt und ließ als eines der ersten Bauwerke in seinem neuen Machtbereich die Battle Abbey errichten. Bei der Ruine von Hastings Castle auf dem Westhill erleichtert ein sehenswerter Schrägaufzug den Aufstieg zum unter König William errichteten Wehrgebäude. Lang gestreckte Strände sind das Markenzeichen der nächsten Kilometer über Bexhill bis Eastbourne. Ihnen folgt ein geschützter Küstenabschnitt. Beachy Head ist Großbritanniens höchster Kreidefelsen und das Wahrzeichen des South-Downs-National-

Am Palace Pier in Brighton kann man sich amüsieren.

parks. In Newhaven legen die Fähren aus dem französischen Dieppe kommend an. Die Zufahrt zum Hafen wird seit dem 16. Jahrhundert von einem mächtigen Fort geschützt.

❷ Brighton

Das britische Seebad Brighton zählt zu den größten seiner Zunft. Mitte des 18. Jahrhunderts beschrieb der Arzt Richard Russell die positive Wirkung

Hohe Klippen umgeben die Freshwater Bay an der Westspitze der Isle of Wight.

Osborne House auf der Isle of Wight war der Landsitz von Queen Victoria.

In den Sommermonaten ist Bournemouth ein beliebtes Ziel von Touristen.

des Meerwassers bei bestimmten Krankheiten und verhalf damit dem Fischerort zu ungeahnter Beliebtheit. Als 1786 auch noch der spätere König Georg IV. sein zuvor erstandenes Landhaus in den orientalisch anmutenden Royal Pavilion umbauen ließ, wurde der Ort dadurch quasi geadelt, und immer mehr Menschen strömten hierher. Bis heute ist Brighton wegen seiner Nähe zu London ein beliebtes Naherholungsziel. Nicht zuletzt deshalb trägt es auch den Beinamen »London by the Sea«. Typisch für die englischen Seebäder sind von jeher ihre Piers gewesen. Diese Bauwerke dienten aber nicht als Anleger für Schiffe, sondern waren stets als Amüsierstätten gedacht. Wegen ihrer architektonischen Pracht sind sie noch immer echte Hingucker. Brighton hatte gleich zwei solcher Seebrücken, den Brighton Palace Pier sowie den West Pier. Letzterer wurde durch mehrere Stürmen und zwei Brände im Jahr 2003 zerstört. Am Palace Pier hingegen herrscht Trubel wie eh und je. Spielhallen und der am Kopfende befindliche Dauerjahrmarkt sind noch immer ein Publikumsmagnet. Empfehlenswert ist auch ein Besuch im Brighton Toy and Model Museum. Mehr als 10 000 Exponate zeigen kostbare Modelleisenbahnen, ferngesteuerte Flugzeuge und vieles mehr, was vom Ende des 19. Jahrhunderts bis in die 1960er-Jahre hinein Kinderherzen erfreute. Der nächste Tourabschnitt entlang der englischen Südküste führt durch weitere Seebäder, allen voran Bognor Regis mit seinem acht Kilometer langen Strand.

❹ Portsmouth

Das Kapital dieser Stadt ist ihr Hafen. Er bietet extrem viel Platz und ist gleichzeitig aufgrund seiner geschützten Lage strategisch perfekt ausgeformt. Kein Wunder, dass Portsmouth sich zu einem bedeutenden Marinehafen entwickelte. Vielen Etatkürzungen zum Trotz ist die Royal Navy noch immer der wichtigste Arbeitgeber der Stadt. Die alten Festungsanlagen zeugen von seiner enormen Bedeutung. Schon Heinrich VII. ließ hier Ende des 15. Jahrhunderts das erste Trockendock Europas anlegen. Admiral Nelson brach von Portsmouth zur legen-

Der Spinnaker Tower dominiert heute den geschichtsträchtigen Hafen von Portsmouth.

dären Schlacht von Trafalgar auf. Heute lädt sein Flaggschiff, die »HMS Victory«, zur Besichtigung ein. Später prägten Werften und Schwerindustrie die Stadt und machten sie im Zweiten Weltkrieg zum Angriffsziel deutscher Bomben. Trotzdem startete von Portsmouth aus im Juni 1944 die Landung der alliierten Truppen in der Normandie. Heute ist das bunte maritime Treiben ein Augenschmaus für jeden, der Schiffe mag. Mehrere Museumsschiffe liegen hier im Dock. Neues Wahrzeichen der Stadt ist aber der 2005 eröffnete Spinnaker Tower, dessen Form an das gleichnamige Segel erinnert und der 170 Meter hoch in den Himmel ragt. Von drei Aussichtsplattformen auf rund 100 Metern kann man nicht nur Portsmouth, sondern auch die Meerenge Solent und die dahinter liegende Isle of Wight erkennen.

❺ Isle of Wight

Von Portsmouth kommend, rollt man in Fishbourne auf die Insel, die erst seit rund 8000 Jahren eine solche ist. Zuvor war sie Teil des britischen Festlands, jetzt aber ist zunächst die Meerenge Solent zu überwinden. Aufgrund

ihrer außergewöhnlichen Schönheit sind zahlreiche Küstenabschnitte als Schutzgebiete ausgewiesen. Wer die Insel entlang dieser Route im Uhrzeigersinn befährt, wird die markantesten Punkte ansteuern können. Erster Stopp ist Ryde, die zweitgrößte Stadt der Insel. Hier entstand 1814 auch der erste Pier eines britischen Seebads. Die Sandown Bay an der Ostküste, zwischen den Orten Sandown und dem malerischen Shanklin gelegen, ist ein kleines Urlaubsparadies. Weitläufige Sandstrände sind ihr Markenzeichen. Im Süden ist die Shanklin Shine, ein sehenswerter Canyon, der vom Oberflächenwasser tief in die Kreide gefräst wurde, ein lohnendes Ziel. An der Südküste liegt mit Ventnor ein hübscher Urlaubsort, der mit seinem milden Klima zu längerem Aufenthalt lockt. In Freshwater und an seiner geschützten Bucht ist dann schon der Inselwesten erreicht. Wer sich über die Statue des legendären Gitarristen Jimi Hendrix wundert: Sie wurde ihm zu Ehren errichtet, da er eines seiner letzten Konzerte beim Isle of Wight Festival am 30. August 1970 gegeben hat. Bei Freshwater gibt es auch einige

berühmte Felsformationen, die aus jahrhundertelanger Küstenerosion an steilen Kreidefelsen resultieren. Das setzt sich am westlichen Zipfel der Isle of Wight spektakulär fort, wo »The Needles«, drei bis zu 27 Meter hohe Kreidefelsen, aus dem Meer ragen. Bis 1764 standen vier solcher Exemplare an dieser Stelle. Der, nach dem die Felsgruppe benannt ist, weil er wirklich einer Nadel glich, stürzte aber in einem Sturm um.

In Yarmouth ist dann wieder eine Fährverbindung aufs Festland erreicht, der Wightlink nach Lymington. Nördlich schließt sich der New Forest-Nationalpark an, die Route führt aber weiter gen Westen.

❻ Bournemouth

Ein ganz besonderes Mikroklima sowie der geschützte, elf Kilometer lange Sandstrand an der Poole Bay haben den Ort zu einem äußerst beliebten Seebad gemacht. Eigentlich ist es nur der Ortsteil Bournemouth Beach, der mit seinem Pier so populär ist, denn mit ihren über 180 000 Einwohnern präsentiert sich die ins Hinterland ragende Großstadt eher als wichtiges

Unterhalb von The Hoe in Plymouth lädt seit 1935 das Art-Déco-Freibad Tinside Lido zum Schwimmen ein.

Wirtschaftszentrum denn als klassischer Urlaubsort. Für Frankenstein-Fans ist der Friedhof der St Peter's Church ein Anlaufpunkt, denn hier liegt Mary Shelley begraben, die Autorin der literarischen Vorlage. Im um die Ecke liegenden Pub »The Mary Shelley« kann man sich bei kalten Getränken und warmen Gerichten in ihre Lebensgeschichte vertiefen.

Nach Verlassen des dicht besiedelten Ortes geht es deutlich ruhiger und landschaftlich schöner zu. Ein großer Teil der bald erreichten Lyme Bay ist als Naturschutzgebiet ausgewiesen. Die kleinen Orte wie Lyme Regis ziehen sich malerisch vom Meer die Hänge hinauf. Wegen der Fossilienfunde gehört die sogenannte Jura-Küste zum UNESCO-Weltkulturerbe.

⑦ Exeter

Zurückgezogen im Landesinneren liegt die Hauptstadt von Devon. Die prachtvolle Kathedrale St Peter in Exeter wurde im 13. Jahrhundert auf den Fundamenten einer normannischen Vorgängerkirche erbaut. Schon die

Westfassade ist reich geschmückt, doch wenn man die Kirche betritt, stockt einem fast der Atem. Wie eine steingewordene Allee wirkt das über 90 Meter lange Deckengewölbe des Hauptschiffs, das weltweit längste seiner Art. Das Gotteshaus ist zudem überreich ausgestattet: Hervorzuheben sind eine astronomische Uhr, die die Zeit, die Position der Sonne sowie die Mondphasen anzeigt. Beeindruckend ist auch der 18 Meter hohe, aus Holz gearbeitete und mit Schnitzereien reich verzierte Bischofsthron. Kein einziger Nagel wurde hier verwendet, allein Zapfen und Nuten halten das Prunkstück zusammen. Zu den weltlicheren Schmuckstücken gehört das Zollhaus am Ufer des Flusses Exe. Rund um das historische Gebäude hat sich eine Pub- und Restaurantszene etabliert, die teilweise in den ehemaligen Lagerhäusern ihren Sitz hat.

Bis zum nächsten Etappenort schließt sich die bereits zur Grafschaft Devon gehörende »englische Riviera« an. Tatsächlich gibt sich das Küstengebiet klimatisch eher mediterran. So wachsen

etwa in Torquay Palmen in Gärten und Parks. Reichlich Sonnentage, selten Nebel und angenehme Temperaturen widerlegen die Mär von den stets regnerischen Britischen Inseln.

⑧ Plymouth

Die Stadt am Plymouth Sound mit ihrem schönen Naturhafen und den geschützten Buchten versteht sich als Heimat der großen Seefahrer: Sir Francis Drake brach hier 1578 zu seiner Weltumsegelung auf, Humphrey Gilbert eroberte von hier aus Neufundland, und James Cook erkundete ab Plymouth auf drei Expeditionen den Pazifik. Handel und Verkehr spielen seit jeher eine wichtige Rolle und sorgen für eine kosmopolitische Atmosphäre. Seit 600 Jahren liegt hier der größte Marinestützpunkt Englands. In den riesigen Royal Navy Dockyards wird ein Großteil der britischen Flotte gewartet.

Eines der ältesten und schönsten Stadtviertel mit einer Vielzahl von kleinen Geschäften, Restaurants und Pubs ist The Barbican. Und Plymouth hat noch einen weiteren Lichtblick zu bieten: The Hoe. Das gewaltige Plateau thront über der Waterfront. Die alte Zitadelle und der markante Smeaton's Tower, ein rot-weißer Leuchtturm, bieten beste Rundumblicke über die Stadt.

❾ Land's End

Den westlichsten Punkt der britischen Hauptinsel prägt eine offene Heide- und Moorlandschaft, die von archäologischen Stätten geradezu übersät ist: Grabmale aus der Eisen- und Bronzezeit, Steinkreise, keltische Kreuze und ganze Dörfer aus der Zeit vor Christi Geburt zeugen von der jahrtausendealten Siedlungsgeschichte. Unentwegt branden die Wogen des Atlantiks gegen die mächtigen Felsen, die von den Römern »Belerion«, »Sitz der Stürme«, genannt wurden. Land's End wird von einem viel besuchten Themenpark dominiert, der sich mit der Geschichte Cornwalls befasst. Wer den Rummel meiden möchte, kann sich zu Fuß in die umgebende Klippen- und Moorlandschaft absetzen. Die Küste bietet eine spektakuläre Szenerie: Bis zu 50 Meter hoch ragen die von den Wellen umtosten Klippen aus dem Wasser. Den tatsächlich westlichsten Punkt Englands bilden die rund 45 Kilometer südwestlich von Land's End gelegenen Scilly-Inseln. Bei klarem Wetter sind sie von der Klippe aus zu sehen.

❿ Tintagel

Die legendenumwobenen Ruinen auf Tintagel Head gelten als der Geburtsort von König Artus. Hinter dem kleinen Ort Tintagel führt ein Weg über die Klippen zu einer von bröckelnden Mauern gekrönten, grünen Felskuppe im Atlantik, die über steile Treppen zu erreichen ist. Wie Ausgrabungen belegen, stand hier im 5. Jahrhundert ein Kloster keltischer Mönche mit Bibliothek, Kapelle, Gästehaus, Mensa und Badehäusern. Die Burg, deren Überreste noch zu sehen sind, stammt hingegen aus dem 13. Jahrhundert, was die Spekulationen um den Geburtsort des mythischen Britenkönigs fragwürdig erscheinen lässt. Doch wer an einem nebligen Tag hoch oben auf den Klippen steht und hinunter auf die windgepeitschten Wellen und die

Der Felsbogen Enys Dodman steht nahe Land's End im Meer.

Isles of Scilly

40 Kilometer vor der Küste liegen im Südwesten die 140 Scilly Isles, die per Fähre vom Hafen in Penzance aus zu erreichen sind. Die rund 2000 Einwohner, die überwiegend vom Tourismus und Blumenexport leben, verteilen sich auf fünf bewohnte Inseln: St. Mary's, Tresco, Bryher, St. Martin's und St. Angus. Früher lebte man hier vom Fischfang. Zu Fuß oder per Fahrrad lassen sich die Inseln mit ihren schroffen Granitfelsen, weißen Sandstränden und türkisfarbenen Buchten bestens erkunden. Im milden Klima gedeihen Palmen und exotische Pflanzen, eine Sammlung der typischen Scilly-Flora findet sich im Abbey Garden von Tresco. Auf halbem Weg zwischen Land's End und diesen Inseln soll sich das englische Atlantis, das in der Artus-Sage erwähnte verlorene Land Lyonesse, befinden – gefunden wurde es allerdings bislang nicht. Dafür gibt es eine Reihe von Wracks zu bestaunen.

Die Ruinen von Tintagel Castle direkt am Meer sind allemal beeindruckend.

Der Exmoor National Park zeigt sich bunter als seine düsteren Legenden.

In Bath Abbey beeindrucken das spätgo

dunkel gähnende Merlin's Cave (Merlins Höhle) blickt, kann sich leicht in die Zeiten von König Artus und seiner nicht minder legendären Tafelrunde zurückversetzen.

⓫ Barnstaple

Das Zentrum des nördlichen Devon war einst ein florierender Seehafen, doch dämpfte die Versandung der Flussmündung des Taw seinen weiteren Aufstieg als Handelszentrum. Noch heute ist die Long Bridge über den Fluss, die aus dem 13. Jahrhundert stammt, ein imponierendes Bauwerk. Etwas weiter nördlich schließt sich die wundervolle Nordküste der Grafschaft Devon an. Kurvenreich führt die A 39 nach Lynton und Lynmouth. Der Dop-

Der Hafen von Lynmouth zeigt die Beschaulichkeit des kleinen Küstenortes.

...gewölbe und die 120 Jahre alte Orgel.

pelort besitzt einzigartigen Charakter. Während Lynton hoch oben auf der Steilküste thront, schmiegt sich Lynmouth als Hafen an die Mündung des East Lyn. Verbunden sind beide Ortsteile nicht nur über eine steile Straße, sondern auch mit der historischen Cliff Railway, die vom Hafen auf die North Cliff verläuft.

⑫ Exmoor-Nationalpark

Düstere Geschichten erzählt man sich in Exmoor, Geschichten wie jene des Henkers, der zum Gehenkten wurde: Ein unglückseliger Schafdieb war er, der sich hoch auf einer Klippe ein Seil um seinen Nacken schwang, um seine Beute fortzuschaffen, und sich dann selbst strangulierte. Wenn man durch diese Hochebene in den Grafschaften Devon und Somerset reist, versteht man solche Geschichten sofort: Es ist eine raue Welt aus baumloser Heidelandschaft voller Moore mit abgrundtiefen Tälern dazwischen, durch die ein schneidender Wind geht. Sicher tragen auch die menschenleere Weite zu den kleinen Schauermärchen bei. Gewiss aber nicht das gelegentlich anzutreffende halbwilde Exmoor-Pony, die älteste Ponyrasse der Insel, das einem schon mal unvermittelt in großer Zahl vor das Vorderrad laufen kann. Und wenn man schon bei tierischen Hindernissen ist: Das Moor ist Land der Schafe. So tummeln sich gerne auch ganze Herden immer wieder mal auf dem Asphalt.

⑬ Bath

Bath liegt in der Grafschaft Somerset, unweit von Bristol entfernt. Bereits die Römer errichteten in der Nähe der heißen Thermalquellen Kuranlagen und Bäder. Überreste eines Tempels und des Bäderkomplexes zeugen heute noch von der Tradition der Stadt Bath, vormals Aquae Sulis, als Ort der Erholung. Im 17. Jahrhundert wurde die Stadt der beliebteste Badeort Englands und das bedeutendste gesellschaftliche Zentrum außerhalb von London. Die Straßenzüge führen zu klassizistischen Meisterwerken wie etwa dem Kurhaus, dem Royal Crescent oder der im Jahr 1770 entworfenen Pulteney Bridge, die über den Fluss Avon führt.

Eines der vielen Highlights auf dem Wild Atlantic Way sind die Kilkee Cliffs in der Grafschaft Clare.

Route 23 | Wild Atlantic Way: Irlands spannende Westküste

Wie wäre es mit einer Fahrt auf einer der längsten Küstenstraßen der Welt? Diese heißt »Wild Atlantic Way« und ist irischen Touristikern zu verdanken, die 2014 eine Themenroute zum Nachfahren konzipierten. Die Route schlängelt sich auf der westlichen Seite der Insel durch neun irische Grafschaften bis hinauf nach Derry in Nordirland.

INFO ✳

ROUTE 23
Routenlänge:
ca. 2100 Kilometer
Zeitbedarf:
2–3 Wochen
Start/Ziel:
Cork – Derry/Londonderry
Routenverlauf:
Cork, Bantry, Kenmare (Beara), Killarney (Ring of Kerry), Dingle, Liscannor, Galway, Westport, Ballina, Sligo, Donegal, Ardara, Letterkenny, Derry/ Londonderry

Empfehlenswert ist es, den Wild Atlantic Way von Süden aus zu befahren, da man in dieser Richtung – bedingt durch den Linksverkehr – das Meer stets an seiner Seite hat. So genießt man genau das, was der Name vermuten lässt: Jede Menge herrliche Ausblicke auf den wilden Atlantik. Die Route führt durch eine von der Kraft des Atlantischen Ozeans geformte Küstenlandschaft, deren landschaftliche Vielfalt so nur selten anderswo zu finden ist. Zauberhafte kleine Orte, die sich an die Küste schmiegen, und uralte Monumente, deren Ursprung sich im Nebel der Zeit verliert, säumen den Weg. Auf den gewundenen Straßen dieser Route sind zudem 159 »Discovery Points« eingerichtet wor-

den, und 15 davon sind so bezaubernd, dass man sie als »Signature Points« geadelt hat. Wer mag, kann also hinter vielen Wegbiegungen der Küstenstraße zusätzliche Abstecher einlegen, um sich unter anderem von alten Leuchttürmen, hohen Klippen oder sehenswerten Halbinseln faszinieren zu lassen. Der Wild Atlantic Way ist aber auch eine genussreiche Fahrstraße, denn er verläuft weitgehend über kleinere Nebenstrecken. Mancherorts bietet es sich auch an, die ausgeschilderten Pfade zu verlassen, zum Beispiel wenn spektakuläre Strecken in eine oft raue Bergwelt führen, die zwar weniger mit Höhenmetern, dafür aber mit großer landschaftlicher Pracht zu glänzen weiß.

Die typischen Schilder auf dem Wild Atlantic Way, die in Richtung Norden oder Süden weisen.

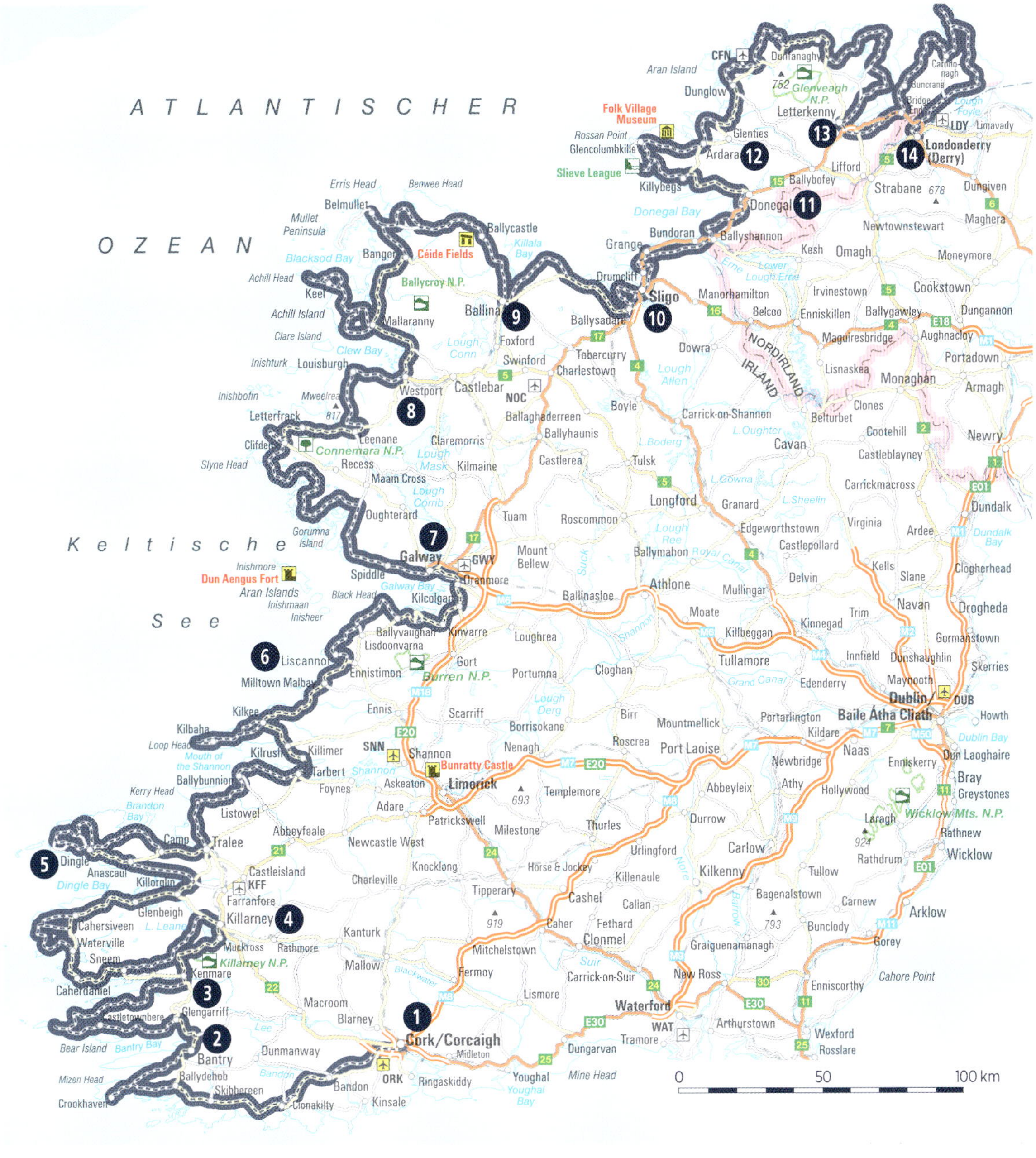

St Patrick's Quay am Nordarm des River Lee in Cork.

Auf mehreren Terrassen sind die schönen Gärten von Bantry House angelegt.

➊ Cork

Die Stadt Cork ist das südliche Tor zum Wild Atlantic Way. Die Reize der 2005 zur Kulturhauptstadt Europas gekürten quicklebendigen Metropole, deren Zentrum auf einer Insel im River Lee liegt, erkundet man idealerweise zu Fuß, denn oft müssen kleine oder größere Brücken überquert werden: Insgesamt gibt es 128 von ihnen. Cork, zweitgrößte Stadt der Republik, geht auf eine Klostergründung des heiligen Finbarr im 7. Jahrhundert zurück, später lebten hier Wikinger. Als englischer Stützpunkt (ab 1185) in katholischer Umgebung war Cork häufig Schauplatz blutiger Auseinandersetzungen – die Stadt galt als Hochburg der Unabhängigkeitsbewegung, weshalb sie auch »Rebel City« genannt wird. Eine erste Blütezeit im 18. Jahrhundert verdankte sie dem weltweiten Export von Lebensmitteln – Rindfleisch, Butter, Bier und Whiskey. Im 19. Jahrhundert jedoch starben Millionen Menschen bei der Hungersnot oder wanderten aus. Heute verfügt Cork über einen internationalen Flughafen, gilt als größter Industriestandort der Republik und zudem als wichtiger Standort der IT-Branche.

➋ Bantry

Für die knapp 3000 Einwohner von Bantry spielt der Tourismus heute eine große Rolle. Ein weiteres Standbein ist die Fischerei. Bantry House, seit Ende des 18. Jahrhunderts Sitz der Grafen von Bantry, ist die wichtigste Sehenswürdigkeit dieser Bucht, deren fast schon skandinavisch anmutende Schönheit man sich nicht entgehen lassen sollte. Eine Handvoll kleinerer Archipele liegt kunterbunt verstreut. Bei der Weiterfahrt fährt man um die tief ins Land einschneidende Bantry Bay und zweigt bei Glengariff auf Beara ab, eine der berühmten Halbinseln Irlands. Die rund 140 Kilometer lange Küstenstraße heißt Ring of Beara und ist für jeglichen Verkehr über 2,8 Tonnen gesperrt: keine Lkw, keine Busse und keine Wohnmobile. Bei Lauragh lockt der Blick auf das Ge-

Der Ring of Kerry präsentiert fast alle Reize Irlands innerhalb gut überschaubarer Distanzen.

birge in der Inselmitte. Zu seinen Gipfeln führt der Healy-Pass, der Lauragh mit Adrigole und damit die Nord- und Südseite der Beara-Halbinsel verbindet. Auf mehr als zwölf Kilometern führt der Pass in steilen Serpentinen in eine raue und unwirtlich wirkende Landschaft hinauf auf knapp 300 Meter. Nicht zufällig nennt man den Healy auch »Gotthard von Irland«.

❸ Kenmare (Beara)

Zurück auf dem Wild Atlantic Way steuert man auf Kenmare zu. Der ab 1670 von Sir William Petty als Wohnsiedlung für die in seinen Eisengießereien beschäftigten Arbeiterfamilien gegründete Ort hat eine düstere Le-

gende zu bieten. So soll der Teufel höchstpersönlich eine Brücke gebaut haben – und zwar zusammen mit Oliver Cromwell (1599–1658), Lordprotektor von England, Schottland und Irland, dessen Ruf in Irland auch nicht gerade der beste ist. Nur eine Stunde sollen die beiden für den Bau gebraucht haben und am Ende war der Gewölbebogen so hoch, dass die Brücke nicht von Fahrzeugen befahren werden konnte.

Interessanter als die Stadt selbst ist ihre Lage am Kenmare River, der in die gleichnamige, rund 30 Kilometer lange Bucht nördlich der Beara-Halbinsel mündet. Hier findet der Ring of Beara sein Ende – geht aber beinahe nahtlos

in die nächste Attraktion, den Ring of Kerry, über.

❹ Killarney (Ring of Kerry)

Wenn es eine Stadt in Irland gibt, die vom zunehmenden Tourismus profitiert hat, dann wohl Killarney. Der ursprünglich kleine Marktflecken hat sich als perfekter Ausgangspunkt für Entdeckungstouren zu den Halbinseln Iveragh und Dingle entwickelt. Auf die 13 500 Einwohner kommt gefühlt die doppelte Menge an Besuchern. Nur Dublin hat noch mehr Hotelbetten vorzuweisen als der Ort am malerischen Lough Leane, dem größten der drei Seen im Killarney-Nationalpark.

Vom Dunquin Pier an der Westspitze der Dingle-Halbinsel kann man mit dem Boot zu den Blasket Islands übersetzen.

Von hier aus kann man den Ring of Kerry perfekt erkunden – Höhepunkt einer jeden Irlandreise. Das Besondere an Irlands wohl bekanntester Touristenstraße, die auf etwa 180 Kilometer Länge unmittelbar an der Atlantikküste um die Iveragh-Halbinsel führt, ist die Vorschrift, dass Busse den Ring nur gegen den Uhrzeigersinn befahren dürfen.

Daher sollte man sein Glück genau andersherum probieren. Dennoch empfiehlt es sich, dem Tross zunächst die knapp 20 Kilometer nach Killorglin zu folgen, denn auf diese Weise kann man sich einen Abstecher ins meist vernachlässigte Innere von Iveragh gönnen. Dazu nimmt man die kleine

Nebenstrecke nach Glencar, die einen so nah, wie es asphaltiert eben möglich ist, an die beiden Tausender-Berge der Halbinsel heranbringt. Die Gipfel des Beenkeragh und des Carauntoohil erheben sich bis knapp über die magische vierstellige Höhenlinie. Sie gehören zu Irlands höchstem Gebirgszug, dem Macgillycuddy's Reeks.

Bei der Bealalaw Bridge heißt es, nach Süden abzuzweigen. Die Straße wird immer schmaler und kurvenreicher und deshalb auch unübersichtlicher. Durch ziemlich unwegsames, einsames Gelände führt sie auf einen kleinen Pass – den Ballaghbeama Gap – bis zur R 568. In Blackwater Bridge hat man dann die N 70, den Ring of Kerry,

wieder erreicht. Von hier aus geht es im Uhrzeigersinn weiter. Ab Castle Cove kann man sich einer Küstenstraße par excellence erfreuen. Kurvenreich erklimmt sie neue Höhen an den Hängen der gut 500 Meter hohen Berge und eröffnet beeindruckende Ausblicke auf den Atlantik sowie auf die zahlreichen vor der Küste verstreut liegenden Inseln. Auch ein Abstecher nach Valentia Island, eine der westlichsten bewohnten Inseln Europas ist unbedingt zu empfehlen. An der Nordküste der Halbinsel ist der Ring nun weniger spektakulär. Daher kann man ohne weiteren Halt nach Castlemaine fahren, um sich von dort aus zur nächsten Halbinsel aufzumachen

❺ Dingle

Die knapp 50 Kilometer lange und etwa neun Kilometer breite Halbinsel Dingle ist die nördlichste der in der Grafschaft Kerry wie Finger nach Westen zeigenden Landzungen. Hier findet man eine der wohl attraktivsten Landschaften Irlands: An den Küsten prägen rötlich-braun aus dem Meer ragende Klippen vor goldenen Sandstränden die Szenerie. Der Hauptort heißt Dingle Town und ist ein ehemaliges Fischerdorf in einer geschützten Bucht an der Südküste. Der Slea Head Drive führt zur äußersten Westspitze der Halbinsel und ist besonders für seine wilde Schönheit mit der zerklüfteten Küstenlinie bekannt.

Ein weiteres Erlebnis ist der Connor Pass. Die Strecke ist Legende, denn die Route führt zwar »nur« auf 456 Meter Höhe, ist gleichsam aber der höchste Pass Irlands. Hinauf geht es entlang von steil abfallenden Hängen zur Linken und Felsen zur Rechten. Von der Passhöhe aus hat man – gutes Wetter vorausgesetzt – eine tolle Aussicht auf die sich landeinwärts erhebende und oft dramatisch nebelumwobene Bergkette, die ihre höchste Erhebung im 953 Meter hohen Mount Brandon hat. Am Brandon Head fällt diese Bergkette aus rund 750 Meter Höhe fast unmittelbar zum Meer hin ab.

Weiter im Norden lockt dann schon das nächste Highlight: der Loop Head Drive. Der führt einen zielstrebig bis an die Spitze dieser kleinen Halbinsel, die gleichzeitig die nördliche Grenze der Shannon-Mündung markiert. Irlands längsten und wasserreichsten Fluss muss man auf dem Weg hierher per Fähre überwinden.

An diesem Küstenabschnitt brechen sich die atlantischen Wogen mit enormer Kraft an den steilen Granitklippen der Colleen Bay. Sie sind von der Straße aus an vielen Stellen mehr als perfekt einzusehen. Das Spektakel ist nicht nur mehr als sehens-, sondern auch hörenswert. Diese Steilküste ist ein einzigartiger Abschnitt am Wild Atlantic Way. Es gibt immer wieder spektakuläre Aussichtspunkte, die zu

Entlang der Sky Road kann man auch einen Blick auf die mit Moos bewachsene Ruine des Clifden Castle erhaschen.

einem Zwischenstopp einladen. Tullig Point, Croan Rock, Castle Point und wie sie alle heißen sind aber nur zu Fuß erreichbar. So lässt man sich entlang der Küste treiben, bis Liscannor erreicht ist.

⑥ Liscannor

Das kleine Dorf befindet sich an der Liscannor Bay und gilt nicht nur als Surferparadies, sondern auch als perfekter Ausgangsort, um die berühmten Cliffs of Moher zu besichtigen. Die an einigen Stellen über 200 Meter hohen Klippen bieten ein eindrucksvolles Küstenpanorama, und Wanderer finden hier einen schönen, 35 Kilometer langen Weg vor. Beim schwindel-

erregenden Blick von den Cliffs of Moher hinunter zu der aufsprühenden Gischt und auf erodierte Felsnadeln bekommt man eine Vorstellung von der Kraft der atlantischen Brecher. Leider führte der Besucherandrang dazu, dass das Naturschauspiel besonders im Bereich um den 1835 als Aussichtsturm gebauten O'Brien's Tower unschön mit Parkplätzen, Plattformen und Cafés verbaut wurde. Das südliche Ende der lang gezogenen Felsklippen beim abgeschiedeneren Hag's Head bietet besonders abends, wenn die untergehende Sonne die gewaltigen Schichten aus Sandstein und Tonschiefer erleuchtet, ein imposantes Spektakel. Eine »Scenic Route«, die

vor allem an der südlichen Galway Bay zu begeistern weiß, führt bis nach Galway, die »City of Tribes«.

⑦ Galway

Die mit etwas mehr als 84 000 Einwohnern größte Stadt des irischen Westens liegt am Nordostende der Bucht von Galway, wo der River Corrib in den Atlantik mündet. Wegen des geschützten Hafens wurde der Ort bereits 1124 von Fischern besiedelt. 1270 umgaben die Anglo-Normannen, nachdem sie den hier ansässigen Clan der O'Flahertys vertrieben hatten, Galway erstmals mit einer Mauer. Gleich 14 anglo-normannische Adelsfamilien, die sogenannten Tribes (Stämme) von

Galways Kathedrale ist eine der größten Kirchen Irlands.

In der lang gestreckten Clew Bay ragt die Felsspitze Old Head ins Meer hinein.

Galway, lenkten im 13. Jahrhundert die Geschicke der Stadt. Später erlebte die Hafenstadt durch den Handel mit Spanien und Frankreich eine erste Blüte. Die ursprüngliche Fischersiedlung ist heute zum Stadtteil Claddagh geworden, wo einst der Claddagh-Ring zum Zeichen der Stammeszugehörigkeit entworfen wurde. Der Fingerring wird immer noch gern als Freundschafts- oder Ehering verwendet. Eine andere den Tribes zugerechnete Attraktion ist die Saint Nicholas Collegiate Church. Christoph Kolumbus soll hier im Jahr 1477 gebetet haben, bevor er in die Neue Welt aufbrach.

Weiter geht es am nördlichen Ufer der Galway Bay. Bei Clifden, der heimli-chen Hauptstadt Connemaras, zweigt die »Sky Road« ab. Dabei handelt es sich um einen rund 15 Kilometer langen Rundpfad, der in den äußersten Zipfel der vorgelagerten Halbinsel führt. Der Name gründet auf Erzählungen der Einheimischen, die besagen, dass die Strecke sich teilweise derart steil hinaufschrauben würde, dass man an manchen Stellen nur noch den Himmel sehen könne.

Anschließend verabschiedet sich die Straße abrupt vom Meer und biegt landeinwärts in Richtung Norden ab. Der Grund: Die Mweelrea Mountains stehen im Weg und mit ihnen der höchste Berg des County Mayo, der 817 Meter hohe Mweelrea. Die schma-le Straße ist meist so gut wie menschen- also auch fahrzeugleer. So kann man ganz für sich allein die Aussicht auf die erstaunlich monumentalen Berge genießen und sich bis an die Clew Bay treiben lassen. Je näher man Westport kommt, umso besser wird erkennbar, warum die Clew Bay auch »Bucht der 365 Inseln« genannt wird. Es sind einfach unglaublich viele Ei lande, die von hier im Atlantik auszu-machen sind.

❽ Westport

Westport ist der für Irland ungewöhn-liche Fall einer geplanten Stadt. Das ursprüngliche Dorf namens Cathair na Mart wurde im späten 18. Jahrhun-

Cliffs of Moher

Ein Naturwunder der besonderen Art sind die Klippen von Moher. Die nahezu senkrecht abfallenden Felswände sind mehr als 200 Meter hoch und erstrecken sich über eine Länge von acht Kilometern.

Die Küstenstraße auf Achill Island führt zur Keel Bay im Westen der Insel.

Von dramatischer Schönheit ist die Klippenlandschaft am Slieve League.

dert durch die heutige Stadt ersetzt. Das Zentrum besteht aus einem Ensemble von Stadthäusern im georgianischen Stil. Besonders malerisch ist die Mall, eine von Bäumen gesäumte Promenade zu beiden Seiten des Flusses Carrowbeg.

Nach der Umrundung der Clew Bay mit all ihren Inselchen nimmt man Kurs auf die Curraun-Halbinsel, das Tor zu Irlands größter Insel: Achill Island. Ein großer Teil ihrer 146 Quadratkilometer großen Fläche ist von Torfmooren bedeckt. Außerdem ist die Landschaft von dramatischen Klippen, steilen Bergen, ruhigen Seen und abgelegenen Stränden geprägt. Ein besonderes Highlight ist der »Atlantic Drive«, eine Straße, die um die Südspitze von Achill Island und weiter entlang der Westküste führt. Auf ihr bieten sich gleich mehrere spektakuläre Aussichtspunkte. Hier streift man mit Ballycroy bereits den zweiten Nationalpark. Keine schlechte Ausbeute, wenn man bedenkt, dass Irland nur

Der Benbulbin ist ein eindrucksvoller Tafelberg im Hinterland von Sligo.

sechs Nationalparks sein Eigen nennen kann. Und Ballycroy ist der jüngste, er wurde 1998 eingerichtet.

❾ Ballina

Die Hafenstadt in der Grafschaft Mayo liegt in der Killala Bay, der trichterförmigen Mündung des River Moy in den Atlantik. 1944 wurde hier die erste Präsidentin der Republik Irland, Mary Robinson, geboren. Bekannt ist der Ort aber vor allem bei Anglern: Mitten in der Stadt kann an zwei Brücken über dem Fluss geangelt werden. Süßwasserfischer finden in dem forellenreichen Lough Conn südlich von Ballina ein Paradies. Sehenswert in der Umgebung sind nicht nur die Reste der Franziskanerklöster Rosserk Abbey und Moyne Abbey, sondern auch die Ruinen der Rathfran Friary aus dem 13. Jahrhundert. In deren Nähe befindet sich weithin sichtbar der Breastagh Ogham Stone, ein etwa 2,5 Meter hohes, kantiges Monument aus der Bronzezeit.

❿ Sligo

Die größte Stadt im irischen Nordwesten verdankt ihre Entstehung der Lage an einer Furt über den River Garavogue, und dieser strategisch wichtige Übergang war stets umkämpft. Mitte des 13. Jahrhunderts wurde er von Normannen mit einer Verteidigungsanlage versehen. Um dieselbe Zeit stiftete ein gewisser Maurice Fitzgerald ein Dominikanerkloster. Sligo Abbey ist heute die einzige mittelalterliche Ruine der Stadt.

Dann steht die Umfahrung der Dartry Mountains an. Man staunt auf dieser Insel immer wieder, wie imposant Berge sein können, zu denen man in heimischen Gefilden höchstens Hügel sagen würde. Bis gerade mal 650 Meter Höhe steigen die Gipfel empor, bilden aber eine Respekt einflößende Barriere – und das so nah an der Küste. Der Küstenzipfel mit dem Aussichtspunkt Mullaghmore Head lässt sich auf einer Single Track Road, also einer äußert schmalen Straße,

umrunden. Bei Sonnenschein bieten sich fantastische Ausblicke auf die Donegal Bay.

⓫ Donegal

Donegal ist der für den Landkreis und die Bucht namensgebende Ort. Das Zentrum besticht mit einem ungewöhnlicherweise als Dreieck geschnittenen Marktplatz, der den Namen »The Diamond« trägt. Fußläufig wartet das kleine Schloss von Donegal auf einen Besuch. Bei ihm handelt es sich um eine recht verträumte Ruine.

Die nächsten Kilometer windet sich die R 263 zunächst an der Fintragh Bay entlang, um dann kurven- und abwechslungsreich Carrick anzusteuern. Ein kleiner, schmaler Weg biegt hier links ab zu einer der schönsten Natur-Attraktionen der gesamten Atlantikküste: den Klippen von Slieve League. Sie sind meist kaum besucht. Ob es an der doch eher vernachlässigten Beschaffenheit der Straße liegt, oder auch daran, dass der Westzipfel Done-

Die Peace Bridge in (London-)Derry verbindet die beiden bis in die jüngste Geschichte verfeindeten Stadtgebiete.

gals so weit ab von den üblichen Touristenrouten liegt? Jedenfalls ist der Blick auf diese Klippen, die mit ihren bis zu 600 Metern zu den höchsten Europas gehören, schlicht und einfach grandios. Am Aussichtspunkt Carrigan Head sind die steilen Felsabbrüche zum Meer in ihrer vollen Pracht zu bewundern.

⓬ Ardara

Der Südwesten der Grafschaft Donegal ist für seine Textilwaren berühmt. Neben Strickpullovern werden in der Gegend um die Kleinstadt Ardara vor allem Tweedstoffe hergestellt. Folgt man der N 56 aus in südlicher Richtung, biegt bei Bracky eine kleine Straße zum Glengesh-Pass ab. Der Weg schlängelt sich durch ein landschaftlich imposantes grünes Hügelland bis nach Glencolumbkille an der irischen Westküste. Die Fahrt lohnt sich doppelt, denn sie führt durch eine eiszeitlich durchfurchte Landschaft, über deren steilen Hängen sich das besondere »irische Licht« erkennen lässt. Eindrucksvoll sind die reißenden Bäche, die sich kaskadenartig die Hügel hinabstürzen, und die weiten Ausblicke, die sich aus den Tälern eröffnen. Immer der Küste entlang, geht es dann weiter nach Letterkenny.

⓭ Letterkenny

Die mit gut 19 000 Einwohnern größte Stadt im County Donegal liegt im äußersten Nordwesten der Republik am River Swilly. Sie ist das letzte Etappenziel auf dem Weg nach Malin Head, dem nördlichsten Punkt des irischen Festlandes auf der Inishowen Penin-

Südlich der Felsspitze von Malin Head öffnet sich die Trawbreaga-Bucht.

Hinter Ardara führt der Wild Atlantic Way durch das Glengesh-Tal.

sula. An der äußersten Spitze dieser Halbinsel steht Banba's Crown, nach einer mystischen irischen Königin benannt. Der Turm gehörte zu einer Reihe von Bauwerken, die die britische Admiralität 1805 zur Verteidigung gegen mögliche Angriffe der Franzosen entlang der irischen Küste errichten ließ. Außerdem gibt es hier jede Menge Aussichtsposten aus dem Zweiten Weltkrieg zu sehen. Malin Head war einer von 83 Küstenstandorten in Irland, die zur Beobachtung der Kriegsereignisse dienten. Das tosende Meer hat die Seefahrtsgeschichte der Region zur Genüge miterlebt: Vor diesem Küstenabschnitt sollen mehr Ozeanriesen und deutsche U-Boote gesunken sein als in irgendeinem anderen Teil der Welt.

⓭ Derry/Londonderry

Mit Derry ist das Ende des Wild Atlantic Way erreicht. Die an der Mündung des River Foyle gelegene zweitgrößte Stadt Nordirlands, in der es 1972 zum »Bloody Sunday« kam, ist vom Gegensatz zwischen Katholiken und Protestanten geprägt. Das zeigt sich bereits am Namen: Die katholischen Republikaner nennen sie mit Bezug auf die Siedlungsanfänge im 6. Jahrhundert Derry, die protestantischen Royalisten nennen sie Londonderry. Einst im 16. Jahrhundert als Planstadt nach französischem Vorbild angelegt, wurde der Ort bald mit einer rund 1,5 Kilometer langen Mauer gesichert. Diese dient heute als Promenade, auf der man entlangflanieren und von ihr viele schöne Ausblicke auf die Stadt genießen kann.

Atlantischer Ozean

Auch der Ozean besteht aus einzelnen Tropfen.

William Butler Yeats

Mit 106 400 000 Quadratkilometern ist der Atlantische Ozean der zweit-größte Ozean der Welt, er reicht vom Nord- bis zum Südpolarmeer und bedeckt rund ein Fünftel der Erdoberfläche. Etwa in seiner Mitte verläuft von Nord nach Süd der Mittelatlantische Rücken. Er ist mit rund 11 000 Kilometern der längste Gebirgszug der Erde. Sichtbare Erhebungen sind die Inseln Jan Mayen, Island und die Azoren auf der Nordhalbkugel sowie die Inseln Ascension, Tristan da Cunha, Gough und Bouvet auf der Südhalbkugel. In den letzten 200 Millionen Jahre verursachte die Plattentektonik ein Auseinanderdriften der Kontinente und führte zu einer Verbreiterung des Ozeans auf bis zu 5000 Kilometer. Der submarine Gebirgszug wird von einem 25 bis 50 Kilometer breiten Graben durchzogen, der den Atlantischen Ozean durch austretendes Magma auf der Nordhalbkugel rund drei Zentimeter, auf der Südhalbkugel vier Zentimeter pro Jahr in West-Ost-Richtung auseinanderdrückt.

Die größten Nebenmeere

- Sargassosee (4 500 000 km²)
- Mittelmeer (2 966 000 km²)
- Karibik (2 754 000 km²)
- Golf von Mexiko (1 600 000 km²)
- Labradorsee (1 115 000 km²)
- Europ. Nordmeer (1 100 000 km²)
- Nordsee (575 000 km²)
- Schwarzes Meer (424 000 km²)
- Ostsee (413 000 km²)

Die größten Meerestiefen

- Milwaukeetief (9219 m)
- Meteortief (8264 m)
- Romanchetief (7730 m)
- Caymantief (7686 m)
- Kapverdisches Becken (7292 m)
- Calypsotief (5267 m)

Ruine eines alten Genueserturms bei Saint-Florent.

Route 24 | Die Insel der Schönheit: der Norden Korsikas

Die Île de Beauté macht ihrem Namen alle Ehre. Knapp 180 Kilometer südlich der Côte d'Azur im Mittelmeer gelegen, lockt Korsika mit seinen Naturschönheiten Hochgebirgsfreunde ebenso an wie Strandurlauber. Der ausgeprägte Stolz der Korsen auf ihre Insel verwundert kaum.

Wer auf Korsika erstmals mit dem Auto fährt, stellt schnell fest, dass man hier weit weniger zügig vorwärtskommt als auf dem französischen Festland. Die Straßen sind überwiegend schmal bis eng, und wirklich schnell auf ihnen zu fahren schaffen nur waghalsige Einheimische. Das sehr italienisch anmutende Bastia ist Ausgangspunkt einer sehr abwechslungsreichen Tour durch Korsikas vielfältige Landschaften. Einem ausgestreckten Finger gleich, der nach Norden auf den Golf von Genua deutet, ragt die Halbinsel von Cap Corse ins Meer. Die Straße führt durch Fischer- und Bergdörfer. Ein beliebtes Postkartenmotiv ist Erbalunga: Malerisch drängen sich die alten Häuser auf der felsigen Landzunge direkt am Wasser zusammen, überragt von einem genuesischen Wachturm (1512). Ebenfalls ein Ort wie aus dem Bilderbuch ist der Fischerort Centuri an der Westküste des Caps. Grau verwitterte, ocker- oder rosafarbene Häuserfassaden mit schiefergedeckten Dächern säumen den einzigen Naturhafen am nordwestlichen Ende der Halbinsel. Bereits die Griechen und Römer wussten die günstige Lage hier zu schätzen. Wer nach einer sportlichen Herausforderung sucht, kann den 1307 Meter hohen Monte Stello erklimmen, den höchsten Gipfel von Cap Corse – eine fantastische Rundumsicht ist inklusive. Bei Saint-Florent ist man wieder an der Basis der Halbinsel angekommen; das Städtchen ist ein beliebter Badeort, ebenso wie L'Île-Rousse weiter westlich. Calvi, der Hauptort der Balagne und Korsikas fünftgrößte Stadt, liegt wunderschön in einer Bucht und ist für seine guten Restaurants bekannt. An der von unzähligen Einschnitten zerfurchten Westküste schließlich regen die skurrilen Felsformationen der Calanche de Piana die Fantasie an.

INFO *

🇫🇷

ROUTE 24
Routenlänge:
ca. 260 Kilometer
Zeitbedarf:
7–10 Tage
Start/Ziel:
Bastia – Calanche de Piana
Routenverlauf:
Bastia, Erbalunga, Centuri, Saint-Florent, L'Île-Rousse, Calvi, Calanche de Piana

Fischerboote im Hafen von Erbalunga, Cap Corse.

Erbalunga liegt auf einer schmalen Landzunge am Ostufer von Cap Corse.

❶ Bastia

Für die meisten Reisenden beginnt die Korsikarundfahrt in Bastia, der zweitgrößten Stadt und dem Wirtschaftszentrum der Insel, denn hier laufen die Fähren aus Italien und dem französischen Festland ein. Unbedingt sehenswert ist die majestätische Barockkirche St-Jean-Baptiste (1636 bis 1666). Hoch oben auf der 1480 bis 1521 angelegten Zitadelle genießt man einen weiten Blick über den Hafen bis hin zum Cap Corse. Auch hier stehen zwei Kirchen, die die Blicke auf sich ziehen: die Chapelle St-Croix im Stil des Rokoko mit ihrem berühmten schwarzen Kruzifix und die Kirche St-Marie aus dem 16./17. Jahrhundert, die eine silberne Marienstatue vorweisen kann. Zentrum der Stadt ist der quirlige, von Palmen gesäumte Place St-Nicolas. Ebenfalls hübsch: der Place de l'Hotel-de-Ville, auf dem immer vormittags Markt abgehalten wird.

❷ Erbalunga

Einem Finger gleich, der auf den Golf von Genua deutet, ragt die Halbinsel Cap Corse ins Meer. Die Straße führt durch Fischer- und Bergdörfer. Ein beliebtes Postkartenmotiv ist das Fischerdörfchen Erbalunga: Malerisch drängen sich die alten Häuser auf der felsigen Landzunge direkt am Wasser zusammen, überragt von einem genuesischen Wachturm (1512).

❸ Centuri

Ebenfalls ein Ort wie aus dem Bilderbuch ist der Fischerort Centuri an der Westküste von Cap Corse. Grau verwitterte, ocker- oder rosafarbene Häuserfassaden säumen den Naturhafen am nordwestlichen Ende der Halbinsel. Bereits die alten Griechen und Römer wussten die günstige Lage zu schätzen. Wer sportliche Herausforderungen sucht, kann den 1307 Meter hohen Monte Stello erklimmen, den höchsten Gipfel von Cap Corse.

❹ Saint-Florent

Das idyllische Ferienstädtchen an der Nordküste mit seinen farbenfrohen Häuserzeilen besitzt einen der größ-

Der idyllische Naturhafen von Bastia.

In Pino, etwas südlich von Centuri, steht das Mausoleum der Familie Piccioni.

ten Jachthäfen der Insel und wird deswegen auch gerne das »Saint-Tropez von Korsika« genannt. Entsprechend teuer und exklusiv geht es hier zu. Dennoch gibt es noch zahlreiche verträumte Winkel im alten Hafenviertel und in der Altstadt von Saint-Florent zu entdecken. Auch die im Vergleich mit anderen genuesischen Festungen eher bescheiden anmutende Zitadelle aus dem Jahr 1568 ist sehenswert. Im Inneren ist eine interessante Fotoausstellung untergebracht. Ebenfalls ein Hingucker ist die Kirche Santa Maria Assunta aus dem 12. Jahrhundert. Im Umland werden Muscat-, Rot- und Roséweine unter dem Namen Patrimonio erzeugt. Im Westen der Stadt

Saint-Florent trägt den Spitznamen »Saint-Tropez von Korsika«.

Ein schöner Spaziergang führt in L'Île-Rousse zur vorgelagerten roten Île de la Pietra.

Steile Felswände und blaues Meer kennzeichnen die Landschaft der Calanche.

erstreckt sich das Désert des Agriates, eine wüstenartige und ziemlich unwirtliche Landschaft.

❺ L'Île-Rousse

Seinen Namen verdankt das Hafenstädtchen der vorgelagerten Insel de la Pietra, die bei Sonnenuntergang blutrot leuchtet: L'Île-Rousse. Sie ist über einen Damm mit dem Festland verbunden. Im Hafen laufen viele Fähren aus Italien und Frankreich ein, entsprechend trubelig geht es hier an manchen Tagen zu. Vor allem die Sandstrände und die reizvolle Altstadt ziehen viele Gäste an. Zentrum des Städtchens ist der von Platanen gesäumte Place Paoli mit der Statue von Pascal Paoli, der den Ort einst gründe-

te. Um den Platz herum sind die Straßenzüge schachbrettartig angeordnet. Sie laden mit ihren Cafés, Geschäften und Restaurants zum Bummeln ein. Besonders sehenswert ist die überdachte Markthalle aus dem 19. Jahrhundert mit ihren hohen Säulen. Hier kann am Morgen frisches Gemüse aus der Balagne erworben werden.

⓺ Calvi

Calvi, lange Zeit ein genuesischer Stützpunkt mit weit ins Meer hinausragender Zitadelle, hätte nach der Übernahme durch die Franzosen sicher an Bedeutung verloren, wäre da nicht seine reizvolle Lage. Die weite Bucht und das lebendige Hafenviertel mit seinem mediterranen Flair sind ein mächtiger Touristenmagnet. Viele kommen auch aufgrund der exzellenten Küche hierher, die Gaumenfreuden pur verspricht. Auch das jährlich stattfindende Jazzfestival sorgt für regen Publikumsverkehr. Etwas außerhalb thront auf einem Hügel die Kapelle Notre-Dame-de-la-Serra. Sie ist innen wie außen schön anzusehen, und auf ihrem Vorplatz genießt man einen fantastischen Rundblick. Auch wenn sich in Calvi im Hochsommer viele Touristen tummeln, verliert das Städtchen nie seinen fast italienisch-heiter anmutenden Charme.

⓻ Calanche de Piana

Zwischen Porto und Piana liegt die eindrucksvollste Küstenlandschaft Korsikas: die Calanche de Piana, ein zwei Kilometer langes Massiv aus roten Granitfelsen, das die UNESCO 1983 in ihr Weltnaturerbe aufgenommen hat. Es empfiehlt sich, die Calanche zu Fuß zu besichtigen, um das Farbenspiel von Felsen, blauem Meer und grüner Vegetation auf sich wirken zu lassen. Das reizvolle Piana, ein hoch gelegenes Dorf mit hellen Häusern und einer Kirche aus dem 18. Jahrhundert, ist ein perfekter Ausgangspunkt für einen Streifzug durch die Calanche. Vor allem in den Abendstunden, wenn die Sonne untergeht, legt sich eine mystische Stimmung über die zerfurchte Bergwelt mit ihren Türmchen, Säulen, Zacken und monolithischen Felsblöcken.

Vor Taormina liegt die Isola Bella im Meer, im Hintergrund erhebt sich der Ätna.

Route 25 | Sizilien, Schmelztiegel der Kulturen

Die größte Insel Italiens kommt in ihrer kulturellen Vielfalt einem ganzen Kontinent gleich. Klassische griechische Tempel, normannische Kathedralen und barocke Paläste machen aus der Insel eine Art überdimensionales Stilkundemuseum. Einen kraftvollen Kontrapunkt setzt die Natur mit dramatischen Felsküsten und Superlativen wie Europas höchstem Vulkan.

INFO *

ROUTE 25
Routenlänge:
ca. 850 Kilometer
Zeitbedarf:
10–14 Tage
Start/Ziel:
Messina – Taormina
Routenverlauf:
Messina, Tindari, Cefalù,
Bagheria, Palermo, Monreale,
Segesta, Tràpani, Isole Egadi
(Ägadische Inseln), Marsala,
Mazara del Vallo, Selinunte,
Eraclea Minoa, Agrigento, Valle
dei Templi, Ragusa, Modica,
Noto, Siracusa (Syrakus), Catania,
Taormina

Am Rande Europas, aber im Zentrum der mediterranen Welt: Prägnanter lässt sich die Rolle Siziliens in Geschichte und Gegenwart wohl kaum beschreiben. Lange war die Insel als strategisches Kronjuwel der Brennpunkt des Kampfes der Großmächte um Einfluss. In der Frühantike kolonisierten die Griechen Sizilien und machten Syrakus zu einem Zentrum des vorrömischen Altertums. Ihnen folgten die Römer, Vandalen, Byzantiner, Araber, Normannen, Staufer, Aragonesen und Neapolitaner. Es sind freilich nicht nur die alten Hochkulturen, die den heutigen Reisenden faszinieren. Mindestens ebenso tief gräbt sich die Intensität von Landschaft und Leuten ins Gedächtnis. Stets bezaubert Sizilien seine Gäste mit einer archaischen Schönheit, der weder Erdbeben noch Vulkaneruptionen

dauerhaft etwas anhaben konnten. Dieses Nebeneinander von Kontrasten offenbart sich auch im Temperament der Einheimischen. Auf den Plätzen Palermos oder Catanias pulsiert das pralle Leben, laut, kraftvoll, ziemlich chaotisch und schick. Die Kehrseite der Medaille zeigt sich in Wirtschaft und Politik, wo Mafia, Bürokratie und Korruption zu einer unheiligen Allianz verschmelzen, und auch der Umgang mit der Natur nicht immer von Behutsamkeit zeugt. Doch eines ist gewiss: Dieser Zwischenerdteil, der von Afrika nicht viel weiter als von Europa entfernt liegt, öffnet jedem Gast aus dem Norden unweigerlich die Sinne, bezirzt ihn mit seinen exotischen Düften, den starken Farben, dem Licht und weckt noch während der Reise den Wunsch nach baldiger Wiederkehr über die Straße von Messina.

Eine Freitreppe führt hinauf zum Brunnen auf der Piazza Pretoria in Palermo.

Über den Dom von Messina geht der Blick zum kalabresischen Festland.

Fast geisterhaft mutet die barocke Villa Palagonia in Bagheria an.

❶ Messina

So wie diese nur knapp drei Kilometer vom italienischen Festland entfernt gelegene Hafenstadt seit ihrer Gründung durch die Griechen im 8. Jahrhundert v. Chr. den meisten Eroberern als erster Stützpunkt fungierte, so dient sie auch heute als »Tor zur Insel«. Die Stadt wurde mehrmals zerstört: 1783 und 1908 durch Erdbeben, 1943 durch Bombenangriffe. Aus alter Zeit hat sich die kleine Normannenkirche Santa Annunziata dei Catalani herübergerettet. Sehr schön ist das Panorama von den höher gelegenen Stadtbezirken über die schachbrettartigen Straßen und die Hafenanlagen hinweg auf die berühmt-berüchtigte Meerenge und die nahen, bewaldeten Hügel Kalabriens. Über die so kurvenwie aussichtsreiche Uferstraße erreicht man die Nordküste und nach insgesamt 80 Kilometern eines der berühmtesten Wallfahrtsziele Siziliens.

❷ Tindari

Von der 260 Meter hohen Felsklippe, auf der das moderne Heiligtum mit der wundertätigen schwarzen Madonna thront, genießt man einen herrlichen Blick hinab auf die Sandbänke und hinüber zu den Liparischen Inseln. Nicht minder prachtvoll ist die Aussicht vom benachbarten Ruinenfeld des antiken Tyndaris, von dem Reste des Theaters, der römischen Ba-

silika, der Wohnbezirke und der Stadtmauern erhalten sind.

Auf der viel befahrenen SS 113 weiter Richtung Westen passiert man abwechselnd Sandstrände, Felsklippen, Badeorte sowie Industrieanlagen und erreicht nach rund 130 Kilometern das auf einer schmalen Landzunge liegende Cefalù.

❸ Cefalù

Das unter einen mächtigen Kalkfelsen geduckte Fischerstädtchen wäre allein wegen seiner orientalisch anmutenden Altstadt und dem Sandstrand einen Zwischenstopp wert. Immerhin wartet es mit der Ruine eines antiken Heiligtums, mit arabischen Waschhäusern und – im Museo Comunal Mandralisca – einer reizvollen privaten Kunstsammlung auf. All dies wird aber im wahrsten Sinne des Wortes vom Dom in den Schatten gestellt. Den Grundstein für diesen ältesten Sakralbau Siziliens aus der Normannenzeit ließ König Roger II. im Jahr 1131 legen. Allein der Anblick der Fassade mit ihrem romanisch strengen Bogenportal und den beiden wuchtigen Wehrtürmen gräbt sich tief ins Gedächtnis. Absolut überwältigend ist der hohe, schlanke Innenraum. Kunstfertige Meister aus Konstantinopel schufen im Chorbereich noch zu Lebzeiten des Stifters herrliche, golden gleißende Mosaike. Seit 2015 gehört die Kathedrale zum Welterbe der UNESCO.

❹ Bagheria

Der Ort war im 17. und 18. Jahrhundert die bevorzugte Sommerfrische der Adelsfamilien aus der nahen Stadt. Hier, wo eine Meeresbrise Kühlung versprach, entstanden inmitten idyllischer Zitronen- und Olivenhaine zahlreiche barocke Landpaläste. Einige dieser Residenzen sind zu besichtigen, darunter auch die Villa Palagonia aus dem 18. Jahrhundert mit ihrem berühmten exzentrischen Skulpturenschmuck – grotesken Figuren von Zwergen, Drachen, Hofnarren und Musikanten.

❺ Palermo

Palermo war im Ersten Punischen Krieg Hauptstützpunkt der karthagischen Flotte und erlebte in der Folge unter Arabern, Normannen und Stau-

In der spektakulär gelegenen Wallfahrtskirche verehrt man die Schwarze Madonna von Tindari.

Überragt vom Dom liegt Cefalù eindrucksvoll vor der Kulisse eines Kalkfelsens und dem türkisblauen Meer.

216 Säulenpaare hat der Kreuzgang der Kathedrale von Monreale.

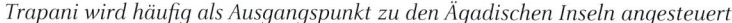
Trapani wird häufig als Ausgangspunkt zu den Ägadischen Inseln angesteuert.

fern kulturelle Blütezeiten sondergleichen. Aus all diesen Epochen hat sich ein immenser Schatz an Baudenkmälern erhalten. In der Altstadt stehen byzantinische Kirchen neben Moscheen, barocke und katalanische Paläste neben klassizistischen Kasernen und arabischen Lustschlössern. Glanzstücke sind die gewaltige Kathedrale Maria Santissima Assunta und der Normannenpalast mit der mosaikgeschmückten Cappella Palatina; sehenswert sind auch die Kirchen San Cataldo, La Martorana, San Giovanni degli Eremiti, der Palast La Zisa, das Teatro Massimo, die Katakomben des Kapuzinerkonvents sowie National-

galerie und Archäologisches Museum. Vor 200 Jahren noch eine der prächtigsten europäischen Residenzstädte, schien Palermo nach dem Zweiten Weltkrieg dem Verfall preisgegeben. In den 1990er-Jahren streifte »die Schöne« das Stigma mafiöser Dekadenz ab. In ihrem lange Zeit vor sich hin siechenden Herz wird seither emsig renoviert. Bester Beweis: die exotisch bunten Märkte sowie die Flaniermeilen und Plätze.

❻ Monreale

Kein Aufenthalt in Palermo ist denkbar ohne die Fahrt hinauf in das etwa acht Kilometer entfernte Bischofs-

städtchen Monreale. Von der Anhöhe des Monte Caputo hat man die sizilianische Hauptstadt mit ihrer wie mit dem Zirkel gezogenen Bucht, der Conca d'Oro, unvergleichlich schön vor sich liegen. Hauptsehenswürdigkeit jedoch ist die weltberühmte Kathedrale. 1172 hatte der Normannenkönig Wilhelm II. hier in luftiger Höhe eine Benediktinerabtei gestiftet, um die sich bald eine Stadt bildete. In ihrem Zentrum ließ er einen Dom bauen – eine dreischiffige Basilika, die den Triumph des Christentums über den Islam symbolisieren sollte. Die mit einer Länge von 102 Metern und einer Breite von 40 Metern größte Kirche Sizi-

Die Kathedrale von Palermo gleicht mehr einem Palast als einem Gotteshaus.

liens ruht auf 18 antiken Säulen. Sie enthält die Sarkophage der Könige Wilhelm I. und II. sowie herrliche Bronzeportale und Marmorfußböden. Die große Sensation sind freilich ihre einzigartigen Mosaiken, die auf einer Fläche von 6300 Quadratmetern mit unvorstellbarer Pracht biblische Geschichten erzählen. Unbedingt sehenswert ist auch der Kreuzgang mit seinen 216 Säulenpaaren.

❼ Segesta

In der heute unbewohnten Hügellandschaft hatten sich in der Antike die Elymer, die angeblichen Nachkommen der Trojaner, niedergelassen. Von der Stadt dieses Volkes sind ein majestätischer, jedoch unvollendet gebliebener dorischer Tempel und ein prachtvoll gelegenes Amphitheater erhalten.

❽ Trapani

Die auf einer Landzunge gelegene Provinzhauptstadt bildet den westlichen Endpunkt der SS 113. Drepanon, so der Name ihrer antiken Vorgängerin, diente den Karthagern und Römern als Flottenstützpunkt. Unter normannisch-staufischer Herrschaft stand sie als religiöse Freistatt für alle Mittelmeervölker und als Haupthandelshafen für Salz, Fisch und Wein in höchster Blüte. Vom alten Wohlstand zeugen in der vom Barock geprägten Altstadt zahlreiche Prachtbauten. Mit archäologischen Exponaten sowie Kunstschätzen gut bestückt ist das Museo Regionale Pepoli. Einen Besuch lohnt auch die sehenswerte Wallfahrtskirche Santuario dell'Annunziata in der Neustadt, ein Kolossalbau im katalanisch-gotischem Stil. Ausflüge nach Erice oder San Vito lo Capo empfehlen sich ebenso.

❾ Isole Egadi (Ägadische Inseln)

Diese drei einst als Piratennester berühmt-berüchtigten Inseln vor der Westspitze von Sizilien lohnen einen

Der Meeresboden der Cala Minnola auf Levanzo ist ein Unterwassermuseum.

Tagesausflug von Trapani aus. Die Insel Marettimo ist ein unberührtes Wandergebiet. Auf der Insel Levanzo harrt die Grotta del Genovese mit steinzeitlichen Höhlenmalereien der Bewunderung. Favignana ist nicht nur für die im Frühjahr veranstaltete Mattanza, eine Thunfischjagd, berühmt.

⑩ Marsala

Die Stadt gab dem Dessertwein ihren Namen, doch der nahe dem Capo Lilibeo, Siziliens westlichstem Punkt, von den Phöniziern angelegte Hafen hält mehr bereit: einen schönen barocken Kern mit einer repräsentativen Piazza, einen ursprünglich normannischen Dom, ein mit flämischen Gobelins be-

stücktes Museum und eine archäologische Fundstätte aus der Römerzeit. Sein orientalisch anmutendes Stadtbild verdankt es dem 827 von Arabern neu gegründeten Mars al-Allah, dem »Hafen Gottes«.

⑪ Mazara del Vallo

Die einstige Verwaltungshauptstadt des Val di Mazara, einem mehrheitlich von Muslimen bewohnten Emirat, hat zwei Seiten: eine ziemlich abweisende in Form eines riesigen Fischereihafens und eine schöne in Form einer barock geprägten Innenstadt mit einer idyllischen Piazza samt üppig dekoriertem Dom. Ein architektonisches Juwel erhebt sich knapp 20 Kilometer westlich

von Mazara del Vallo in der Nähe des Städtchens Castelvetrano: das über 900 Jahre alte, unter normannischer Herrschaft errichtete Kuppelkirchlein Santa Trinità.

⑫ Selinunte

Die Stadt, die einst dank des Handels mit Weizen zu den wichtigsten griechischen Orten auf Sizilien zählte, wurde im 7. Jahrhundert v. Chr. von Dorern gegründet und 250 v. Chr. von den Karthagern zerstört. Trotz etlicher Erdbeben und dem Missbrauch als Steinbruch haben sich auf dem riesigen Ruinengelände imposante Relikte erhalten. Auf der Akropolis und zwei Hügeln wurden insgesamt neun Tem-

Die Saline dello Stagnone bei Marsala im sanften Morgenlicht.

Die Kathedrale San Salvatore bildet das Herzstück von Mazara del Vallo.

pelanlagen freigelegt. Einige sind wiederhergestellt und bilden, direkt am Meer gelegen, Paradebeispiele für monumentale Heiligtümer der klassisch-griechischen Zeit.

Auf der landschaftlich reizvollen Nebenstraße nimmt man nun, der Küste folgend, Kurs Richtung Südost. Nächste Stationen sind Sciacca, aus dessen Boden eine schon von den Römern geschätzte Thermalquelle sprudelt und, über einen kurzen Umweg ins Landesinnere, Caltabellotta, ein spektakulär auf einem fast 1000 Meter hohen Felsen klebendes »Falkennest«, von dessen normannischer Burgruine man einen atemberaubenden Panoramablick über weite Teile der Insel hat.

Der Tempel E in Selinunte ist in reinstem dorischen Stil entstanden.

Der Hera-Tempel im Valle dei Templi stammt wahrscheinlich aus dem 5. Jahrhundert v. Chr.

Die verwinkelte Altstadt Ragusa Ibla besticht durch ihre Barockbauten.

⓭ Eraclea Minoa

Die spärlichen Grundmauern und das schöne Theater dieser im 6. Jahrhundert v. Chr. gegründeten Stadt liegen auf einem Plateau, das mit schneeweißen, 80 Meter hohen Kreideklippen senkrecht zum Meer abbricht.

⓮ Agrigento

Die Provinzhauptstadt mit ihren knapp 56 000 Einwohnern ist wegen ihres Hafens Porto Empedocle eine recht lebhafte Handelsstadt, mag anfangs aber einen zwiespältigen Eindruck hinterlassen. Allzu unschön haben Hochhäuser und Industrie den breiten Abhang überwuchert. In der überwiegend barocken Altstadt verbirgt sich jedoch so manches architektonische Juwel, allen voran die im Kern normannische, dreischiffige Cattedrale San Gerlando, die über einem ehemaligen griechischen Zeus-Tempel errichtet wurde. Das Stadtzentrum zeigt sich jedenfalls wohltuend wenig vom modernen Wildwuchs überformt. Die meisten Besucher kommen jedoch wegen des berühmten Valle dei

Templi, des Tals der Tempel, das sich südöstlich der Neustadt von Agrigento erstreckt und seit 1997 zum UNESCO-Welterbe zählt.

⓯ Valle dei Templi

Das »Tal der Tempel«, genau genommen ein lang gestreckter Bergrücken, fasziniert durch die harmonische Verschmelzung von klassischer Architektur und mediterraner Landschaft. Wie Perlen sind die Kultbauten des antiken Akragas, das im 5. Jahrhundert v. Chr. neben Syrakus zur stärksten Macht Siziliens aufgestiegen war, aneinandergereiht – monumentale Tempel im klassisch-dorischen Stil.

Über die Hafen- und Industriestadt Gela, die wegen der altgriechischen Wehrmauern und des gut bestückten Archäologischen Museums einen Zwischenstopp lohnt, gelangt man in den Südosten Siziliens, das Land der kargen Karstgebirge und des üppigen Barock. Vittoria und Comiso heißen die beiden ersten Städte entlang der Strecke ins Landesinnere (SS 115). Sie geben schon mal einen Vorgeschmack auf die schwelgerischen Formen der hiesigen Architektur.

Das Eck des Dioskuren-Tempels wurde im 19. Jahrhundert wieder aufgerichtet.

⓰ Ragusa

Die Stadt bildete schon unter den Sikulern, den antiken Bewohnern Ostsiziliens, ein wichtiges Zentrum. Nach dem verheerenden Erdbeben von 1693 wurde sie komplett neu erbaut. Ihr östlicher Teil, Ragusa Ibla, drängt sich mit seinen winkligen Gassen auf einem schmalen Felssporn und wird von der Basilika San Giorgio überragt. In der westlichen, 100 Jahre jüngeren, schachbrettartig angelegten Oberstadt finden sich die Kathedrale, repräsentative Palazzi und das Museo Archeologico Ibleo. Beide Bezirke bieten ein barockes Stadtbild par excellence.

⓱ Modica

Fast noch malerischer an die Steilhänge zweier Karstschluchten geschmiegt und ebenso einheitlich dem Barockstil verschrieben präsentiert sich das altehrwürdige Städtchen Modica. Seine Hauptattraktion: der Dom San Giorgio. Alle bisherigen Stationen waren allerdings nur eine Art Vorspiel für das, was 50 Kilometer östlich die Sinne erwartet.

Der Dom San Giorgio in Modica ist ein Musterbeispiel des sizilianischen Barock.

Das Amphitheater in Taormina ist das nach Siracusa zweitgrößte auf Sizilien.

⑱ Noto

Das auf einem flachen Ausläufer der Iblei-Berge erbaute Städtchen gilt als schönstes städtisches Gesamtkunstwerk im Stil des sizilianischen »Nach-Beben-Barock«. Die Hauptachse des rechtwinkligen Straßenrasters, das in Terrassen den Hang überzieht, bildet der Corso Vittorio Emanuele. Franziskanerkirche, Kapuzinerkonvent, Dom San Nicolò, Rathaus, Erzbischöfliches Palais: Die reich stuckierten Fassadenfronten schaffen hier im Verbund mit Freitreppen, Parks und Plätzen eine Kulisse von kaum überbietbarer Theatralik. Und von reizvoller Morbidität:

Denn die ganze vornehm goldgelb getönte Pracht ist akut vom Verfall bedroht, Sandstein und Gips sind mürbe und zerbröseln. Die Denkmalschützer kommen mit dem Restaurieren nicht mehr nach.

⑲ Siracusa (Syrakus)

Beim ersten Blick auf die gesichtslosen Neubauten von Syrakus mag man kaum glauben, dass diese Provinzhauptstadt vor 2300 Jahren eine Viertelmillion Einwohner zählte. In der Antike war sie die mächtigste der griechischen Städte in Süditalien, ein Brennpunkt des Handels, aber auch

der Philosophie und Wissenschaft. Die Augen öffnet ein Gang durch die Altstadt. Denn die Insel Ortigia, auf der von der Gründung durch die Korinther (um 740 v. Chr.) bis heute das historische Herz von Syrakus schlägt, besitzt etliche Relikte der frühen Blüte – einen Apollo-Tempel zum Beispiel, die Arethusa-Quelle und auch einen dorischen Tempel, den man im 7. Jahrhundert n. Chr. zum heutigen Dom ausgebaut hat. Von der antiken Neapolis auf dem Festland ist ebenfalls einiges erhalten geblieben. Der archäologische Park auf ihrem Gelände umfasst u. a. ein römisches Amphi-

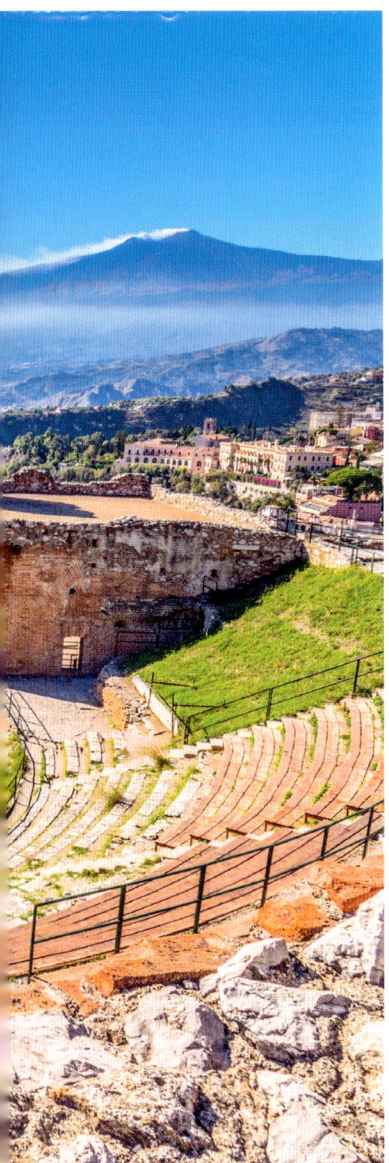

Die Arethusa-Quelle in Ortigia, der Altstadt von Siracusa.

Eine barocke Pracht ist der Dom San Nicolò in Noto.

theater sowie ein griechisches Theater, eine Vielzahl von Katakomben, den riesigen, aus weichem Kalkstein gemeißelten Altar Hierons II. und das Orecchio di Dionisio (»Ohr des Dionysios«), ein 20 Meter hoher Felsspalt. Neben den Überresten des Altertums lohnen auch Attraktionen aus Mittelalter und Neuzeit, die Regionalgalerie sowie das unter dem Stauferkönig Friedrich II. erbaute Castello Maniace, einen Besuch.

⓴ Catania

Siziliens zweitgrößte Stadt liegt keine 30 Kilometer Luftlinie vom Hauptgipfel des Vulkans Ätna entfernt und hatte unter dieser engen Nachbarschaft häufig zu leiden. Im Verlauf ihrer fast 3000-jährigen Geschichte haben Lavaströme und Erdbeben sie wiederholt zerstört. Ende des 17. Jahrhunderts wurde sie nach einem verheerenden Beben streng nach Plan aus dunklem Lavagestein in spätbarockem Stil wiederaufgebaut. Aus der Vielzahl pompöser Paläste und Kirchen ragt insbesondere der Dom heraus. Ebenfalls besuchenswert sind das Städtische Museum im Castello Ursino und das Römische Theater, das Geburtshaus von Vincenzo Bellini, das nach ihm benannte Theater sowie die kolossale Barockkirche San Nicolò. Von Catania aus lohnt sich ein Abstecher über Nicolosi zum Ätna.

㉑ Taormina

Zum Grande Finale geht es, auf halbem Weg von Catania nach Messina, hinauf in den meistbesuchten Ort der Insel. Taormina liegt einfach traumhaft hoch über dem Meer und unterhalb des Ätna. Dies und sein antikes Amphitheater, das den Vulkan als unvergleichlichen Hintergrund hat, bescherten Taormina bereits im 19. Jahrhundert einen Gästeboom.

Der Ätna, Europas mächtigster Vulkan

Mongibello (vom italienischen »monte« und vom arabischen »gebel« , die beide Berg bedeuten) nennen ihn die Sizilianer im Wissen um seine bedrohliche Launenhaftigkeit. Doch so heikel das Leben im Schatten des größten Vulkans Europas sein mag: Ein Ausflug auf den 3323 Meter hohen Gipfel ist, wenn man auf den vorgegebenen Pfaden bleibt, ungefährlich und ein unvergessliches Erlebnis. Von Nicolosi oder Zafferana führt die Strada dell'Etna in vielen Kurven bis zum Schutzhaus Sapienza auf 1910 Meter. Weiter geht es per Seilbahn auf 2600 Meter und zuletzt mit Führer im Allradfahrzeug bis zum Kraterrand. Wer etwas mehr Abstand halten will, kann an seinen Hängen wunderbar wandern. Das landschaftlich reizvolle Gebiet wurde 1981 zum Nationalpark erklärt. Eine bequeme Alternative bietet die Ferrovia Circumetnea, eine Schmalspurbahn, die in etwa 3,5 Stunden einmal rund um den Koloss zuckelt, von Catania durch Obst- und Weingärten und Lavafelder bis in das 114 Kilometer entfernte Giarre-Riposto.

Nicht selten ist das Wasser zwischen den Inseln Cres, Lošinj, Krk und Rab so klar, dass man bis zum Grund sehen kann.

Route 26 | Inselhüpfen in der Kvarner Bucht

Die vier Kvarner Inseln und ihre kleinen Satelliten sind geprägt von duftenden Kiefernwäldern, abgelegenen Felsbuchten, üppig blühender Bougainvillea und aromatischen Macchia-Kräuter. Symboltiere der kroatischen Inselgruppe sind Gänsegeier und Delfine.

Die meisten Inseln der Kvarner Bucht sind nur per Autofähre zu erreichen. Von Brestova an der Ostküste Istriens erreicht man in rund 20 Minuten Fahrzeit Cres, nach Rab gelangt man über die Fährverbindung Stinica–Mišnjak (Fahrzeit etwa 30 Minuten), nur auf die Insel Krk führt südlich von Rijeka, der lebhaften Hafenstadt am nördlichsten Punkt der Kvarner Bucht, eine komfortable Brücke. Die hier beschriebene Inseltour startet auf Rab, führt weiter mit der Fähre nach Krk, um schließlich noch einmal mit der Fähre auf Cres zu landen. Beendet wird die Tour auf Lošinj, eine Insel, die bei Osor über eine Drehbrücke mit Cres verbunden ist.

Das waldreiche und zugleich karge Rab und die Insel Krk, die nach Osten hin völlig kahlgeschliffen ist, im Inselinneren jedoch eine von Oliven- und Weinbau geprägte Landschaft aufweist, sind die beliebtesten und belebtesten der Kvarner Inseln. Zahlreiche Ferienhäuser, Strandhotels, Privatpensionen und Campingplätze werden in den Sommermonaten von den vielen sonnenhungrigen und badefreudigen Touristen aufgesucht. Dann herrscht auch dichter Verkehr auf den gut befahrbaren Hauptverbindungsstraßen. Deutlich ruhiger ist es auf der schmalen und lang gezogenen Insel Cres – die kargste der Kvarner Inselgruppe –, auf der Gänsegeier nisten. Noch ruhiger wird es auf der zum Teil üppig grünen Insel Lošinj, die von mehreren kleinen Inseln und Riffen eingerahmt wird, mit ihren bezaubernden Hafenstädtchen Mali Lošinj und Veli Lošinj. Für alle Inseln gilt: Es gibt malerische Buchten in Hülle und Fülle, wunderbare Strände sowie pittoreske Städtchen – eine einzigartige Mischung, die einen schnell in den Entspannungs- und Erholungsmodus kommen lässt. Der Alltag und das Festland sind schließlich ganz weit weg …

INFO*

ROUTE 26
Routenlänge:
ca. 310 Kilometer
Zeitbedarf:
12–14 Tage
Start/Ziel:
Insel Rab – Veli Lošinj
Routenverlauf:
Insel Rab, Stadt Rab, Kampor, Insel Krk, Stadt Krk, Baška, Vrbnik, Omišalj, Insel Cres, Beli, Valun, Lubenice, Osor, Insel Lošinj, Nerezine, Mali Lošinj, Veli Lošinj

Rab gilt als Wiege der Nacktbadekultur. Überall finden sich versteckte Buchten, um diesem Wunsch nachzugehen.

❶ Insel Rab

Es war wohl der englische König Edward VIII., dem das Nacktbaden auf Rab zu verdanken ist. So gilt das Jahr 1936 als offizieller Beginn der Freikörperkultur auf der Insel, nachdem die Behörden dem gekrönten britischen Haupt und seiner Geliebten erlaubt hatten, hüllenlos in einer Bucht zu planschen. Die FKK-Welle rollte aber erst einige Jahre später so richtig über Rabs Strände. Kein Wunder, besitzt die mit nur etwa 90 Quadratkilometern kleinste der »großen« Inseln der Kvarner doch zahlreiche Buchten, in denen man sogar im Hochsommer noch ungestört Sonne und Meer genießen kann; viele kann man nur zu Fuß oder mit einem Boot erreichen. Im Nordwesten liegen Urlauber in

feinem Sand, im Süden auf Kies oder Felsen. Die gleichnamige Hauptstadt erhebt sich mit einem unverwechselbaren Bild auf der Insel: Gleich vier Kirchtürme ragen in den Himmel.

❷ Stadt Rab

Wenige Hafenorte der Adria liegen so malerisch wie Rab: Die Häuser der Inselhauptstadt staffeln sich auf dem Bergrücken einer Halbinsel den Hang hinauf, sodass die Altstadt aus der Luft betrachtet wie ein Schiffsbug ins Meer ragt. Zwischen den drei Hauptgassen klettern steile Gassen und Treppen hinauf zur höchsten, der Gornja ulica, an der sich gleich vier Gotteshäuser aneinanderreihen. Von der Burgruine mit dem Sv. Krištofor genannten Wehrturm blickt man auf

diese Kirchenreihe und ihre vier Türme – ein herrliches Panorama. Wie alt Rab ist, belegen Mosaikreste in der wunderschönen romanischen Kathedrale, die aus dem 4. und 5. Jahrhundert stammen. Noch weiter zurückreichende Funde belegen, dass die Stadt bereits in römischer Zeit ein bedeutender Hafen war. Heute ist Rab ein beliebter Anlaufpunkt für Urlauber, aber auch Segler und Bootfahrer. In den Gassen reihen sich Konobas und Restaurants aneinander.

❸ Kampor

Kampor ist ein kleiner Ferienort auf der dicht bewaldeten Halbinsel Kalifront nordwestlich der Inselhauptstadt Rab. Herrliche einsame Buchten, verwunschene Wander- und Radwege und das glasklare Meer machen den besonderen Zauber dieser Halbinsel aus. Ein Teil davon, der Dundo-Wald, steht unter strengem Naturschutz. Er ist einer der wenigen noch erhaltenen Steineichenwälder im Adriaraum. Im Kloster Sv. Eufemija aus dem 15. Jahrhundert wird Geschichte lebendig. Es birgt eine kostbare Sammlung glagolitischer Kirchenschriften. Ein Teil des Klosters bildet das sehenswerte Ethnografische Museum.

⦿ Insel Krk

Gänzlich anders geformt und doch von exakt gleicher Größe sind Krk und Cres, die größten Adriainseln. Betrachtet man Krk vom Festland aus, blickt man auf kahlen Fels. Die Ostküste wird regelmäßig von den kalten, salz-

Die unverwechselbare Silhouette von Rab-Stadt mit den vier Kirchtürmen.

Tagsüber ist für die Ansteuerung des Hafens von Krk-Stadt der weithin sichtbare Kirchturm eine gute Landmarke.

geschwängerten Sturmböen des Nordostwinds Bora heimgesucht und buchstäblich geschmirgelt. Hinter dieser unfruchtbaren Barriere liegt jedoch eine grüne Landschaft mit blühender Macchia, Weinreben sowie Pinienwäldern – und eine Vielzahl idyllischer Badebuchten. In Kroatiens Geschichte kommt Krk eine besondere Rolle zu: Die Frankopanen, die im Mittelalter als unabhängige kroatische Könige über die Region herrschten, stammten von der Insel. Die »Tafel von Baška«, das älteste glagolitische Zeugnis, wurde hier gefunden.

❺ Stadt Krk

Krk-Stadt liegt an der Westküste der Insel und ist noch immer umgeben von ihren alten Stadtmauern aus der Zeit der venezianischen Herrschaft (1480–1797). Ein imposanter Wachturm flankiert das Haupttor, während ein runder Turm einst als Hafenposten diente. Zentrales Bauwerk in der Altstadt ist die wuchtige Kathedrale Mariä Himmelfahrt, die auf den Überbleibseln einer antiken römischen Thermenanlage errichtet wurde und mit der gegenüberliegenden zweigeschossigen Kirche Sv. Kvirin den ungewöhnlichen Komplex einer Doppelkirche bildet. An der Uferpromenade der Stadt herrscht vor allem in den Sommermonaten ein buntes Treiben, Shops und Verkaufsstände laden zum Bummeln ein. Von hier starten auch Ausflugsboote zu den Inseln Prvić, Rab oder Goli. Baden kann man am Strand Plaža Porporela Ježevac.

❻ Baška

Die Uferpromenade wird beherrscht von zahlreichen Hotels, Restaurants und Souvenirläden. Es gibt einen zwei Kilometer langen, flach abfallenden Strand. Highlight des Ortes ist sein Aquarium, in dem an die 100 Fischarten sowie 400 Muschel- und Schneckenarten zu bestaunen sind. Über einen Wanderweg erreicht man Stara Baška, das »Alte Baška« mit seiner wunderschönen Bucht, die eingebettet zwischen Klippen liegt. Baška unterscheidet sich stark vom Rest der Insel Krk. Es liegt in einem grünen Tal, das zu beiden Seiten von aufragenden Felswänden begrenzt ist. Buchten mit Strand aus Sand oder Kieseln ziehen die Besucher an das strahlend blaue Meer. In der Nähe von Baška, in der

Mit dem Städtchen Vrbnik an der Ostküste von Krk verbindet man einen spritzigen Weißwein.

winzigen Kirche von Jurandvor, wurde die »Tafel von Baška« aus dem Jahr 1100, das älteste kroatische Schriftdenkmal in glagolitischer Schrift, entdeckt. Heute ist hier nur noch eine Replik der Tafel zu sehen, das Original wird in Zagreb aufbewahrt.

❼ Vrbnik

Das Städtchen thront in malerischer Lage auf einem knapp 50 Meter hohen Küstenfelsen im Osten der Insel Krk und besitzt Wurzeln, die in vorrömische Zeit zurückreichen. Aus der Mitte des roten Häuserdachgewirrs ragt ein steiler Kirchturm empor. Steil fällt am Ortsrand auch die Küste ab – von hier aus reicht der Blick weit über die Insel. Unter den Frankopanen-Fürsten

entwickelte sich Vrbnik zu einem Zentrum der Glagolica, der altkroatischen Kirchenschrift, und damit auch zum Mittelpunkt der kroatisch-nationalen Bewegung gegen die Kirchenhoheit in Byzanz und Rom. Zahlreiche glagolitische Inschriften an Häusern und Kirchen der kompakten, malerischen Altstadt zeugen von der Bedeutung, die Vrbnik im Mittelalter besaß. Heute spielt Vrbnik eine wichtige Rolle für die kroatische Weinindustrie. Nur hier gedeiht eine Rebe, die den spritzig-erfrischenden Weißwein Vrbniška žlahtina hervorbringt. Die Reben füllen in Reih und Glied gepflanzt das sechs Kilometer lange »polje«, eine Karstsenke südwestlich des Ortes. In mehreren ansässigen Kellereien können Besu-

cher diesen wunderbaren Sommerwein verkosten und kaufen.

❽ Omišalj

Das uralte Omišalj leidet etwas unter seiner Umgebung. Nicht weit entfernt befindet sich der Flughafen von Rijeka, und auf der Landzunge gegenüber lagert Rijekas Hafengesellschaft Erdöl. Trotz seiner herrlichen Strände liegt Omišalj daher etwas abseits der Touristenströme auf der Insel Krk. Die malerische Altstadt auf ihrem steilen Bergsporn wirkt denn auch eher gemächlich und verschlafen. Glagolitische Inschriften an der romanischen Pfarrkirche und die Ruine einer frühchristlichen Basilika in der nicht weit entfernten Sepen-Bucht sind die wich-

Heute lebt nur noch eine Handvoll Menschen in Beli.

Der Kern von Cres-Stadt ist rund um das innere Hafenbecken Mandrač gebaut.

tigsten Sehenswürdigkeiten, doch die Wurzeln der Siedlung reichen viel weiter, bis ins erste vorchristliche Jahrtausend zurück. Die Restaurants des Städtchens sind wegen ihrer preiswerten Fischküche ein beliebtes Ausflugsziel für die Bewohner Rijekas.

❾ Insel Cres

Zweigeteilt ist die 66 Kilometer lange Insel Cres, die weit in die Bucht von Rijeka hineinreicht: karg der Norden, mediterran der Süden. Im südlichen Teil findet man auch die meisten Sand- und Kiesbuchten. Um Cres zu erreichen, setzt man per Fähre von Brestova nach Porozina auf Cres über. Im Süden ist Cres mit der Insel Lošinj

Der kleine Fischerort Valun auf Cres lockt u. a. mit mehreren guten Restaurants direkt am Wasser.

mittels einer Drehbrücke in Osor verbunden. In der Hauptstadt, Cres-Stadt, einem dichten Gewirr aus kleinen Häusern, wohnen mehr als zwei Drittel der Inselbewohner. Hier trifft man sich gerne auf der Uferpromenade oder dem Hauptplatz direkt am Meer. Sehenswert ist unter anderem das Franziskanerkloster aus der Zeit um 1300, das südöstlich von der Altstadt zu finden ist. Es besticht durch seinen schönen Kreuzgang sowie den markanten Glockenturm.

⑩ Beli

Im Norden von Cres thront das Dörfchen Beli hoch oben auf einem Hügel. Von hier aus können sich Besucher auf eine Wanderung zur Beobachtung von Gänsegeiern begeben, die an der Steilküste von Cres in freier Wildbahn leben. Sie nisten überall in den Felsen, obwohl ihre Heimat eigentlich eher steinige Wüstengebiete statt Küsten sind. Höchster Punkt des kleinen Ortes ist die Pfarrkirche aus dem 18. Jahrhundert mit kleinem Platz und hübschem Brunnen. Ansonsten herrscht in dem historischen Dorf eine wohltuende Stille.

⑪ Valun

Eine Bucht wie aus dem Bilderbuch: tief eingeschnitten, perfekt geformt und eingerahmt von steilen Hängen. Und mittendrin liegt das Dorf Valun.

In dessen Pfarrkirche Sv. Marka wird die »Valunska ploča« aufbewahrt. Die Steintafel (11. Jahrhundert) diente als Grabstein auf dem Valuner Friedhof und trägt einen Text in lateinischer und glagolitischer Schrift, der jeweils in Lateinisch und Altkroatisch verfasst wurde. Sie gilt neben der »Tafel von Baška« auf der Insel Krk als eines der ältesten Zeugnisse der altkroatischen Schrift Glagolica. Besucher sind aber mindestens genauso von den malerischen Kiesstränden auf der linken und rechten Seite des Ortes begeistert sowie vom kulinarischen Angebot Valuns. Gleich mehrere Restaurants verwöhnen ihre Gäste direkt am Wasser mit frischem Fisch.

Der paradiesische Strand unterhalb von Lubenice weckt Robinson-Gefühle.

Ihr üppiges Grün verdankt die Insel Lošinj Wiederaufforstungsmaßnahmen, die Ende des 19. Jahrhunderts einsetzten.

⑫ Lubenice

Dass Lubenice nicht das Schicksal der von ihren Bewohnern verlassenen Nachbardörfer teilt, verdankt es sicherlich seiner außergewöhnlichen Lage. Regelmäßig kommen Touristen auf den schmalen, durch die karge Landschaft mäandernden Sträßchen hier herauf, um das einzigartige Panorama zu bewundern, das sich vor der Dorfkirche über steile Klippen und übers Meer bis hin nach Istrien eröffnet. Auch Gänsegeier sind hier häufig zu beobachten. In den wenigen alten Steinhäuschen des Dorfes leben noch wenige Menschen, die als Schafhirten

oder aber in der Gastronomie in den zwei einfachen Konobas des Ortes ein Auskommen finden. Die kleine Bucht Sv. Ivan unterhalb von Lubenice zählt zu den schönsten Stränden der Insel.

⑬ Osor

Osor am Durchstich zwischen den Inseln Cres und Lošinj zählte früher zu den bedeutendsten Städten der Kvarner Bucht. Zeugnisse dieser einstigen Größe sind der stolze venezianische Rektorenpalast, die elegante Renaissancekathedrale und die repräsentativen Palazzi der Altstadt. Die Skulpturen zeitgenössischer Künstler bilden

auf den Plätzen einen spannenden Kontrast zu der musealen Kulisse.

⑭ Insel Lošinj

Ursprünglich gehörten sie zusammen: Cres und Lošinj. Die Römer trennten sie durch einen elf Meter breiten Kanal an der Südspitze von Cres bei der Ortschaft Osor. Fortan konnten Schiffe den kürzeren Weg durch den neuen Kavada-Kanal nehmen, anstatt Lošinj umfahren zu müssen. Doch die vielen Boote und Fischer mit Treibnetzen gefährden eine der letzten Delfinpopulationen der Adria. Die Tiere leben in den Gewässern zwischen Lošinj und

Osor auf Cres ist nur durch eine schmale Wasserstraße von der Insel Lošinj getrennt.

der Halbinsel Punta Križa, die mittlerweile zum Unterwasserschutzgebiet des Mittelmeers erklärt wurden. Besucher können bei der lokalen Schutzorganisation Patenschaften für die Meeressäuger übernehmen. Auch den Pflanzenfreunden bietet die 31 Kilometer lange Insel artenreiche Natur: dichte Wälder und exotische Pflanzen wie Bananen, Zitronen oder Eukalyptus, die die Kapitäne aus fernen Ländern mitbrachten.

⑮ Nerezine

Der überschaubare Ort ist nicht nur der ideale Ausgangspunkt für alle

Pfad der Delfine

Der Anblick der Adria-Delfine ist eines der schönsten Naturerlebnisse in der Kvarner Bucht. Im Süden der Insel Lošinj gibt es ein neues Netz von Wanderwegen, den »Pfad der Delfine«. Von hier aus können Wanderer das Meer von Lošinj übersehen. Und da die Großen Tümmler gern in Ufernähe auftauchen und spielen, ist es sehr wahrscheinlich, dass man hier auch eines der rund 150 Tiere erspäht, die sich Forschungen zufolge regelmäßig in diesem Teil der Adria aufhalten. Reizvoll umrundet der Weg an der Südspitze von Lošinj Bucht um Bucht, folgt den mit Trockenmauern abgegrenzten Feldern und durchquert üppig grüne Olivenhaine. Immer wieder eröffnen sich neue Ausblicke auf die reich gegliederte Küste und auf Nachbarinseln wie Ilovik. Zahlreiche schöne Badebuchten laden zu einer Erfrischung im glasklaren Meer ein. Höhepunkt ist natürlich die Sichtung der verspielten Meeressäuger.

Die typischen Lošinjer Segelschiffe leuchten im Hafen von Mali Lošinj farbenfroh den Besuchern entgegen.

Schmal läuft die Riva-Bucht im Hafen von Veli Lošinj aus.

Wanderungen in die Hausberge, sondern auch selbst einen Aufenthalt wert. Im Gegensatz zu anderen Städten hat der Tourismus hier noch nicht alles umgekrempelt, und so präsentiert sich Nerezine recht ursprünglich mit Hafen, gemütlichem Dorfplatz und einem Kloster aus dem 16. Jahrhundert. Letzteres wurde von einem venezianischen Adligen gestiftet und beeindruckt insbesondere mit seinem dreistöckigen Glockenturm im Stil der Renaissance. Auch die Werft in einer der zwei Hafenbuchten lohnt einen Besuch, insbesondere wenn dort alte Holzschiffe anlegen. Auf mediterranes Flair muss man ebenfalls nicht verzichten, denn subtropische Vegetation mit Palmen, Zitrusgewächsen und 2500 Sonnenstunden im Jahr lassen kalte Temperaturen vergessen. Dafür braucht es natürlich auch einladende Strände. Die besten Adressen sind dabei der Ridimutak unweit des Stadtkerns, aber auch die Strände Gabolka und Lopari sind beliebte Ziele für Sonnenanbeter und Badelustige.

⑯ Mali Lošinj

Das »kleine« Lošinj bietet mit seiner tief eingeschnittenen Bucht Schiffen von alters her einen sicheren Hafen. Schon die Römer nutzten den Ankerplatz, der Schutz vor den heftigen Sturmböen der Bora wie auch des von Süden wehenden Jugo bietet. Einfahrende Boote kommen in den Genuss einer malerischen Kulisse: Häuser in Pastelltönen rahmen den Hafen ein, der weite Hauptplatz am Ende der Bucht empfängt Fremde mit offenen Armen und einer Vielzahl von Restaurants und Cafés. Am langen Kai liegen die typischen Lošinjer Segelschiffe, heute in motorisierter Form nachgebaut, auf denen Touristen Rundfahrten durch die Kvarner Bucht unternehmen können. Ein ungewöhnlicher Fund wird im örtlichen Museum gezeigt: Den 1,92 Meter großen, bronzenen Jüngling Apoxyomenos entdeckte ein Taucher in den Gewässern zwischen Lošinj und der Insel Vele Orjule in 45 Meter Tiefe. Er stammt aus dem 2. bis 1. Jahrhundert v. Chr. und gehör-

te wohl zur Fracht eines antiken griechischen Handelsschiffes.

⑰ Veli Lošinj

Veli Lošinj, das »große« Lošinj, ist eigentlich das kleinere der beiden Inselstädtchen. Für die Seefahrt spielte Veli Lošinj eine wichtigere Rolle als der Nachbarhafen; seine Bucht ist noch tiefer und schmäler, sie gleicht einem Fjord. Ein Kirchlein und ein schön gelegener Friedhof begrüßen hier die Seefahrer bei der Einfahrt, und ebenso wie in Mali Lošinj breitet sich eine bezaubernd bunte Hauskulisse vor den Ankömmlingen aus. Aus Veli Lošinj stammten viele Kapitäne, die sich nach einem Leben auf hoher See an der Bucht niederließen und herrschaftliche Häuser errichten ließen. Die Gärten bepflanzten sie mit Bäumen, die sie von ihren Reisen mitgebracht hatten – so erklärt sich die tropische Pflanzenfülle an der Bucht. Die Kirche Sv. Antun ist reich mit Votivgaben geschmückt, die von der Rettung aus schwerer See berichten.

Der Strand von Preveli lockt mit kristallklarem Wasser, gekrönt von einem herzförmigen Felsbrocken.

Route 27 | Kreta, Wiege der europäischen Kultur

Eine Fahrt rund um die griechische Insel Kreta ist eine Reise durch fünf Jahrtausende Kulturgeschichte. Minoer, Mykener, Byzantiner, Sarazenen und Venezianer hinterließen eindrucksvolle Zeugnisse, die es zu erkunden gilt.

Am südlichen Rand der Ägäis gelegen, befindet sich Kreta am Schnittpunkt dreier Kontinente. Afrikanische und asiatische Einflüsse haben von hier aus auf Europa gewirkt. Die Insel gilt deshalb nicht umsonst als Keimzelle der europäischen Kultur. Vor knapp 5000 Jahren bauten die Minoer ihre glanzvollen Paläste, schufen faszinierenden Goldschmuck und farbenfrohe Fresken. Ihnen folgten die Mykener vom Peloponnes. Byzantiner, Sarazenen und Venezianer stritten sich ebenso um die Insel wie die Griechen und die Türken. Aus diesen bewegten Zeiten hat Kreta seit jeher eine multikulturelle Prägung, die sich in jedem einzelnen Ort unterschiedlich zeigt.

Von Heraklion aus verbindet die Neue Nationalstraße alle wichtigen Orte wie Rethymno oder Chania entlang der Nordküste. Als Stichstraßen zweigen einzelne Verbindungen zur Südküste ab. Am Ostrand der Lefka Ori, der »Weißen Berge«, führt die Straße in Richtung der kargen, aber mit wunderschönen Stränden gesegneten Südküste. Hoch über dem Libyschen Meer folgt man der aussichtsreichen Bergstraße, die irgendwann im großen Bogen zu den geschichtsträchtigen Wohnhöhlen von Matala zu Füßen des Ida-Gebirges führt. Anschließend eröffnet sich die fruchtbare Messara-Ebene, das größte Obst- und Gemüseanbaugebiet Kretas. Neben den zahlreichen Gewächshäusern gedeihen hier auch herrliche Zitrusfrüchte auf den Plantagen.

Die Route zieht sich nun durch die Berge, bis man kurz vor Ierapetra wieder die Küste erreicht. Auf schmalen Straßen zwischen kargen Karstlandschaften schlängelt sich der Weg schließlich um die Thripti-Berge, hier heißt es aufpassen und vor jeder Kurve in die Bremsen treten. Da kommt eine Rast im nordöstlich gelegenen Städtchen Sitia gerade recht, bevor der kurvige Rückweg beginnt. Unter den Nordhängen des Dikti-Gebirges zieht sich dann die schmale Bergstraße hinauf bis zur Lassithi-Ebene, einem Hochtal mit geradezu magischer Ausstrahlung. Auf dem letzten Stück passiert man etliche Dörfer, bis man das legendäre Knossos und schlussendlich Heraklion wieder erreicht.

INFO *

ROUTE 27
Routenlänge:
ca. 730 Kilometer
Zeitbedarf:
10–14 Tage
Start/Ziel:
Heraklion (Iraklio)
Routenverlauf:
Heraklion (Iraklio), Rethymno, Chania, Chora Sfakíon, Preveli, Matala, Ierapetra, Kato Zakros, Pelekastro, Vai, Sitia, Agios Nikolaos, Knossos, Heraklion (Iraklio)

Die Ruinen des Palasts von Knossos sind die größten Ausgrabungsstätten Kretas.

Unter dem Namen »Candia« war Heraklion einst der wichtigste venezianische Hafen der Ägäis.

❶ Heraklion (Iraklio)

Mit seinen schattigen Plätzen, den Brunnen und den angrenzenden Gebäuden im Palazzo-Stil ist Heraklion eindeutig italienisch geprägt. Zentrum ist die Platia Venizelou mit dem Löwenbrunnen. Die Venezianer haben einen Ring aus Befestigungsmauern hinterlassen, der sich wie ein Saum durch die Stadt zieht. Mit der Hafenfestung und der Loggia ist er eine der wichtigsten Sehenswürdigkeiten der Stadt. Feinschmecker schätzen die Marktstraße Odos mit den bunten Gemüseständen. Einen ausführlichen Besuch wert ist das Archäologische Museum: In seinen 20 Sälen birgt es die bedeutendste Antikensammlung Griechenlands nach dem Nationalmuseum in Athen. Zu den besonderen Highlights zählen die Stücke aus minoischer Zeit, etwa der tönerne Diskos von Festos, der freskenartig bemalte Sarkophag von Agia Triada, das Stierspringer-Fresko aus Knossos sowie Amphoren und Schalen mit der bis heute nur ansatzweise entzifferten minoischen Linearschrift. Im historischen Hafen der Stadt liegen heute nur noch Jachten und Fischerboote; der übrige Schiffsverkehr wird im benachbarten modernen Fähr-, Container- und Cruiseliner-Areal abgefertigt. Wie weit sich der alte, von den Venezianern im 14. Jahrhundert an der Stelle eines arabischen Vorgängers angelegte Hafen einst erstreckte, lässt sich noch gut an den hohen Bögen der ehemaligen Werfthallen (Arsenale) erkennen. Bis zu ihnen reichte ursprünglich das (inzwischen teilweise zu einer Straße aufgeschüttete) Hafenbecken. Von Heraklion aus erschließt die Neue Nationalstraße die Nordküste in beiden Richtungen; die Route startet gen Westen zum nächsten Hafenort.

❷ Rethymno

Die Ruine einer im 16. Jahrhundert erbauten Festung prägt das Äußere der heutigen 55 000-Einwohner-Stadt, die auch als Standort der Philosophischen

Der große Hafen von Rethymno stammt aus venezianischer Zeit.

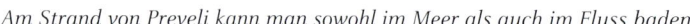

Am Strand von Preveli kann man sowohl im Meer als auch im Fluss baden.

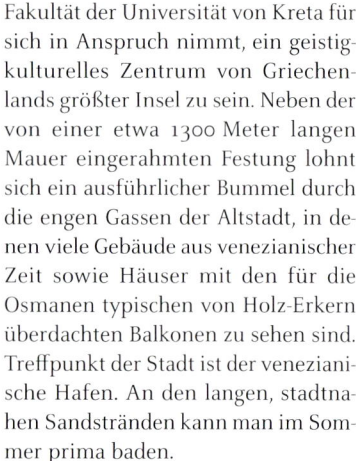

Fakultät der Universität von Kreta für sich in Anspruch nimmt, ein geistig-kulturelles Zentrum von Griechenlands größter Insel zu sein. Neben der von einer etwa 1300 Meter langen Mauer eingerahmten Festung lohnt sich ein ausführlicher Bummel durch die engen Gassen der Altstadt, in denen viele Gebäude aus venezianischer Zeit sowie Häuser mit den für die Osmanen typischen von Holz-Erkern überdachten Balkonen zu sehen sind. Treffpunkt der Stadt ist der venezianische Hafen. An den langen, stadtnahen Sandstränden kann man im Sommer prima baden.

❸ Chania

Die einstige Hauptstadt der Insel punktet mit Zeugnissen verschiedener Kulturen: Ein ägyptischer Leuchtturm am venezianischen Hafen, die türkische Hassan-Pascha-Moschee, die Etz-Hayyim-Synagoge sowie die Kathedrale Ekklisia tis Trimartyris gehören zu den großen Landmarken in der Stadt. Nicht verpassen sollte man einen Besuch der Markthalle, die im Jahr 1913 im Stil des Neoklassizismus eingeweiht wurde. Neben dem sehenswerten Archäologischen Museum informieren ein Byzantinisches Museum, ein Schifffahrtsmuseum, ein

Historisches Museum, ein Kriegsmuseum und ein Volkskundemuseum über die Historie.

❹ Chora Sfakion

Von der Nord- an die Südküste Kretas fahrend, erreicht man das einsam in einer Bucht gelegene Chora Sfakion, das in früheren Jahrhunderten ein wichtiger Handelsplatz war. Heute sind jedoch nur noch spärliche Reste einer von den Venezianern errichteten kleinen Festung an der Hafenpromenade zu besichtigen. In den Nachmittagsstunden beleben Wanderer, die nach der Durchquerung der Sama-

Die Bucht von Matala an der kretischen Südküste.

ria-Schlucht mit dem Boot von Agía Rouméli kommen, den Ort.

⑤ Preveli

Rund 400 Stufen führen vom Parkplatz hinab zum grausandigen, vom Fluss Megolopotamos, der hier die Berge verlässt und durch eine Palmenoase ins Meer wandert, in zwei Hälften geteilten Strand. Der Name Preveli steht aber nicht nur für diesen Strand, sondern auch für ein Kloster (Moni Piso Preveli), in dem ein kostbares Segenkreuz Wunder bewirken soll, und für die Ruine des alten Klosterguts, in dem einst die jüngeren Mönche wohn-

ten und die Ländereien bestellten, bis es schließlich im 19. Jahrhundert von Osmanen zerstört wurde.

⑥ Matala

Am Ostrand der Lefka Ori, der »Weißen Berge«, findet die Straße einen Durchschlupf zur kargen Südküste. Diese erlebt man auf einer schmalen, hoch über dem Libyschen Meer angelegten Bergstraße. Sie macht einen großen Bogen bis hinüber zu den berühmten Wohnhöhlen von Matala und zum Südfuß des Ida-Gebirges. Es ist schon eine geraume Weile her, dass Hippies aus aller Welt mit dem Ort

Matala das Ideal einer grenzenlosen Freiheit verbanden: Love & Peace am Meeresstrand. In der Praxis erwies sich dieses Ideal schon aus ganz banalen Gründen als schwer erreichbar: Es gab damals keine Straße hierher – und eine Bucht, die von zwei Felswänden umschlossen wird, hat durchaus ihre Grenzen ... Trotzdem wurde Matala dann auch ohne Blumenkinder zu einem der beliebtesten Ferienorte Kretas. Dessen Wahrzeichen sind die frei zugänglichen, zum Teil von Menschenhand geformten, schon vor rund 8000 Jahren bewohnten Felsenhöhlen am Strand. Hier kann man auch bei gro-

Der Voulismeni-See in Agios Nikolaos wurde im 19. Jahrhundert durch einen Kanal mit dem Meer verbunden.

ßer Hitze einen ganzen Tag verbringen. Östlich von Matala erschließt sich mit der Messara-Ebene eine ganz neue Welt. Das größte Obst- und Gemüseanbaugebiet Kretas präsentiert sich als Meer aus Gewächshäusern, Plastikplanen und Zitrusplantagen.

❼ Ierapetra

Weiter östlich zieht sich die Straße wieder durch die Berge und erreicht erst kurz vor Ierapetra wieder die Küste. Die südlichste Stadt Europas ist auch die Stadt mit den meisten Sonnenstunden und den geringsten Niederschlägen in ganz Griechenland. Das hat zum einen zur Folge, dass es in Ierapetra im Hochsommer oft unerträglich heiß ist – zum anderen gilt die Stadt aber als angenehmster Ort für den Aufenthalt in den kühleren Jahreszeiten. Selbst im Dezember und

Januar kann man hier häufig noch im Meer baden. Ierapetra markiert zudem die schmalste Stelle der Insel: Bis zur Nordküste sind es Luftlinie nur zwölf Kilometer Die einstige Bedeutung als strategisch wichtiger Handelsknotenpunkt sieht man der von modernen Bauten und ländlichem Flair geprägten Stadt heute kaum noch an. Die meisten Einwohner leben vom Obst- und Gemüseanbau in den hiesigen Gewächshäusern – und vom Tourismus in den vielen Ferienhotels hier an der Südküste.

❽ Kato Zakros

Ganz im Osten der Insel Kreta prägen Mini-Badeorte, Strände und archäologische Stätten das Bild. In Kato Zakros werden am langen Kieselstrand auch Zimmer vermietet, idyllische Tavernen laden zur Einkehr ein. Ganz nah

am Meer liegt ein weiterer minoischer Palast, der vor seiner Zerstörung einmal um die 300 Räume hatte.

❾ Palekastro

Palekastro mit seinen beiden Stränden Chiona und Kouremenos ist der Hauptanziehungspunkt im Osten der Insel. Nahe Chiona, Kretas bestem Surfspot, wurden die Grundmauern und Straßenzüge einer minoischen Stadt freigelegt.

❿ Vai

Der Palmenstrand von Vai ist dafür berühmt, der einzige seiner Art auf der Insel zu sein. Allzu viel – gar »Urlaub unter Palmen« – sollte man sich von ihm aber nicht erwarten: Der größte Teil des Hains mit rund 5000 Bäumen steht unter Naturschutz und ist mittlerweile eingezäunt.

⓫ Sitia

Die Thripti-Berge zu umrunden ist eine Herausforderung, schlängelt sich die Straße doch durch eine Urlandschaft aus reinstem Karst. Einzig das Städtchen Sitia im Nordosten bietet eine Pause, bevor der Kurvenmarathon entlang der Nordküste westwärts beginnt. Kretas östlichste Stadt ist ein malerischer Hafenort in einer weiten, von einem langen Sandstrand gesäumten Bucht, ohne größere Sehenswürdigkeiten bis auf eine Festung und ein Archäologisches Museum. Hier geht es noch relativ beschaulich zu.

⓬ Agios Nikolaos

Ein Süßwassersee, gesäumt von Baumgrün, steilen Felsen und Ufertavernen, macht das ehemalige Fischerdorf in der breiten Mirellobucht einzigartig. Durch einen Kanal ist der als Fischerhafen genutzte, gut 60 Meter tiefe Limni Voulismeni seit dem 19. Jahrhundert mit dem offenen Meer verbunden, über das schon in der Antike Schiffe in den einfacher als Athen anzufahrenden Hafen Lato pros Kamara kamen. Die Relikte der um 1500 v. Chr. gegründeten Siedlung Lato liegen am Rand des heutigen charmanten Städtchens, das seinen Namen einer der ältesten noch intakten byzantinischen Kirchen Kretas verdankt.

⓭ Knossos

Die wichtigste Ausgrabungsstätte Kretas stammt aus dem Jahr 2100 v. Chr. und gilt als bedeutendes Zeugnis der minoischen Zeit. Der Palast maß einst rund 20 000 Quadratmeter und hatte an die 1000 Räume. Man vermutet, dass hier und in der umgebenden Anlage rund 10 000 Menschen lebten. Vieles ist heute zerstört, bekannteste Sehenswürdigkeiten des Palastes sind unter anderem die Fresken, die Frauen mit Puffärmel-Gewändern zeigen, sowie die Abbildungen der Delfine. Aber auch der ehemalige Thronsaal ist relativ gut erhalten. 1899 wurde die Anlage durch britische Archäologen freigelegt und »rekonstruiert«.

⓮ Heraklion (Iraklio)

Nur noch ein Katzensprung – eine Fahrt von nicht mal einer halben Stunde – ist es von Knossos zurück an den Ausgangspunkt der Route.

Europas einziger zusammenhängender Palmenhain ist am Strand von Vai.

Alter Tamariskenbaum am Kouremenos-Strand von Palekastro.

Den besten Eindruck von der minoischen Kultur bietet der Palast von Knossos.

Register

Bildnachweis

S. 2-3: M/R. Ian Lloyd; S. 4-5: Pajor Pawel/Shutterstock.com; S. 6-7: Marc Stephan/Shutterstock.com; S. 8: M/Boelter; S. 8: G/Dragan Yordanov; S. 9: G/David Alvarez Velicia; S. 9: M/Christian Mueringer; S. 10: vololibero/Shutterstock.com; S. 11: Look/ClickAlps; S. 14-15: G/MathieuRivrin; S. 16: G/Gosiek-B; S. 18-19: Olena Tur/Shutterstock.com; S. 19: G/Sjo; S. 20: G/Andrea Pistolesi; S. 20: G/JanMiko; S. 20: Look/Brigitte Merz; S. 20-21: G/Chunyip Wong; S. 22-23: Anetlanda/Shutterstock.com ; S. 24: G/Ragnar Singsaas; S. 25: Look/Frank van Groen; S. 25: M/Rudmer Zwerver; S. 25: G/Mikolajn; S. 26-27: G/Naris Visitsin; S. 28: G/Staffan Andersson; S. 29: by-studio/Shutterstock.com; S. 30-31: G/Allard Schager; S. 31: M/Johan Furusj^; S. 31: Look/Olaf Meinhardt; S. 32: Antony McAulay/Shutterstock.com; S. 32: Look/Travel Collection; S. 32-33: G/Swedewah; S. 34-35: makasana photo/Shutterstock.com; S. 36: M/Ingemar Magnusson; S. 36: M/Alf Jönsson; S. 36-37: Look/IBL; S. 38: Antony McAulay/Shutterstock.com; S. 39: Look/age fotostock; S. 40: Igor Grochev/Shutterstock.com; S. 41: Look/Olaf Meinhardt; S. 42: Jamo Images/Shutterstock.com; S. 43: Valery Bareta/Shutterstock.com; S. 44: Maris Grunskis/Shutterstock.com; S. 45: Hivaka/Shutterstock.com; S. 45: G/Hou; S. 46-47: G/Subodh Agnihotri; S. 47: Look/Olaf Meinhardt; S. 47: Alexanderphoto7/Shutterstock.com; S. 47: Diego Grandi/Shutterstock.com; S. 48: M/Stuart Black; S. 49: Look/Olaf Bathke; S. 50: M/Axel Göhns; S. 50: M/Axel Göhns; S. 52: G/Rpeters86; S. 53: Frank Bach/Shutterstock.com ; S. 53: M/Harald Wenzel-Orf; S. 54-55: G/Walter Bibikow; S. 55: Dennis Jacobsen/Shutterstock.com ; S. 55: G/Winfried Wisniewski; S. 55: Dennis Jacobsen/Shutterstock.com ; S. 56: M/Stuart Black; S. 56: G/Nick Brundle Photography; S. 57: G/Christiantdk; S. 58-59: M/Jean Schweitzer; S. 59: M/R. Ian Lloyd; S. 59: M/Walter Bibikow; S. 59: M/Walter Bibikow; S. 60: G/Gerdtromm; S. 62-63: G/imageBROKER/Rolf Fischer; S. 63: G/Westend61; S. 64: G/Fotosol; S. 65: Majonit/Shutterstock.com; S. 66: G/Mf-guddyx; S. 66: Look/Olaf Meinhardt; S. 66-67: Daniel-Froehlich/Shutterstock.com; S. 68: M/Fritz Mader; S. 68: C/Hans P. Szyszka; S. 69: Look/Holger Leue; S. 70: Heide Pinkall/Shutterstock.com; S. 70: M/Ingo Boelter; S. 71: bildgebende_Momente/Shutterstock.com; S. 72: Look/Sabine Lube-

now; S. 73: Karyn Honor/Shutterstock.com ; S. 73: Marije Kouyzer/Shutterstock.com; S. 73: G/Anne Gawel / EyeEm; S. 73: G/Volker Lautenbach; S. 74: M/Jan Wlodarczyk; S. 75: Patryk Kosmider/Shutterstock.com; S. 77: Krzysztof Bubel/Shutterstock.com; S. 78: Glen Berlin/Shutterstock.com; S. 78: Krzysztof Gach/Shutterstock.com; S. 78-79: Stepniak/Shutterstock.com; S. 80: egotripone/Shutterstock.com; S. 80: sashko/Shutterstock.com; S. 80-81: Shaiith/Shutterstock.com; S. 82-83: M/Jan Wlodarczyk; S. 84: G/Kodachrome25; S. 85: G/Kari Siren; S. 87: Look/Photononstop; S. 88: G/Benkrut; S. 88: G/Bluejayphoto; S. 88-89: M/Liubomir Paut-Fluerasu; S. 90-91: DaLiu/Shutterstock.com; S. 91: Joaquin Ossorio Castillo/Shutterstock.com; S. 92: Pecold/Shutterstock.com; S. 92-93: DaLiu/Shutterstock.com; S. 94: G/MathieuRivrin; S. 95: Look/robertharding; S. 95: Laurent Renault/Shutterstock.com; S. 96: Look/age fotostock; S. 97: G/Brais Seara; S. 99: jokinmarc/Shutterstock.com; S. 100-101: Jon Chica/Shutterstock.com; S. 101: G/Fhm; S. 102: G/MartiGarcia; S. 102: G/David Alvarez Velicia / 500px; S. 102: G/Davide Seddio; S. 103: G/Luis Cagiao Photography; S. 104: PawelKusek/Shutterstock.com; S. 105: Roman Mikhailiuk/Shutterstock.com; S. 106: G/Serbek; S. 107: G/Akrp; S. 108-109: G/Marco Bottigelli; S. 110-111: G/Marco Bottigelli; S. 111: G/Zu Sanchez; S. 111: M/Michael Howard; S. 112-113: G/Frank Lukasseck; S. 114-115: M/John Warburton-Lee; S. 115: DaLiu/Shutterstock.com; S. 116: Peter Adams Photography/Shutterstock.com; S. 117: Andrei Nekrassov/Shutterstock.com; S. 118-119: Philip Esch/Shutterstock.com; S. 120: M/Jose Hidalgo; S. 121: Robalito/Shutterstock.com; S. 124: Romas_Photo/Shutterstock.com; S. 125: AlexeMarcel/Shutterstock.com; S. 126: Jupitersounds/Shutterstock.com; S. 127: sebastiancaptures/Shutterstock.com; S. 127: Look/Kay Maeritz s; S. 128-129: Nick Stubbs/Shutterstock.com; S. 129: Look/age fotostock; S. 129: Caron Badkin/Shutterstock.com; S. 129: G/Ken Welsh; S. 130-131: G/Dark_Eni; S. 132: G/Juan Hernandez; S. 134-135: GERMANZEILER/Shutterstock.com; S. 135: Pepj/Shutterstock.com; S. 136-137: nito/Shutterstock.com; S. 138: G/Sergio Formoso; S. 138: Julien Jean Zayatz/Shutterstock.com; S. 138-139: Artur Bogacki/Shutterstock.com; S. 140-141: GagliardiPhotography/Shutterstock.com; S. 141: milosk50/Shutterstock.com; S. 141: Inu/Shutterstock.com; S. 142: lunamarina/Shutterstock.com; S. 142-143: Loes Kieboom/Shutterstock.com; S. 143: Aitor Serra Martin/Shutterstock.com; S. 144: Arcady/Shutterstock.com; S. 145: ArTono/Shutterstock.com; S. 146: Garsya/Shutterstock.com; S. 147: proslgn/Shutterstock.com; S. 148: Stockbym/Shutterstock.com; S. 148: kavram/Shutterstock.com ; S. 149: Kirk Fisher/Shutterstock.com; S. 150-151: synto/Shutterstock.com; S. 151: marako85/Shutterstock.com; S. 151: M/Didier Zylberyng; S. 152-153: Look/age foto-

stock; S. 154: Pascale Gueret/Shutterstock.com; S. 154: GLF Media/Shutterstock.com; S. 155: M/Leonid Andronov; S. 155: Leonid Andronov/Shutterstock.com; S. 156: Alessandro Coiro Mas/Shutterstock.com; S. 156: Hans Geel/Shutterstock.com; S. 156-157: Look/robertharding; S. 158-159: Pajor Pawel/Shutterstock.com; S. 160: shot4stock/Shutterstock.com; S. 160: G/NurPhoto; S. 161: macri roland/Shutterstock.com; S. 161: M/Miguel Galmés; S. 162: M/Enrico Bottino; S. 163: M/Scott Wilson; S. 164: M/Joana Kruse; S. 164: YRABOTA/Shutterstock.com; S. 165: G/Jason Arney; S. 166: smpoly/Shutterstock.com; S. 166: Robert and Monika/Shutterstock.com; S. 166-167: Bibiana Castagna/Shutterstock.com; S. 168-169: M/age; S. 169: M/Francesco Russo; S. 169: G/AWL Images RM/Jon Arnold; S. 170-171: Garsya/Shutterstock.com; S. 171: G/Daniel Schoenen; S. 172: Bernd Zillich/Shutterstock.com; S. 172: Marco Saracco/Shutterstock.com; S. 172-173: M/Alamy; S. 174: Look/ClickAlps; S. 175: Sergey Beretetsky/Shutterstock.com; S. 176: Gaspar Janos/Shutterstock.com; S. 177: Ryzhkov Oleksandr/Shutterstock.com; S. 178-179: C/Angelo Cavalli; S. 180: nikolpetr/Shutterstock.com; S. 180: Look/Jalag /Andrea Di Lorenzo; S. 181: mitchFOTO/Shutterstock.com; S. 182-183: Alessandro Tortora/Shutterstock.com; S. 183: canadastock/Shutterstock.com; S. 184: Look/Avalon.red2; S. 185: M/Iain Masterton; S. 186: xbrchx/Shutterstock.com; S. 187: G/Mammuth; S. 187: M/Brian Jannsen; S. 188-189: G/Rilind_Hoxha_Photography; S. 190-191: Zhukov Oleg/Shutterstock.com; S. 191: canadastock/Shutterstock.com; S. 191: oltrelautostrada/Shutterstock.com ; S. 192-193: Cortyn/Shutterstock.com; S. 193: G/AWL Images RM/Francesco Iacobelli; S. 194: M/Guido Paradisi; S. 194: Look/ClickAlps; S. 195: Vlas Telino studio/Shutterstock.com; S. 196-197: vololibero/Shutterstock.com; S. 198: M/Alamy; S. 198: thegrimfandango/Shutterstock.com; S. 199: Sopotnicki/Shutterstock.com; S. 200: LianeM/Shutterstock.com; S. 201: Rudy Balasko/Shutterstock.com; S. 202: M/Dalibor Brlek; S. 202: xbrchx/Shutterstock.com; S. 204: xbrchx/Shutterstock.com; S. 205: xbrchx/Shutterstock.com; S. 205: Shinedawn/Shutterstock.com; S. 206-207: PA / Dumont Bildarchiv/Frank Heuer; S. 208: Helenaoo1/Shutterstock.com; S. 208: Look/Photononstop; S. 209: nomadFra/Shutterstock.com; S. 209: G/Gonzalo Azumendi; S. 210: G/Jorg Greuel; S. 211: G/Paul Photography; S. 212: Susana Photography/Shutterstock.com; S. 212: MaleWitch/Shutterstock.com; S. 212-213: Mike Mareen/Shutterstock.com; S. 214: Thanasis F/Shutterstock.com; S. 215: Giovanni Rinaldi/Shutterstock.com; S. 216: Heracles Kritikos/Shutterstock.com; S. 217: DiegoMariottini/Shutterstock.com; S. 218: G/Kisa_Markiza; S. 218: M/Peter Eastland; S. 219: Giovanni Rinaldi/Shutterstock.com; S. 219: Georgios Tsichlis/Shutterstock.com; S. 220: Ginny Farrell/

Bildnachweis/Impressum

© 2024 Kunth Verlag, München
MAIRDUMONT GmbH & Co. KG,
Ostfildern
Kistlerhofstraße 111
81379 München
Telefon +49.89.45 80 20-0

www.kunth-verlag.de
info@kunth-verlag.de

ISBN 978-3-96965-152-0
1. Auflage

Printed in Italy

Verlagsleitung: Grit Müller
Redaktion: Martin Waller und Karen Dengler, Werkstatt München • Buchproduktion
Gestaltungskonzept: Verena Ribbentrop
Grafik: Anja Dengler, Werkstatt München • Buchproduktion
Karten: © MAIRDUMONT GmbH & Co. KG, Marco-Polo-Straße 1, D-73751 Ostfildern